REPÈRES PRATIQUES

Les RELIGIONS

Michel MALHERBE

Nathan

Sommaire

Le fait religieux

Le judaïsme

Le christianisme

L'Islam

Les religions orientales

Religion et société

© Nathan 2006 – ISBN 978-2-09-183037-2
© Nathan, 25 avenue Pierre-de-Coubertin, 75013 Paris, 2013 (pour la présente édition) – ISBN 978-2-09-162830-1

MODE D'EMPLOI

Divisé en six parties, l'ouvrage s'organise par doubles pages.
Chaque double page fait le point sur un thème

À gauche

Une page synthèse apporte toutes les informations pour comprendre le sujet de la double page.

À droite

Une page explication développe un point particulier qui illustre et complète la page de gauche.

Le menu aide à repérer les six parties du livre.

Le titre annonce le thème de la double page.

Quelques lignes d'introduction présentent les principaux éléments du sujet.

Le titre de la page de droite met en lumière un point particulier.

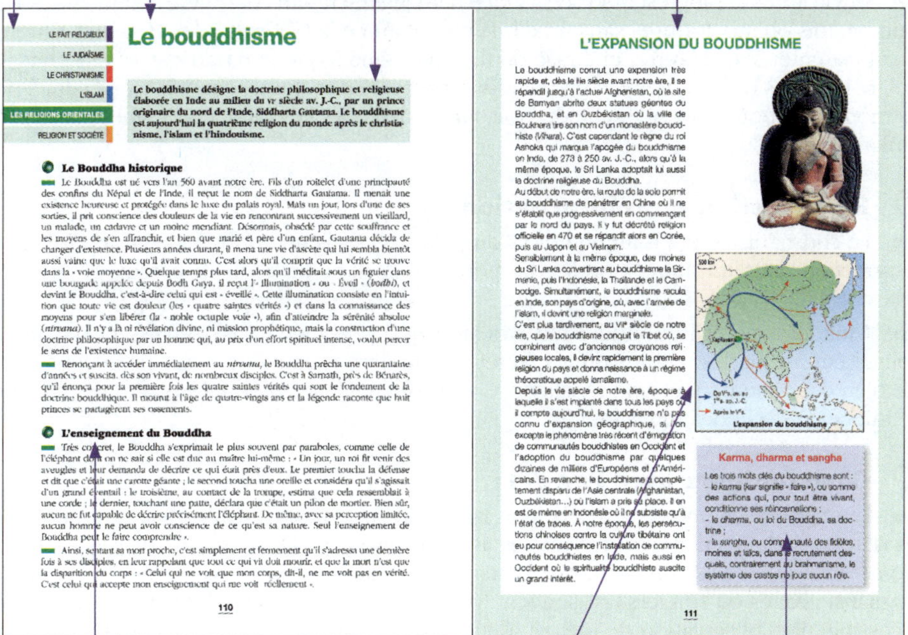

LE FAIT RELIGIEUX
LE JUDAÏSME
LE CHRISTIANISME
L'ISLAM
LES RELIGIONS ORIENTALES
RELIGION ET SOCIÉTÉ

Le bouddhisme

Le bouddhisme désigne la doctrine philosophique et religieuse élaborée en Inde au milieu du VIe siècle av. J.-C., par un prince originaire du nord de l'Inde, Siddharta Gautama. Le bouddhisme est aujourd'hui la quatrième religion du monde après le christianisme, l'islam et l'hindouisme.

Le Bouddha historique

Le Bouddha est né vers l'an 560 avant notre ère. Fils d'un roitelet d'une principauté des confins du Népal et de l'Inde, il reçut le nom de Siddharta Gautama. Il menait une existence heureuse et protégée dans le luxe du palais royal. Mais un jour, lors d'une de ses sorties, il prit conscience des douleurs de la vie en rencontrant successivement un vieillard, un malade, un cadavre et un moine mendiant. Désormais, obsédé par cette souffrance et les moyens de s'en affranchir, et bien que marié et père d'un enfant, Gautama décida de changer d'existence. Plusieurs années durant, il mena une vie d'ascète qui lui sembla bientôt aussi vaine que le luxe qu'il avait connu. C'est alors qu'il comprit que la vérité se trouve dans la « voie moyenne ». Quelque temps plus tard, alors qu'il méditait sous un figuier dans une bourgade appelée depuis Bodh Gaya, il reçut l'« Illumination » ou « Éveil » (*bodhi*), et devint le Bouddha, c'est-à-dire celui qui est « éveillé ». Cette illumination consiste en l'intuition que toute vie est douleur (les « quatre saintes vérités ») et dans la connaissance des moyens pour s'en libérer (la « noble octuple voie »), afin d'atteindre la sérénité absolue (*nirvana*). Il n'y a là ni révélation divine, ni mission prophétique, mais la construction d'une doctrine philosophique par un homme qui, au prix d'un effort spirituel intense, voulut percer le sens de l'existence humaine.

Renonçant à accéder immédiatement au *nirvana*, le Bouddha prêcha une quarantaine d'années et suscita, dès son vivant, de nombreux disciples. C'est à Sarnath, près de Bénarès, qu'il énonça pour la première fois les quatre saintes vérités qui sont le fondement de la doctrine bouddhique. Il mourut à l'âge de quatre-vingts ans et la légende raconte que huit princes se partagèrent ses ossements.

L'enseignement du Bouddha

Très concret, le Bouddha s'exprimait le plus souvent par paraboles, comme celle de l'éléphant dont on ne sait si elle est due au maître lui-même : « Un jour, un roi fit venir des aveugles et leur demanda de décrire ce qui était près d'eux. Le premier toucha la défense et dit que c'était une carotte géante ; le second toucha une oreille et considéra qu'il s'agissait d'un grand éventail ; le troisième, au contact de la trompe, estima que cela ressemblait à une corde ; le dernier, touchant une patte, déclara que c'était un pilon de mortier. Bien sûr, aucun ne fut capable de décrire précisément l'éléphant. De même, avec sa perception limitée, aucun homme ne peut avoir conscience de ce qu'est sa nature. Seul l'enseignement de Bouddha peut le faire comprendre ».

Ainsi, sentant sa mort proche, c'est simplement et fermement qu'il s'adressa une dernière fois à ses disciples, en leur rappelant que tout ce qui vit doit mourir, et que la mort n'est que la disparition du corps : « Celui qui ne voit que mon corps, dit-il, ne me voit pas en vérité. C'est celui qui accepte mon enseignement qui me voit réellement ».

110

L'EXPANSION DU BOUDDHISME

Le bouddhisme connut une expansion très rapide et, dès le IIe siècle avant notre ère, il se répandit jusqu'à l'actuel Afghanistan, où le site de Bamyan abrite deux statues géantes du Bouddha, et en Ouzbékistan où la ville de Boukhara tire son nom d'un monastère bouddhiste (*Vihara*). C'est cependant le règne du roi Asnoka qui marqua l'apogée du bouddhisme en Inde, de 273 à 250 av. J.-C., alors qu'à la même époque, le Sri Lanka adoptait lui aussi la doctrine religieuse du Bouddha.
Au début de notre ère, la route de la soie permit au bouddhisme de pénétrer en Chine où il ne s'établit que progressivement en commençant par le nord du pays. Il y fut décrété religion officielle en 470 et se répandit alors en Corée, puis au Japon et au Vietnam.
Sensiblement à la même époque, des moines du Sri Lanka convertirent au bouddhisme la Birmanie, puis l'Indonésie, la Thaïlande et le Cambodge. Simultanément, le bouddhisme recula en Inde, son pays d'origine, où, avec l'arrivée de l'islam, il devint une religion marginale.
C'est plus tardivement, au VIIe siècle de notre ère, que le bouddhisme conquit le Tibet où, se combinant avec d'anciennes croyances religieuses locales, il devint rapidement la première religion du pays et donna naissance à un régime théocratique appelé lamaïsme.
Depuis le VIIe siècle de notre ère, époque à laquelle il s'est implanté dans tous les pays où il compte aujourd'hui, le bouddhisme n'a pas connu d'expansion géographique, si l'on excepte le phénomène très récent d'émigration de communautés bouddhistes en Occident et l'adoption du bouddhisme par quelques dizaines de milliers d'Européens et d'Américains. En revanche, le bouddhisme a complètement disparu de l'Asie centrale (Afghanistan, Ouzbékistan...) où l'islam a pris sa place. Il en est de même en Indonésie où il ne subsiste qu'à l'état de traces. À notre époque, les persécutions chinoises contre la culture tibétaine ont eu pour conséquence l'installation de communautés bouddhistes en Inde, mais aussi en Occident où la spiritualité bouddhiste suscite un grand intérêt.

L'expansion du bouddhisme

Karma, dharma et sangha

Les trois mots clés du bouddhisme sont :
- le *karma* (kar signifie « faire »), ou somme des actions qui, pour tout être vivant, conditionne ses réincarnations ;
- le *dharma*, ou loi du Bouddha, sa doctrine ;
- la *sangha*, ou communauté des fidèles, moines et laïcs, dans le recrutement desquels, contrairement au brahmanisme, le système des castes ne joue aucun rôle.

111

Les sous-titres permettent de saisir l'essentiel en un coup d'œil.

L'illustration apporte un précieux complément au texte.

L'encadré révèle un aspect inattendu ou explique le pourquoi d'un fait.

Les grandes interrogations métaphysiques

Du fond des âges, l'homme s'interroge : qu'y a-t-il après la mort ? Peut-on communiquer avec nos ancêtres ? Quelle est la finalité de la vie ? Les religions peuvent être interprétées comme des tentatives de réponse à ces questions.

Une vie après la mort ?

Les tombes préhistoriques des divers sites suggèrent que la croyance d'une vie après la mort est aussi vieille que l'humanité. Tantôt les corps sont placés en position fœtale comme s'ils attendaient une nouvelle naissance, tantôt des provisions sont déposées à leurs côtés pour assurer leur subsistance durant un voyage sans retour. Les Grecs décrivaient le passage dans l'autre monde comme la traversée du fleuve Styx sur la barque de Charon ; l'Égypte antique avait aussi des barques de morts richement ornées retrouvées dans les tombeaux des pharaons.

La vie après la mort est associée à l'idée d'un jugement qui conduit le défunt aux délices d'un paradis ou aux tortures sans fin d'un enfer, comme la Géhenne des Hébreux. On imaginait cet enfer sous la terre, embrasé de flammes, tandis que le paradis se situait plutôt au ciel. Longtemps on crut même à un paradis terrestre, l'Éden, localisé tantôt en Arménie, près du mont Ararat où échoua l'arche de Noé, tantôt dans des îles lointaines comme l'actuel Sri Lanka.

Résurrection ou réincarnation

Le christianisme et l'islam, héritiers du judaïsme, croient à un jugement dernier et à la résurrection dans un autre monde ; la mort donne donc accès à un paradis réservé aux justes.

L'hindouisme et le bouddhisme croient à un cycle indéfini de renaissances dans un nouvel être, selon les mérites ou les fautes accumulés au cours de la vie précédente : une vie bien conduite permet une renaissance dans de meilleures conditions ou une libération définitive du cycle des renaissances.

Communiquer avec l'au-delà

La croyance en une vie après la mort laisse envisager une possible communication avec les défunts et leur intervention dans les affaires terrestres. Des « intermédiaires », plus ou moins autoproclamés, ont proposé leurs recettes aux hommes de toutes les cultures : chamans, prêtres ou sorciers ont souvent fondé leur ascendant en déclarant qu'un salut est accessible par l'observation de rites ou d'une morale, par des prières, des offrandes ou des sacrifices.

Le rationaliste s'interroge : l'homme a-t-il besoin pour vivre d'une part de rêve inaccessible à la raison, ou bien est-il un être « religieux » conçu par un Créateur qui lui a donné l'intuition de l'au-delà ? C'est la croyance des religions révélées, majoritaires dans le monde.

QU'EST-CE QU'UNE RELIGION ?

Les sens du mot « religion »

• Le mot « religion » est lié à la culture occidentale : il vient du latin *religio*, provenant du verbe *relegere* qui signifie « recueillir » ou du verbe *religare* qui a pour sens « relier ». Le terme *religion* peut donc à la fois désigner un recueil de formules et de pratiques religieuses et le lien entre l'homme et la divinité.

• En arabe, le mot employé est *din*, qu'on retrouve dans *medina*, « ville », c'est-à-dire le lieu de la *din*. En fait, la notion de *din* implique ici une connotation de « civilisation ».

• En hébreu, *din* s'emploie aussi avec le sens de « religion » : *bet din*, « maison de la religion », est le siège du tribunal religieux.

• En Inde, le mot qui correspond, imparfaitement, à « religion », est *dharma* qui se traduit mieux par « loi » ou « sens de l'ordre naturel des choses » : c'est la façon dont fonctionne le monde et qu'on doit respecter pour vivre en harmonie.

• En chinois, le mot généralement employé pour « religion » est *jiao* qui signifie « enseignement », ce qui suppose plus l'existence d'un maître que d'un Dieu.

La notion de religion

• Elle se rapproche de la notion de vie spirituelle (du latin *spiritus*, « esprit »), qui s'en distingue par le fait que la religion est généralement conçue comme une organisation rassemblant ceux qui ont sensiblement les mêmes croyances. La vie spirituelle a un caractère plus personnel.

• Selon certaines religions, un dieu s'est révélé aux hommes soit par le canal de prophètes inspirés (judaïsme), soit en venant lui-même sur terre prendre la condition humaine (christianisme), soit en dictant sa parole à un prophète (islam). Sans nommer explicitement un dieu, le bouddhisme se rattache à la religion par la croyance en la réincarnation et l'existence de pratiques cultuelles. Selon l'hindouisme, l'homme doit vivre en respectant l'ordre de l'univers, ce qui implique de pratiquer des rites et d'honorer le divin sous toutes ses formes. D'autres religions reposent sur une initiation rituelle, comme les religions à mystères de l'Antiquité ou les religions de type animiste.

Le vocabulaire religieux

• Bénir, du latin *benedicere*, « dire du bien », consiste à appeler la protection d'un dieu.

• Un charisme est un don spirituel exceptionnel attribué par Dieu.

• Le culte, qui vient d'un mot latin dont le sens premier signifie cultiver, soigner, honorer, désigne d'une façon générale la pratique religieuse.

• La foi, mot apparenté à « confiance », est l'adhésion au message et aux principes d'une religion.

• La liturgie est l'ensemble des rites, c'est-à-dire des règles, selon lesquels se déroule une cérémonie.

• Le mysticisme, mot apparenté à « mystère », est la croyance en une communication directe et personnelle avec Dieu.

• La prière est un contact pris avec une divinité par la pensée ou la parole pour exprimer une demande, un remerciement ou tout autre sentiment.

• Révélation, d'un mot latin qui signifie « enlever un voile », sous-entendu « qui couvre une vérité divine », a pour équivalent grec *apocalypse*. C'est le titre d'un livre de saint Jean décrivant la destinée et la fin du monde ; il a pris le sens de catastrophe en langage courant.

• Sacré, à quoi se rattache « sacrifice » (rendre sacré), désigne ce qui appartient au divin ; il s'apparente à « saint » et porte la notion de mise à part. Son contraire est « profane ».

• Un syncrétisme, du grec signifiant « union des Crétois », s'applique à toute doctrine rassemblant des éléments pris à diverses croyances.

La nature et le surnaturel

L'explication des phénomènes de la nature est du domaine de la science. Les religions y ont renoncé et se consacrent désormais aujourd'hui principalement à la transmission de leurs croyances et de leurs principes moraux. Cependant, la croyance au surnaturel reste encore très vive chez l'homme.

Jusqu'où peuvent s'étendre nos connaissances ?

L'homme, en cherchant à expliquer la nature, y voyait jadis l'intervention de forces occultes et imprévisibles, qualifiées de surnaturelles. Le lent avènement de l'esprit scientifique, fondé sur l'observation et l'expérimentation, a pu apporter des explications rationnelles aux phénomènes de la nature.

Les scientifiques ont cru pouvoir comprendre non seulement le comment des phénomènes mais leur pourquoi. La plupart d'entre eux reconnaissent aujourd'hui que la science, malgré ses progrès, ne fait que repousser les limites des connaissances. Les grandes questions métaphysiques restent en dehors de son domaine. Tout au plus la science peut-elle apprécier si les théories formulées sont ou non en contradiction avec ce qu'elle a établi.

L'ambition des religions

Les religions ont longtemps tiré de leurs traditions ou de leurs textes sacrés des explications définitives sur l'apparition de l'homme sur terre ou sur la place de notre planète dans l'univers. Mais la plupart des religions ont renoncé à la compétition avec la science, lui laissant l'exclusivité d'expliquer ce qui touche au fonctionnement de la nature. En revanche, par leur interprétation de ce qu'est l'homme, les religions continuent à édicter des principes moraux et des règles éthiques qui sont la conséquence des croyances qu'elles enseignent.

Le surnaturel a-t-il encore une place ?

Les phénomènes « surnaturels » tels que les miracles ou les apparitions désarment les sciences, car elles ne peuvent ni les observer à loisir ni les expérimenter. Pourtant, rien ne leur permet d'affirmer leur inexistence.

De plus, si l'idée d'un Dieu créateur n'est pas absurde – elle est d'ailleurs acceptée par près de la moitié de la population mondiale – ce Dieu, par essence surnaturel, n'aurait pas limité sa création à des phénomènes répétitifs et scientifiquement observables. Les phénomènes « surnaturels », acceptés ou reconnus par certaines religions, seraient ainsi des fenêtres vers un monde inaccessible à notre science.

Dans un domaine où rien ne peut être prouvé ou démontré, pas plus qu'infirmé ou contredit, la liberté de croire ou de ne pas croire reste totale, sans que cela exclue un éventuel conditionnement de l'individu par l'environnement culturel. La superstition, encore très vivante dans les sociétés, est une forme de croyance au surnaturel qui exprime peut-être l'espoir de l'homme d'échapper au caractère implacable des lois physico-chimiques.

RELIGION ET SCIENCE

La pensée libre

Voltaire a dit : « une fausse science fait des athées ; une vraie science prosterne l'homme vers la divinité » (*Dialogues*, XXIV). Cette formule date d'une époque où, en France, le catholicisme exerçait encore un monopole de fait sur la pensée des masses et Voltaire a largement contribué à permettre l'avènement d'une véritable liberté de pensée.

La science, comme l'art, ne peut s'épanouir que si la pensée est libre. La religion se réduirait à un conditionnement mental et à un outil de culpabilisation si elle récusait la liberté. Bien souvent elle en a eu la tentation car il est plus facile de contraindre que de convaincre. Croire en une vérité, pour la science comme pour la religion, est une incitation à approfondir et à vérifier une hypothèse, ce n'est jamais la détention d'une certitude. Ainsi, l'humilité intellectuelle est une vertu dont ni la religion ni la science ne peuvent se passer, ce qui revient à constater que la science n'est pas véritablement neutre en matière de morale puisqu'elle a besoin de vertu. Certes, la recherche scientifique pure n'a pas besoin de morale, mais dès que le résultat d'une recherche est publié ou que des applications sont possibles, la question de l'usage de la science se pose. De même, la spéculation religieuse, quel que soit son dosage entre réflexion intellectuelle et intuition mystique, prend une dimension morale dès qu'elle prétend devenir un enseignement.

Des attitudes plus sereines

Les rapports entre science et religion, qui ont connu de nombreuses crises d'opposition ou d'incompréhension, deviennent aujourd'hui bien plus sereins dès lors que l'homme est considéré comme un être en recherche, toujours en marche vers une plus grande compréhension de lui-même et du monde. Ainsi, l'attitude du scientifique et celle du religieux se rapprochent, sans se confondre. L'importance prise depuis quelques décennies par les sciences humaines a probablement contribué à cette prise de conscience : la science ne se limite plus aujourd'hui aux sciences « dures » où l'observation se complète par l'expérimentation, elle s'étend aujourd'hui à des domaines où l'expérimentation est exclue, comme c'est le cas pour les religions.

Si science et religion n'opèrent pas sur le même terrain, la première se situant sur le domaine du comment et la seconde sur celui du pourquoi, leur dialogue est souhaitable, ne serait-ce que pour témoigner que l'homme est un, la vie spirituelle n'étant pas en contradiction avec la vie intellectuelle ou scientifique. De nombreuses personnalités religieuses ont été des savants reconnus (par exemple Teilhard de Chardin) et l'on ne compte plus les scientifiques qui se déclarent profondément croyants.

Pierre Teilhard de Chardin (1881-1955)

Cosmogonies et mythologies

Les religions ont souvent proposé des explications sur l'origine du monde (cosmogonie), sur le destin de l'homme et sur le jeu des forces qui dirigent la nature, souvent considérées comme des dieux (mythologie). Derrière la variété des traditions, des mythes et des légendes subsiste la permanence des interrogations.

L'origine du monde

Dans des temps anciens et au sein de diverses civilisations, des croyances, auxquelles s'affilie la notion actuelle de « religion », ont établi des cosmogonies, récits de la création du monde.

- Selon certaines d'entre elles, c'est d'un chaos originel, océan ou gouffre obscur, que le monde a surgi. Le thème de la séparation de la terre et des eaux, né en Égypte soumise à la crue du Nil, se retrouve aussi en Mésopotamie et chez bien d'autres peuples. Ailleurs, une divinité jette une montagne dans la mer pour former la première terre ; là, un œuf originel enfante des êtres aux pouvoirs extraordinaires.
- L'univers est fréquemment conçu comme une superposition de mondes : le séjour souterrain est le domaine des morts, peuplé de monstres qui provoquent les cataclysmes ; le séjour céleste est celui des dieux plus ou moins semblables aux hommes par leurs luttes et leurs passions.
- Ces légendes traditionnelles, qu'on trouve sous une forme ou une autre dans les cultures antiques de tous les continents, doivent être comprises de façon symbolique, en les resituant dans leur contexte d'origine. Il ne faut y chercher aucune explication scientifique, même si la théorie du « big bang » ne paraît pas contradictoire avec la notion biblique d'un Dieu qui aurait créé le monde à partir du néant.

Le destin de l'homme

- Bien des mythologies tirent l'homme de la terre (Adam signifie « terre »), d'autres le font descendre du ciel grâce à un arbre gigantesque (chez les Germains). Que l'homme ait ou non une origine divine, que son rôle soit déterminé ou voué à la cause des dieux, il est constamment préoccupé par ces derniers dont le pouvoir peut décider de son destin (châtiment ou récompense). Les ancêtres défunts sont eux aussi capables, s'ils ne sont pas convenablement honorés, de revenir tourmenter les vivants.
- L'homme a depuis toujours offert des sacrifices aux dieux ou aux ancêtres, et on s'est demandé si l'homme n'était pas aussi responsable de son destin avec, comme corollaire, que le bien n'a pas les mêmes conséquences que le mal.

Les dieux

- Ils peuvent être des protecteurs sur lesquels on peut s'appuyer, ou parfois des adversaires qu'il faut savoir se concilier. L'établissement du dialogue avec ces puissances mystérieuses peut être réservé à des initiés. Ceux-ci délivrent un enseignement qui assure accessoirement leur pouvoir. Ils offrent aux dieux des sacrifices et les honorent par des cultes aux rites symboliques souvent complexes.
- Les religions gardent des traces de ces mythes antiques. Fantasmes humains ou message symbolique transmis pour ouvrir les hommes à des réalités spirituelles inaccessibles ?

L'IDÉE DE DIEU

Un Dieu ou des dieux

En partant de l'expérience humaine, il peut être tentant d'expliquer l'inconnaissable par l'action de forces ou d'êtres inconnus. Mettre un nom sur l'inconnu a toujours été une démarche, à vrai dire rassurante, de l'esprit humain. Comme ce que nous ignorons est multiple, il est naturel d'imaginer une multitude d'intervenants surnaturels pour tout ce qui nous inquiète : le sort jeté par un sorcier, la colère d'un ancêtre, des esprits malfaisants ou des divinités qui jouent avec nos émotions.

L'hypothèse d'un Dieu créateur

Si l'univers n'est pas le fruit d'un hasard dont la probabilité confine à l'infiniment petit, le plus simple est de penser qu'il résulte d'une volonté créatrice appelée Dieu. L'attribut le plus évident d'un tel Dieu est alors la puissance. Il suffit de prendre conscience des dimensions de l'espace, du nombre des galaxies, de la taille des étoiles, de la complexité de la matière pour réaliser que la puissance de Dieu dépasse toutes nos capacités d'imagination.

Il en résulte que nous sommes infiniment trop petits et trop faibles pour Le comprendre, Le connaître ou communiquer avec Lui s'Il ne se met pas à notre portée. Pourtant, si l'on admet qu'un Dieu a créé l'univers, on peut, en des termes forcément anthropomorphiques, penser qu'Il aime la diversité et la discrétion : la diversité car l'imagination déployée, par exemple dans le monde animal, dépasse celle des artistes les plus fantaisistes ; la discrétion car Dieu ne fait rien pour nous convaincre de son existence, ce qui revient à dire qu'il respecte totalement notre liberté de croire ou de ne pas croire.

Le Dieu révélé

Les religions monothéistes non seulement croient en un Dieu unique mais elles sont convaincues que ce Dieu, que notre esprit ne peut qu'imaginer, a voulu communiquer avec les hommes. Dans le judaïsme, cette communication s'effectue grâce à des prophètes dont les écrits sont inspirés par Dieu. Le christianisme, qui admet le caractère inspiré des livres prophétiques juifs, croit, en outre, que Dieu s'est manifesté sur terre en devenant un homme-Dieu, Jésus-Christ. Les musulmans, eux, croient aux prophètes, parmi lesquels ils rangent Jésus ; mais ils ne leur reconnaissent aucun caractère divin. En revanche, ils croient à la révélation de la parole même de Dieu dans un livre, le Coran, qui a été dicté au prophète Mohammad.

La création d'Adam par Michel-Ange

Les représentations visuelles de Dieu

Les religions cherchent toutes à représenter le caractère inconnaissable et inaccessible de Dieu.

L'anthropomorphisme consiste à prêter à Dieu ou aux dieux des formes et des sentiments humains, ce qui facilite assurément le dialogue avec le divin. Les religions antiques, comme de nombreuses religions primitives, représentent les dieux par des statues, des idoles ou des masques. L'hindouisme se rattache à cette conception et ses divinités sont représentées avec des attributs qui illustrent leur puissance. En revanche l'islam et le judaïsme s'interdisent toute représentation anthropomorphique de l'Inconnaissable.

Les animismes, première forme de religion

De tout temps, l'homme a cru que les phénomènes naturels étaient dus à l'action d'êtres ou de forces invisibles. Des intermédiaires, sorciers ou chamans, s'attribuent le pouvoir de les influencer par leurs rites et leurs prières.

L'animisme, une religion « naturelle »

Les peuples proches de la nature dépendent pour leur survie de phénomènes sur lesquels ils n'ont aucune prise : une bonne pluviométrie, l'abondance du gibier, la victoire dans les combats ou l'absence d'épidémies.

Les religions de ces peuples présentent entre elles des points communs fondamentaux. Elles attribuent une âme aux animaux et aux phénomènes naturels, prêtent à des divinités ou aux esprits des ancêtres le pouvoir de déclencher les événements favorables ou d'arrêter les catastrophes. C'est pourquoi on les regroupe sous le nom d'animisme. Les religions de l'Antiquité, latine ou grecque, étaient de ce type : dieux et demi-dieux intervenaient dans les affaires humaines et manifestaient d'ailleurs toutes les passions et tous les défauts des mortels.

Aujourd'hui, de multiples formes d'animisme sont pratiquées par des peuples aussi divers que les Paléosibériens du grand Nord, les Papous de Nouvelle-Guinée, les Indiens d'Amazonie ou de nombreuses ethnies de la forêt africaine. Les rites animistes sont variables d'une ethnie à l'autre. Tantôt on nourrit de poulets le caïman sacré, tantôt on doit prier le génie de l'arbre avant de l'abattre.

Plus de 100 millions de personnes dans le monde sont purement animistes, mais un nombre deux ou trois fois plus important a conservé des pratiques animistes tout en ayant adopté une autre religion. C'est notamment le cas en Afrique noire où musulmans et chrétiens sont encore bien souvent imprégnés de traditions animistes.

Les deux grands types d'animisme

Pour entrer en contact avec les esprits ou les divinités, deux solutions sont possibles : ou bien ces êtres surnaturels permettent à un mortel initié de venir les rejoindre, ou bien ils descendent sur terre. Dans le premier cas, il s'agit du « chamanisme », dans l'autre cas, d'un animisme de « possession ».

Le chaman est un homme ou une femme qui, grâce à une initiation difficile, généralement héréditaire, atteint les mondes inaccessibles aux hommes pour obtenir des dieux satisfaction des désirs exprimés, généralement une guérison. À la suite de rites complexes et l'absorption de breuvages spéciaux, le chaman quitte son corps et tombe en catalepsie pour intercéder auprès des divinités. Les Amérindiens, comme les populations sibériennes primitives dont ils sont d'ailleurs issus, pratiquent le chamanisme. On en trouve des traces jusqu'en Corée où des femmes chamans, appelées *mudang*, pratiquent encore leur science.

L'animisme de possession (africain et afro-américain) nécessite aussi l'intervention d'un spécialiste, appelé souvent sorcier par simplification (*nganga* dans les langues bantoues). Celui-ci, grâce à des rites et des sacrifices, obtient d'une divinité ou d'une autre qu'elle descende dans le corps d'un adepte qui est alors saisi de transes, ce qui permet au sorcier d'interpréter le message de l'au-delà.

LES ANIMISMES AFRO-AMÉRICAINS

Le vaudou

Les esclaves africains déportés aux Amériques ont apporté avec eux leurs traditions religieuses.

Directement lié au vaudou du Bénin, celui d'Haïti s'en distingue par de très nombreuses références au catholicisme : il est nécessaire d'être baptisé pour être complètement vaudouisant, la communion est une source magique de jouissance spirituelle et les fêtes du vaudou coïncident avec les fêtes catholiques. Pourtant le vaudou n'est pas un syncrétisme, c'est-à-dire un mélange de deux religions. C'est un animisme marqué de pratiques magiques. L'importance du clergé composé de femmes, les *mambos*, et d'hommes, les *houngans*, est considérable.

Leurs rôles sont comparables mais les femmes sont plus nombreuses. Le clergé subit une initiation dispensée par des initiés de rang supérieur appelés *papa* ou *maman-feuilles*. Les initiés de base se nomment *hounsis*. Le lieu du culte est un *hounfor*. Il comporte obligatoirement un poteau central, le *poteau-mitan*.

Les quelque 400 divinités du panthéon vaudou, appelées *loa*, ont chacune leur culte particulier. Le prêtre les appelle en traçant sur le sol un *vevé*, dessin caractéristique de la divinité. On y trouve souvent des triangles ou des étoiles à huit branches.

La cérémonie commence par des danses destinées à attirer le *loa*. Quand l'atmosphère est devenue assez chaude, la divinité « descend » sur un membre de l'assistance, généralement initié du *loa* considéré, provoquant ainsi la transe. On lui présente alors l'offrande destinée au *loa*, par exemple un poulet, qu'il égorge d'un coup de dents et dont il boit le sang pour en absorber la force vitale.

L'influence du vaudou touche une proportion considérable d'Haïtiens. Les noirs y sont plus sensibles que les mulâtres qui appartiennent à des milieux plus aisés. À certaines périodes, le vaudou a été favorisé par le pouvoir politique qui lui a conféré une position quasi officielle.

Scène de candomblé au Brésil

Le macumba et le candomblé

Très directement issu de la religion des Yorouba du Nigeria avec lesquels un certain contact a toujours été maintenu, le macumba est très répandu au Brésil et le candomblé en est la forme la plus pure pratiquée à Bahia. Il s'agit de cultes où les divinités descendent prendre possession de leurs initiés, ce qui se manifeste par des transes. Les dieux sont appelés selon un ordre immuable, parfois une quinzaine dans une même soirée. L'initié possédé prend la personnalité, la voix et les gestes de la divinité à laquelle il s'est consacré.

Le rite de l'initiation est long et cher. Il comporte l'observation de tabous alimentaires, des sacrifices d'animaux, etc.

Il existe des milliers de lieux de culte dans tout le Brésil et rares sont les Brésiliens qui ne sont pas, peu ou prou, marqués par une forme de croyance liée à ces religions.

Religion et philosophie

Étymologiquement, la philosophie signifie l'amour de la sagesse. Elle implique une façon de se comporter, c'est-à-dire une morale. Quoiqu'elles la fondent sur d'autres considérations, les religions préconisent aussi une morale. S'agit-il d'une concurrence ou d'une complémentarité ? Leur dialogue ne peut être que positif.

Domaine de la philosophie

Aujourd'hui la philosophie n'a pas la prétention d'étudier Dieu, s'Il existe. C'est le domaine de la théologie. En revanche, la philosophie peut débattre de l'existence de Dieu. Une de ses branches est la métaphysique, littéralement « ce qui suit la physique ». En se constituant d'abord comme une doctrine de l'être ou de l'essence des choses, elle est devenue une recherche des principes d'où toutes les connaissances tirent leur unité puis, dans un sens plus restreint, la théorie des idées. C'est ainsi que la philosophie analyse les préoccupations religieuses de l'homme.

Il y a autant de philosophies que de philosophes et chaque homme se forge sa philosophie, où Dieu trouve, ou non, sa place : philosophies théistes, fondées sur la croyance en Dieu ; philosophies athées, qui en nient l'existence ; ou agnostiques, indifférentes à cette question. Ainsi Freud interprète la religion comme la recherche d'un refuge auprès d'un père protecteur ou l'expiation de la faute originelle de l'homme qui procède nécessairement, de façon symbolique, au meurtre du père.

La morale des diverses philosophies couvre une large palette d'attitudes : cynique ou stoïque, égoïste ou généreuse. Elle peut être étudiée sous l'angle de la sociologie, de la psychologie, de la sensualité ou même à partir de la croyance en un dieu (philosophie des religions). Mais en ce qui concerne l'expression religieuse (rites, liturgie, sacrements ou manifestations surnaturelles), la philosophie tente d'expliquer les comportements religieux, au-delà de la sociologie qui se contente de les décrire.

Domaine des religions

Les religions qui croient à l'existence d'un Dieu créateur Lui attribuent la révélation de lois morales. De ce fait, elles s'impliquent dans la philosophie. Certaines religions orientales, le bouddhisme et surtout le confucianisme, se passent de l'existence de Dieu – et leur morale ne repose pas sur une révélation divine. Elles sont, au sens plein, des philosophies mais elles se sont dotées de rites et de pratiques cultuelles qui les rapprochent des religions au sens occidental.

La morale au carrefour des religions et de la philosophie

On peut définir une « morale naturelle », individuelle ou collective, proscrivant le meurtre ou le vol, exigeant le respect de la parole donnée et, plus généralement, le respect d'autrui. Cette morale relève du principe généralement admis selon lequel il ne faut pas faire à l'autre ce qu'on ne voudrait pas qu'on vous fasse. La complexification du monde impose d'affiner ces grands principes pour les appliquer à de nombreux aspects de la vie en société. C'est un terrain où se retrouvent religions et philosophies.

L'ATHÉISME

L'athéisme par réaction

• Le rejet de Dieu est bien souvent le refus de l'image de Dieu donnée par certains croyants. En particulier, dès qu'une religion accapare le pouvoir politique ou se compromet avec lui, ceux qui s'opposent à ce pouvoir prennent leurs distances avec la religion et peuvent être tentés par l'athéisme.

D'ailleurs les croyants qui s'attachent inconditionnellement à un pouvoir sont amenés à renoncer en fait à la pureté de leurs valeurs, justifiant ainsi une bonne part des critiques portées à leur cause.

Ainsi, le catholicisme de l'Ancien Régime qui bénéficiait de privilèges exorbitants a-t-il été victime de la Révolution de 1789, bien que celle-ci ait été, à ses débuts, bien plus bourgeoise que populaire. Aujourd'hui, la théocratie iranienne produit chez certains des réactions de rejet de la religion qui font le lit de l'athéisme.

• À l'opposé, mais pour les mêmes raisons, l'instauration de régimes ouvertement athées qui s'efforcent d'extirper toute vie religieuse conduit à fortifier la foi de ceux qui sont persécutés, malgré la destruction des structures de la religion. Dès que de tels régimes s'effondrent, comme ce fut le cas en ex-URSS, ou qu'ils se relâchent, comme en Chine, on voit resurgir les besoins spirituels d'une population longtemps frustrée, ce qui la conduit trop souvent, faute d'éducation de la spiritualité, à se laisser séduire par des sectes peu recommandables. La place prise en Russie par la secte criminelle japonaise *Aum* en 1994 en a été un exemple.

Il est d'ailleurs curieux de noter que les régimes les plus explicitement athées s'efforcent de se doter de rites et de cérémonies qui tentent de compenser, dans sa partie visible, l'absence de religion. Des cérémonies laïques de substitution sont instaurées pour compenser le besoin insatisfait de sacralisation des grands événements de la vie.

L'athéisme par conviction

Dieu ayant assez de discrétion pour ne pas s'imposer comme une évidence, la croyance en l'absence d'un Dieu s'explique aussi bien que la croyance en son existence.

À moins de révélation personnelle dont apparemment peu de croyants bénéficient et puisque, par définition, Dieu ne révèle pas l'athéisme, l'attitude la plus compréhensible serait celle de l'agnostique qui reconnaît ne rien savoir et ne rien pouvoir dire au sujet de Dieu. Toutefois, il existe bon nombre de personnes, athées par conviction, qui affirment qu'il n'y a pas de Dieu et s'efforcent même de militer pour cette croyance. Cette attitude peut s'expliquer par une déception, qui rentre dans la catégorie de l'athéisme par réaction évoqué ci-dessus. Ce peut être aussi une conviction personnelle forte, souvent engendrée par une attitude scientiste selon laquelle la science finira par tout expliquer sans intervention d'un dieu quelconque.

On peut souhaiter que, quelles que soient les convictions des athées ou des croyants, le respect des convictions des autres soit considéré comme une vertu à cultiver.

Graffiti de mai 68

Religion et pouvoir

Les religions, comme le pouvoir civil, peuvent être tentées par le pouvoir absolu établi sur des esprits d'abord, sur toute la société ensuite. Se révolter contre un tel pouvoir équivaut à un blasphème : les hommes accaparent le pouvoir de Dieu. En matière religieuse, y a-t-il des contre-pouvoirs et comment s'expriment-ils, s'ils existent ?

La tentation du pouvoir absolu

Jusqu'à présent, on rencontrait peu de religions qui n'affirmaient pas posséder la vérité. Le dialogue interreligieux (voir p. 150) ouvre de nouvelles perspectives selon lesquelles les religions seraient un cheminement vers une vérité que chacune d'entre elles recherche, sans être sûre de la détenir dans sa totalité.

Posséder la vérité implique que ceux qui ne pensent pas de même sont dans l'erreur, au moins partiellement. La tentation de la religion « véritable » peut alors être d'imposer son point de vue par toutes sortes de pressions, jusqu'à créer une religion officielle qui marginalise ou fait disparaître les autres points de vue. Ce phénomène se constate avec toutes les idéologies dominantes, religieuses ou non, comme l'athéisme communiste de l'ex-URSS, le christianisme à l'époque de la révocation de l'édit de Nantes (1685), l'islam contemporain en Arabie Saoudite ou les régimes du type des Frères musulmans mis en place après le « Printemps arabe ». La tentation est d'autant plus forte que la religion se réfère à la révélation d'un Dieu par nature absolu et tout-puissant.

Les religions peuvent-elles admettre des contre-pouvoirs ?

Il n'y a apparemment aucun espoir de désarmer celui qui, de bonne foi ou non, se considère comme mandaté par un Dieu tout-puissant pour faire régner sa loi sur terre. Le seul contre-pouvoir est contenu dans le message divin lui-même. Précisément, on constate que les messages des religions révélées contiennent tous des préceptes explicites de respect ou d'amour universels, lesquels impliquent justement de ne pas contraindre ceux qui pensent autrement.
Ainsi, ceux qui, au nom des religions révélées, veulent imposer leur pensée aux autres, se trouvent en contradiction avec le message divin qu'ils entendent transmettre.

Contrairement au pouvoir civil dont les contre-pouvoirs lui sont extérieurs, le contre-pouvoir de l'absolutisme religieux ne peut se trouver que dans la religion, c'est-à-dire dans des groupes qui partagent la même foi mais la vivent et l'interprètent différemment.

Oportet haereses esse (« Il faut qu'il y ait des hérésies », saint Augustin)

De tous temps, les certitudes des religions ont été ébranlées par des penseurs qui ont remis en cause, non pas toujours leur message lui-même, mais leur interprétation officielle. Ces penseurs réussissent parfois à faire modifier la position traditionnelle, parfois ils sont rejetés et leur doctrine est condamnée (l'Église catholique parle alors d'hérésie).
Après un temps qui peut atteindre plusieurs siècles, il arrive que des points de vue convergent, permettant ainsi un progrès de la tolérance et de la compréhension du message religieux.

LES RELIGIONS : OBJECTIFS ET STRUCTURES

Les objectifs

Toute religion cherche avant tout à transmettre une doctrine ou des pratiques religieuses, ce qui implique la formation des croyants et la préservation des traditions qui fondent l'identité de cette religion.

D'autre part, comme toute société humaine, une religion doit s'organiser pour gérer ses biens et son personnel, assurer sa représentativité à l'extérieur et ses rapports avec le pouvoir civil. Les formes d'organisation des religions constituées sont aussi nombreuses que variées.

La transmission de la doctrine et des pratiques religieuses

Bon nombre de religions réservent à des initiés, à des personnes spécialement consacrées à cette tâche, le soin d'assurer les rites.

Ce peut être une caste héréditaire (celle des brahmanes en Inde), des prêtres ou des pasteurs dans le christianisme, des personnes qualifiées qui peuvent, temporairement ou non, remplir telle ou telle fonction du culte comme dans l'islam, ou encore des initiés auquel un maître transmet des secrets comme dans différentes formes d'animisme.

La doctrine ou les traditions religieuses doivent s'efforcer d'échapper à deux dangers : subir l'influence excessive de courants de pensée divers qui les dénaturent – c'est le risque du modernisme ou du syncrétisme – ou bien se replier frileusement en évitant toute influence extérieure – c'est le risque du fondamentalisme ou de l'intégrisme (voir p. 149).

L'organisation matérielle des religions

Selon leur rapport avec le pouvoir politique (voir p. 138), les religions peuvent s'organiser de différentes façons.

• L'Église catholique dispose, avec le Saint-Siège, de toutes les prérogatives d'un État indépendant, ce qui la met en principe à l'abri des influences politiques ; c'est moins facilement le cas des Églises orthodoxes dites autocéphales, dont le territoire coïncide avec celui d'un État.

Plus généralement, le christianisme dispose le plus souvent d'un clergé permanent hiérarchisé, responsable simultanément de la vie spirituelle et de la gestion matérielle des églises, même si des laïcs apportent leur concours.

• L'hindouisme, le bouddhisme et l'islam ont plutôt des organisations décentralisées établies autour des temples, des monastères ou des mosquées respectivement.

Dans l'islam, on trouve des organisations, souvent puissantes comme *Astan-e-qods* en Iran, qui gèrent le patrimoine religieux, des organisations de coordination politique comme la Ligue arabe, ou des fonds qui contribuent notamment à la construction des mosquées.

• Des partis politiques, plus ou moins directement inspirés par le message moral des religions, se rencontrent aussi bien dans les pays de culture chrétienne (La démocratie chrétienne en Italie…) que dans ceux de culture musulmane.

Parfois les religions cherchent à prendre le pouvoir pour proposer un modèle, parfois elles se contentent d'exercer une influence morale sur la société.

Les rites, face visible des religions

Cérémonies liturgiques, rites, processions, pèlerinages sont communs à toutes les religions. Très attachées aux symboles, elles marquent de leur empreinte l'ensemble de la vie sociale.

Les rites et leur fonction

La société profane n'échappe pas aux rites : la façon de dresser la table d'un banquet, les hymnes nationaux avant les grandes rencontres sportives, l'habit des académiciens, celui des gardes républicains à l'Assemblée nationale sont des rites révélateurs d'une culture et d'une histoire. Les rites s'appliquent à tous les événements de la vie, religieuse ou non.

Les rites religieux sont destinés à rendre visibles et sensibles des notions abstraites comme la puissance et la gloire de Dieu, la solennité d'une commémoration, la solidarité d'une communauté. Pour marquer les esprits et les cœurs, ou provoquer des rassemblements de foules, on organise des fêtes, on s'habille d'une façon particulière, on joue une musique de circonstance, la foule est invitée à prendre des postures ou à faire des gestes chargés de symboles.

Les prosternations simultanées des musulmans au cours de la prière, le signe de croix des chrétiens, le balancement des juifs pendant la récitation des textes sacrés, l'usage de l'encens et de l'eau bénite, les ornements liturgiques ou la pièce de tissu blanc dont s'enveloppent les pèlerins à La Mecque, tous ces rites divers ne s'expliquent que par leur contenu symbolique, connu de chaque fidèle.

Les symboles

Dans presque toutes les cultures, le feu est purificateur, destructeur du mal, la lumière symbolise la connaissance, la génuflexion ou la prosternation sont signes d'humilité, offrir de la nourriture est une marque de respect. En revanche, la valeur symbolique des couleurs varie : le blanc est couleur de deuil dans le bouddhisme et le rouge est celle du bonheur, donc du mariage.

Les offrandes et sacrifices qu'on trouve dans toutes les religions ont également un fort contenu symbolique.

Les grandes manifestations

Autant pour resserrer la solidarité de leurs membres que pour faire percevoir leur importance numérique et leur ferveur, les religions organisent d'importantes manifestations où les fidèles se rendent par centaines de milliers, si ce n'est par millions. Les pèlerinages du Kumbh Mela pour l'hindouisme, ceux de Lourdes, de Fatima ou d'ailleurs dans le christianisme, celui de La Mecque dans l'islam, sont des manifestations imposantes de ferveur religieuse.

OFFRANDES ET SACRIFICES

Des sacrifices humains aux offrandes symboliques

Pour s'attirer la bienveillance de Dieu, des puissances occultes ou des esprits des ancêtres, ou pour témoigner de sa reconnaissance, le croyant cherche à être agréable en offrant des cadeaux. Cette attitude s'exprime de diverses façons selon les cultures et les religions.

- Dans les sociétés primitives, on offre réellement ce qui est le plus précieux, c'est-à-dire la vie. Il y eut jadis des sacrifices humains, mais les sacrifices d'animaux se pratiquent encore. Les Aztèques offraient ainsi au dieu-soleil le cœur de victimes humaines.
- Dans les religions animistes, le sacrifice de poules ou de chevreaux est de pratique courante.
- Dans l'islam, la fête du sacrifice qui commémore celui d'Abraham comporte traditionnellement le sacrifice d'un mouton mangé en famille et souvent partagé avec les nécessiteux.
- Depuis la destruction du Temple de Jérusalem, le judaïsme ne pratique plus de sacrifices d'animaux.
- Dans le catholicisme, la mort du Christ a la valeur d'un sacrifice librement accepté pour racheter les fautes et les erreurs de l'humanité entière. Au cours de la messe, le prêtre renouvelle ce sacrifice en offrant le pain et le vin, mystiquement transformés dans le Corps et le Sang du Christ. Le simple catholique participe à ce sacrifice en consommant l'hostie, cette parcelle de pain consacré.

L'offrande du croyant peut être plus symbolique et de nature purement spirituelle. Il peut offrir ses efforts pour les autres, son travail, sa souffrance, ses pensées en signe de solidarité avec les autres et d'humilité devant Dieu.

Scène d'offrandes dans un temple bouddhiste à Bangkok, Thaïlande

La spiritualité, face cachée des religions

Prière et mysticisme ne sont pas l'apanage de gens aux dons exceptionnels. Nombreux sont ceux qui connaissent des périodes de vie spirituelle intense. Celle-ci est une composante fondamentale de la nature humaine, au même titre que la vie intellectuelle.

La prière

Quand l'homme se retrouve seul avec lui-même, qu'il prend le temps de méditer, il retrouve instinctivement un besoin de se ressourcer, de se confier, de s'ouvrir à une sorte de dialogue intérieur. La croyance en un dieu permet de trouver un interlocuteur que le fidèle ressent souvent comme réellement présent.

Les efforts sur soi-même

Comme toute vie, la vie spirituelle peut être plus ou moins active, simple ou au contraire débordante et capable d'héroïsme. Une vie spirituelle authentique implique un travail, mais un travail sur soi-même. Quoique rarement spectaculaires pour un observateur extérieur, les résultats de ces efforts sur soi-même peuvent être décisifs pour l'orientation de la vie du croyant qui cherche à dominer ses passions, à s'ouvrir aux autres et à se comporter en fonction de principes moraux librement acceptés.

Le mysticisme

- Venant d'un mot grec signifiant « initié », le mysticisme désigne une forme profonde de la vie spirituelle où le croyant ressent fortement la présence du divin. Pour un mystique, la vie spirituelle est au centre de l'existence.
- Poussé à l'extrême, le mysticisme peut conduire à des déviances comme le mépris du corps ou de la vie intellectuelle. Le besoin de se retirer du monde pour vivre une vie consacrée totalement à un dieu n'implique nullement un tel déséquilibre. Dans les monastères chrétiens, par exemple, l'activité physique et intellectuelle fait contrepoids à la vie de prière. Il y a d'ailleurs une façon de travailler intellectuellement ou manuellement qui peut être vécue comme une prière.
- Le mysticisme consiste essentiellement en une vie de prière intense qui peut s'accompagner de manifestations de piété telles que jeûne, participation à des retraites religieuses ou pèlerinages. Souvent les mystiques se remarquent par un regard paisible et rayonnant qui exprime l'intensité de leur foi.
- On trouve des mystiques dans toutes les religions ; ils se regroupent souvent au sein de courants spirituels comme les ordres monastiques chrétiens, les soufis musulmans, les juifs hassidiques ou les sadhus hindous.

LA PRIÈRE

Dans toutes les religions, la prière existe sous une forme ou sous une autre mais avec des significations diverses.

Un dialogue avec Dieu ?

Cela peut aller du simple rite, comme l'usage du moulin à prières des bouddhistes, jusqu'à la ferveur des grands mystiques qui se sentent véritablement en présence de Dieu. Dans la mesure où la prière est l'expression d'une communication avec Dieu ou un être invisible, la prière peut revêtir toutes les formes d'un dialogue dans lequel toutefois ne s'exprime apparemment qu'un interlocuteur.

Prière en plein air au Sénégal

Pourquoi prie-t-on ?

Face à une puissance qui le dépasse, l'homme a naturellement tendance à demander ce qu'il ne peut obtenir lui-même : la fin d'une souffrance, un succès professionnel ou amoureux, l'arrivée de la pluie... Pour obtenir satisfaction, la prière peut s'accompagner de la promesse à la divinité de lui offrir quelque chose qui lui plaise ou qui témoigne de la bonne volonté de celui qui prie : un poulet dont on coupe le cou, un bâton d'encens, des prosternations d'humilité.

Certains peuvent voir dans ces demandes une part de « naïveté » et la marque d'une grande superstition. Du point de vue des grandes religions monothéistes, ces critiques ne sont pas dénuées de fondement ; la prière ne peut être confondue avec un marchandage où l'on offrirait quelque chose à Dieu en échange de la satisfaction d'un vœu.

Les différentes formes de prière

La prière de demande n'est pas illégitime mais elle doit s'accompagner d'assez d'humilité pour reconnaître que le dieu qu'on prie connaît mieux que quiconque ce qu'il convient de donner. Il est d'ailleurs recommandé de prier pour les autres plutôt que pour soi-même.

En revanche, la prière de louange ou de remerciement, « d'action de grâces » disent les chrétiens, trouve toujours sa place car le croyant est conscient de tout ce qu'il doit à son dieu. Cette prière s'apparente à la prière d'adoration qui exprime la joie d'être spirituellement en présence de Dieu.

Dans l'hindouisme, la prière (*puja*) est essentiellement un rite pour honorer la divinité. C'est le prêtre (*pujari*) qui recueille les offrandes des fidèles et les présente à la statue du dieu.

Dans le bouddhisme du Grand Véhicule, les prières sont adressées à des intercesseurs, dits *bodhisattvas*, qui renoncent à leur libération spirituelle définitive par pure compassion pour les humains.

Dans les religions animistes, la prière a souvent un caractère magique, le don du fidèle devant avoir un effet quasi automatique pour l'obtention d'une faveur déterminée.

Le peuple de l'Alliance

Le judaïsme est la religion des Juifs. L'un des thèmes centraux du judaïsme est celui de l'alliance entre Dieu et le peuple juif (grâce à ses prophètes Noé, Abraham et Moïse), qui devint dès lors le « peuple élu ». L'histoire de ce peuple, relatée dans la Bible, est celle de son constant dialogue avec Dieu.

La Genèse

La Genèse (en hébreu *Bereshit*, « Au commencement ») est le premier livre de la Bible et du Pentateuque (*Torah*). Dans une première partie sont racontées les origines mythiques du monde et de l'humanité : la création du monde ; le paradis d'où sont chassés Adam et Ève pour avoir désobéi à Dieu ; le meurtre d'Abel, l'éleveur, par Caïn, le cultivateur ; l'histoire de Mathusalem ; le déluge, punition divine infligée aux hommes en raison de leur dureté et dont seul Noé, sa famille et quelques animaux sont sauvés ; la tour de Babel. La deuxième partie de la Genèse relate l'histoire des patriarches (Abraham, Isaac et Jacob), et la troisième partie, l'histoire de Joseph.

Abraham

Abraham, dont on suppose qu'il vécut vers 1800 avant notre ère, est considéré comme le « père » des trois grandes religions monothéistes et vénéré aussi bien par les juifs que par les chrétiens et les musulmans. Chef d'un clan de pasteurs qui nomadisait en Mésopotamie, Abraham était en contact avec de multiples peuples dont chacun avait ses dieux et sa religion. Jusqu'au jour où Dieu lui donna l'ordre de quitter son pays, sa famille et sa maison pour se rendre dans une contrée inconnue, en l'occurrence le pays de Canaan – la future Terre promise (Palestine actuelle). Cest là que Dieu apparut à Abraham, lui promettant son alliance ainsi qu'une descendance nombreuse, bien que sa femme Sara et lui fussent déjà très âgés. Il eut deux fils : Ismaël, qui naquit de son union avec Agar, sa servante égyptienne, puis, quelques années plus tard, Isaac, qu'il eut de sa femme Sara. Pour l'éprouver, Dieu demanda à Abraham de lui sacrifier Isaac mais, convaincu de la foi et de l'obéissance du patriarche, il arrêta son geste. Jacob, fils d'Isaac, eut douze fils de quatre femmes différentes, qui ont donné leur nom aux douze tribus d'Israël : Ruben, Siméon, Lévi, Juda, Issachar, Zabulon, Dan, Naphtali, Gad, Asher, Joseph et Benjamin. Joseph, vendu par ses frères comme esclave en Égypte, devint ministre du pharaon. Ses descendants, les Hébreux, constituent le peuple d'Israël qui vécut plus de 400 ans sous la férule égyptienne.

Moïse et l'Exode

Moïse naquit vers le XIIIe siècle avant notre ère. Sauvé des eaux du Nil auxquelles son berceau avait été confié, il fut élevé par la fille du pharaon. Après l'épisode du buisson ardent où Dieu l'enjoignit de libérer son peuple du joug égyptien, Moïse fit sortir les Hébreux d'Égypte pour les ramener en Canaan. Guidé par Dieu, il traversa la mer Rouge à pied sec, et marcha à travers le désert jusqu'au mont Sinaï. C'est là que Dieu lui apparut, lui renouvela son alliance et lui donna le Décalogue (les « Dix Commandements ») écrit sur les tables de la Loi. Il n'atteignit pas la Terre promise mais put l'apercevoir du mont Nebo où il s'éteignit à l'âge de cent vingt ans.

LES GRANDS PERSONNAGES DE LA BIBLE

Des rois et des prophètes

L'histoire du « peuple élu » s'est écrite grâce à des hommes, rois ou prophètes. Nous avons déjà évoqué Adam et Ève, Caïn et Abel, Mathusalem et Noé, Abraham et ses fils Ismaël et Isaac, Jacob, Joseph et ses frères, et enfin Moïse. Après la mort de Moïse et l'établissement des Hébreux en Terre promise, d'autres personnages célèbres apparaissent dans la Bible, parmi lesquels :

– Josué qui succéda à Moïse à la tête des Hébreux et leur permit de conquérir la terre de Canaan ;

– Samuel qui, vers l'an 1040 avant J.-C., mit progressivement en place la royauté dont le premier titulaire fut Saül. Après la mort au combat de ce dernier, c'est David qui prit le pouvoir grâce à ses qualités politiques et militaires. Il unifia le royaume d'Israël et conquit Jérusalem ;

– Salomon, le deuxième fils de David, qui fit construire le Temple de Jérusalem et dont le règne fut une ère de paix. Sa mort, en 928, fut suivie d'une période de troubles qui déboucha sur la scission du pays entre les deux royaumes de Juda, au sud, et d'Israël, au nord. Le royaume d'Israël disparut en 721 av. J.-C., après sa défaite devant les Assyriens, et sa population fut déportée près de Babylone. Le royaume de Juda, dont Jérusalem resta la capitale après la scission, dura plus longtemps ;

– le prophète Jérémie, qui annonça la prise de Jérusalem en 587 av. J.-C. et la destruction du Temple de Salomon.

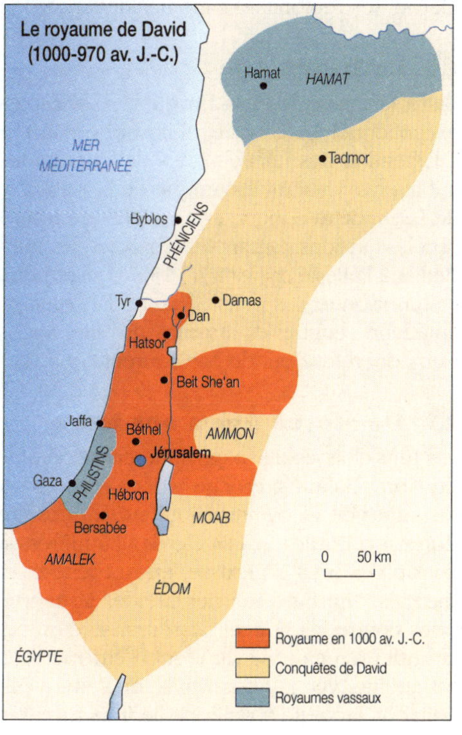

La Bible présente Moïse comme le premier et le plus grand prophète du peuple juif, « lui que l'Éternel a connu face à face ». Les prophètes sont des hommes choisis par Dieu pour transmettre la révélation de son message. Parmi les plus connus, citons Isaïe, Jérémie, Ézéchiel, Nathan, Élie et Élisée.

Histoire du peuple juif

Établi en Terre promise (Israël et Palestine actuels), le peuple juif n'y a pas toujours connu la liberté et la paix. Le pays fut envahi à plusieurs reprises et les Juifs durent s'exiler. Durant toute son histoire, la diaspora juive fut victime de persécutions et de pogroms, qui ont culminé avec la Shoah (« anéantissement »). L'État d'Israël, créé en 1948, porte depuis lors les espoirs d'un destin enfin maîtrisé.

L'Antiquité

L'exil des Juifs à Babylone prend fin avec l'édit du roi perse Cyrus qui, en 539 av. J.-C., les autorise à rentrer en Palestine. Une partie d'entre eux choisit de rester en Mésopotamie, constituant l'une des premières *diasporas* (« dispersion » en grec) ; l'autre revient s'installer dans l'ancien royaume de Juda, désormais appelé Judée. Les rois perses permettent aux Juifs de reconstruire le Temple jadis édifié par Salomon. En 326 av. J.-C., la région est conquise par Alexandre le Grand qui en fait une province de la Macédoine. Une révolte religieuse donne l'indépendance à la Judée en 162 av. J.-C. En 63 av. J.-C., la Judée passe sous domination romaine. L'occupation provoque des révoltes et, en l'an 70 de notre ère, les Juifs sont écrasés et le Second Temple détruit. Après une dernière guerre désastreuse en l'an 135, la diaspora juive s'implante progressivement dans l'Empire romain, jusqu'en Espagne et au Maroc, ses régions les plus occidentales.

Le Moyen Âge

Entre le XIIe siècle et la fin du XVe, en Espagne, la pensée juive connaît un épanouissement exceptionnel. Le savant et philosophe Maïmonide (1135-1204) écrit en arabe *Le Guide des égarés* à l'attention des Juifs éloignés de leurs traditions. C'est à cette époque que naît le mysticisme juif avec le courant ésotérique de la Kabbale et le livre du *Zohar*, rédigé vers 1280 par Moïse de Leon. Cette époque est une période troublée : croisades, épidémies et *Reconquista* accroissent les tensions. Durant les croisades, les Juifs, considérés comme des infidèles, sont massacrés. Pendant la Peste noire (1347-1351) qui fit périr un tiers des Européens, ils furent souvent accusés d'empoisonner les puits. Quant à la *Reconquista* (guerre de reconquête menée par l'Espagne chrétienne contre les musulmans), elle s'achève en 1492 par l'expulsion des Juifs d'Espagne. Ceux qui refusèrent de partir furent contraints de se convertir au catholicisme.

Du Moyen Âge à nos jours

Les Juifs chassés d'Espagne allèrent généralement s'établir dans les pays musulmans – Afrique du Nord, Balkans, Proche-Orient –, où ils constituèrent la communauté *séfarade*. Celle-ci se distingue de la communauté *ashkénaze* (Juifs établis dans l'Europe du Nord-Ouest et en Europe centrale). Au siècle des Lumières, se produisit une réaction en faveur de l'émancipation des Juifs en Prusse, en Autriche et en France où elle fut acquise avec la Révolution française. En Europe orientale, les gouvernements polonais et russe multiplièrent les vexations contre les Juifs et laissèrent se commettre d'innombrables pogroms. Si l'antisémitisme connut un regain de vigueur en Europe occidentale au XIXe siècle, le paroxysme de l'horreur fut atteint avec la Shoah mise en œuvre par Hitler durant la Seconde Guerre mondiale, au cours de laquelle 6 millions de Juifs furent exterminés. Puis vint l'époque de la construction de l'État d'Israël.

LE MYTHE DE LA 13e TRIBU

Quatre pistes possibles

Le royaume d'Israël s'était constitué au nord de la Terre promise peu après la mort du roi Salomon, en 928 av. J.-C. Il regroupait dix des douze tribus d'Israël, celles de Juda et de Benjamin appartenant au royaume de Juda, constitué autour de Jérusalem.

Après des périodes de faste et de rivalité avec le royaume de Juda, celui d'Israël connaît une époque de décadence et de révolutions de palais, au cours de laquelle il prend position contre le redoutable empire assyrien du roi Sargon II. Celui-ci annexe le royaume et déporte la population. C'est alors que s'arrête l'histoire des dix tribus d'Israël, tribus « perdues » dont le destin a alimenté – et continue d'alimenter – toutes sortes de spéculations et de légendes.

Périodiquement on a vu apparaître le mythe d'une treizième tribu, qui serait constituée des descendants des dix tribus « perdues ». Quatre pistes ont été évoquées :

- Celle des Fallashas ou Juifs d'Éthiopie, dont la plupart furent rapatriés par pont aérien en Israël au cours de l'année 1985. Indiscutablement juifs, les Fallashas sont noirs et leurs rites sont antérieurs à l'exil de Babylone. S'agit-il de convertis de l'époque des amours de Salomon et de la reine de Saba, ou d'exilés qui auraient fui en Afrique et s'y seraient métissés ?
- Celle de l'ethnie afghane des Pashtouns (dits aussi Pathans) qui, islamisée depuis l'an 622, a conservé des coutumes pouvant laisser supposer une origine juive : les enfants mâles sont circoncis le huitième jour après leur naissance, les mariages sont célébrés sous un dais avec un échange d'alliances et, après leur treizième année, les hommes portent un châle de prières à franges semblable au *tallit* juif. De plus, les Pashtouns se disent les descendants d'Afghana, fils de Jérémie et petit-fils du roi Saül, et sont divisés en groupes tribaux dont les noms évoquent ceux des tribus « perdues » : Rabani (Reuben), Levari (Levi), Daftani (Naphtali), Ashuri (Asher), etc. La ville de Kaboul elle-même porte le nom d'un village de Samarie jadis situé sur le territoire de la tribu d'Asher.
- Celle des Khazars, habitants des flancs nord du Caucase, dont l'histoire a inspiré à Arthur Koestler un ouvrage intitulé précisément *La Treizième Tribu*, pose moins de problèmes. Apparentés aux Turcs, le roi des Khazars et une partie de son peuple se seraient convertis au judaïsme vers le milieu du VIIIe siècle, sans doute pour échapper à l'influence de leurs deux puissants voisins, l'empire chrétien de Byzance et l'empire arabe. L'empire des Khazars fut détruit par les Russes en 965 et bon nombre de ses membres émigrèrent en Europe centrale, où ils constituèrent une partie de la communauté ashkénaze.
- Celle – en apparence assez fantaisiste – des mormons qui soutiennent que les Indiens d'Amérique descendent d'Israélites et d'autres peuples dispersés après l'aventure de la tour de Babel.

La construction du Temple de Salomon

La Bible hébraïque

La Bible hébraïque comprend vingt-quatre livres, tous conservés en hébreu. Dans la Bible chrétienne, ces vingt-quatre livres – auxquels s'ajoute un certain nombre de textes conservés en grec – constituent l'Ancien Testament. La Bible hébraïque est divisée en trois parties : la Loi, les Prophètes et les Écrits.

La Loi et les Prophètes

La Loi (ou Torah) comprend cinq livres, que la Bible chrétienne désigne sous le nom de Pentateuque (« livre en cinq rouleaux »). Ce sont : la Genèse (*Bereshit* en hébreu), l'Exode (*Shemot*), le Lévitique (*Va-Yiqra*), les Nombres (*Be-Midbar*) et le Deutéronome (*Devarim*). Les cinq livres de la Torah racontent la création du monde, l'histoire des patriarches, le don de la Loi au mont Sinaï. Ils s'achèvent à la mort de Moïse, au moment où les Hébreux arrivent en vue de la Terre promise.

Les livres des Prophètes (*Neviim*) sont au nombre de huit : Josué, les Juges, Samuel I et II, les Rois I et II, Isaïe, Jérémie, Ézéchiel, les douze « Petits Prophètes ». Reprenant le récit là où la Torah l'avait laissé, ils racontent l'histoire d'Israël depuis l'arrivée des Hébreux en Canaan jusqu'à la prise de Jérusalem et la destruction du Premier Temple en 587 av. J.-C.

Les Écrits

Appelés *Ketouvim* en hébreu, ils comprennent onze textes très divers qui sont, dans l'ordre : les Psaumes, le Livre de Job, les Proverbes, le Livre de Ruth, le Cantique des cantiques, l'Ecclésiaste (ou *Qohelet*), les Lamentations, le Livre d'Esther, le Livre de Daniel, celui d'Esdras et de Néhémie, ainsi que le livre des Chroniques. Ils constituent un ensemble composite, mêlant l'histoire et divers genres littéraires.

Le Canon biblique ou *Tanak'*

En hébreu, on désigne habituellement la Bible par le terme de *Tanak'*, acronyme des trois ensembles de textes qui viennent d'être cités : T pour *Torah*, N pour *Neviim* et K pour *Ketouvim*. Il arrive également que le terme de *Torah* soit appliqué à l'ensemble de la Bible hébraïque, pour signifier que l'ensemble du *Tanak'* est la parole de Dieu.

La rédaction de la Bible s'est étalée sur plusieurs siècles, du XIIIe siècle au IIe siècle avant notre ère. Elle a donc été écrite par de nombreux auteurs dont chacun a son style, marqué par son époque. C'est la présence constante de Dieu, inspirateur des différents auteurs, qui donne son unité à cette véritable bibliothèque.

LES AUTRES LIVRES DU JUDAÏSME

Le Talmud

Avec la Torah, le Talmud (en hébreu « enseignement », « étude ») est l'ouvrage le plus important du judaïsme. Celui-ci a pour fondement deux sortes de lois : la loi écrite constituée par les cinq livres de la Torah révélés par Dieu à Moïse au Sinaï, et la loi orale, explication et interprétation de la Torah que les générations se sont transmises de bouche à oreille. C'est la consignation par écrit de ces commentaires qui constitue le Talmud, encore appelé « Torah orale ». Le Talmud est une vaste compilation des réflexions des maîtres et des sages qui, au cours des siècles, se sont consacrés à l'étude et à l'explication de la Torah. On distingue le Talmud de Babylone rédigé au Vᵉ siècle et le Talmud de Jérusalem, rédigé en Israël au IVᵉ siècle, le premier étant le plus volumineux et le plus célèbre.

Le Talmud est un ensemble constitué par la réunion de la Mishnah et de la *Gemara*. La Mishnah (« répétition ») est un recueil de lois concernant tous les domaines de la vie juive : agriculture, vie familiale, droit civil ou pénal, vie religieuse (prières quotidiennes, shabbat, fêtes, service du Temple, conditions de la pureté rituelle). La *Gemara* (« complément », « achèvement ») rassemble les discussions et commentaires auxquels a donné lieu l'étude de la Mishnah.

On distingue au sein du Talmud deux approches différentes : celle de la Halakhah (terme dérivé d'une racine hébraïque signifiant « marcher »), qui désigne tout ce qui, dans la Torah, relève de la législation (c'est-à-dire des lois et des règles religieuses), et celle de la Aggadah (« narration »), qui rassemble des légendes, des anecdotes, des paraboles destinées à l'édification morale du lecteur.

Le Midrash

Le Midrash (de la racine hébraïque *drsh* qui signifie « étudier, examiner ») est l'interprétation, par les rabbins, du texte biblique. La méthode midrashique consiste à étudier la Bible, chapitre par chapitre, verset par verset, et même mot par mot, pour en dégager, sous le sens littéral, la signification profonde. Tous les sages qui, au cours des siècles, se sont consacrés à l'étude et au commentaire de la Torah ont contribué à l'enrichissement du Midrash, dont il existe plusieurs recueils.

L'un des plus célèbres est celui de Rashi (surnom du rabbin Salomon Ben Itzhaki) qui vécut à Troyes au XIᵉ siècle de notre ère. Quant aux ouvrages de Maïmonide (*Mishneh Torah*, XIIᵉ siècle) et de Joseph Caro (*Shoulhan aroukh* « table dressée », XVIᵉ siècle), ils font aujourd'hui encore autorité.

Le *Zohar*

Composé au XIIIᵉ siècle par le savant juif espagnol Moïse de Leon, le *Zohar* (« Livre de la splendeur ») est un ouvrage mystique représentatif du courant de pensée de la Kabbale où la Torah est interprétée de façon symbolique.

La pensée juive, dans ses différents courants, continue à produire de nombreux ouvrages.

Les manuscrits de la mer Morte

La connaissance de la Bible et du judaïsme antique a été bouleversée par la découverte en 1947 dans la grotte de Qumrân, au nord-ouest de la mer Morte, de manuscrits comportant des fragments de tous les livres bibliques (à l'exception de celui d'Esther), ainsi que des livres entiers tel celui d'Isaïe. Ces documents exceptionnels datent, pour les plus anciens, de plus de deux siècles avant notre ère, alors que, jusqu'à la découverte de Qumrân, les textes bibliques les plus anciens remontaient au Moyen Âge (vers le XIᵉ siècle).

La pratique du judaïsme

L'étude de la Torah, la Loi divine, est le fondement essentiel du judaïsme. La bénédiction et la prière y occupent également une place importante, ainsi que l'observation de nombreux commandements qui touchent les aspects les plus divers de la vie quotidienne. Le plus important d'entre eux est le respect du shabbat, septième jour de la semaine.

L'étude de la Torah

L'étude de la Torah est le premier devoir de tout juif pieux : « Tu les [*les paroles de la Torah*] enseigneras à tes enfants et tu les répéteras dans ta maison et en voyage, en te couchant et en te levant ». C'est au sein de sa famille que l'enfant reçoit son premier enseignement religieux, lequel peut être poursuivi, le mercredi et le dimanche, dans des écoles appelées *Talmud Torah*. Tous les parents ont l'obligation d'inculquer à leurs enfants l'amour de Dieu et le respect de ses commandements. L'étude de la Torah a une importance fondamentale et tout fidèle est astreint à la pratiquer durant toute sa vie.

Bénédictions et prière

Les bénédictions (*berakhah* en hébreu) accompagnent presque tous les actes du juif pieux et préludent à l'accomplissement des commandements. Ainsi, en allumant les bougies au soir du shabbat, toutes les femmes prononcent la phrase rituelle : « Béni sois-tu, Éternel notre Dieu, roi du monde, qui nous as sanctifiés par tes commandements et nous as ordonné d'allumer la lampe du shabbat ».

L'hébreu dispose de plusieurs termes pour désigner la prière. Le plus courant est le mot *tefillah*, dérivé d'une racine qui signifie « juger » et « espérer ». La prière, qu'elle soit individuelle ou publique, occupe une place importante dans le judaïsme. Faite en commun à la synagogue, elle exige une assemblée de dix hommes au moins, ayant tous la majorité religieuse (plus de treize ans). Trois offices publics sont récités quotidiennement : la prière du matin, celle de l'après-midi et celle du soir. À l'office du matin, les fidèles se couvrent les épaules du *tallit*, un châle rectangulaire garni de franges, et doivent porter les *tefillin* (« phylactères »), cubes de cuir noir contenant quatre versets de la Torah, qu'ils s'attachent sur le front et au bras gauche. Les textes de prières fondamentaux sont le *Shema Israël* (« Écoute Israël »), premiers mots du verset exprimant la profession de foi du judaïsme, et le *Qaddish* (« saint »), prière de louange à Dieu.

L'observation des commandements

La Torah comporte 613 *mitzvoth* ou commandements (au singulier *mitzva*). Outre les *mitzvoth* relatifs au shabbat et à l'obligation de la circoncision des garçons, de nombreuses règles concernent l'alimentation. L'ensemble de ces règles alimentaires s'appelle *kashrout*, et tout aliment pouvant être consommé est dit *kasher*. Ainsi seules sont autorisées la viande de ruminants dont le sabot est fendu, la chair des poissons ayant des écailles et des nageoires, et celle des volailles de basse-cour. Le porc, le cheval, le lapin, les anguilles, les huîtres et autres coquillages sont interdits. Consommer du sang étant également prohibé, les bêtes doivent être égorgées selon des règles précises, et la viande vidée de son sang avant d'être cuite. On ne doit pas non plus consommer de la viande et des aliments lactés au cours du même repas, ni les faire cuire ensemble.

LE SENS DES MOTS

Une langue ressuscitée

L'hébreu est le seul exemple au monde d'une langue ressuscitée. Ayant survécu comme langue de la Bible et des offices religieux dans les communautés ashkénazes et séfarades, il devint la langue nationale de l'État d'Israël en 1948. Cependant, l'hébreu moderne, qui a commencé à se développer à partir de la fin du XIXe siècle, a beaucoup évolué par rapport à l'hébreu biblique, dont le vocabulaire limité (huit mille mots) ne pouvait pas répondre aux nouveaux besoins socioculturels. Il reste que le sens des termes bibliques est indispensable à la compréhension de l'essence du judaïsme.

Un juif, vêtu du tallit et de la kippah et son fils

Pour mieux comprendre le judaïsme

- rabbin (de l'hébreu *rabbi*, « mon maître ») : désigne le guide spirituel d'une communauté, coopté par ses pairs après 5 ou 6 ans d'études. Il prononce des sermons à la synagogue, assure les services religieux des mariages et des enterrements, et prend des décisions en matière de loi juive. Il est fréquent que les rabbins aient des familles nombreuses. Seul le courant libéral accepte des femmes rabbins.
- synagogue : en hébreu *bet knesset*, « maison de réunion » ; la Knesset désigne aussi le Parlement israélien.
- shofar : nom de la corne de bélier dans laquelle souffle le rabbin à certaines occasions, comme pour la fin du jeûne de Yom Kippour.
- berit milah : circoncision, « l'alliance de la circoncision » en hébreu.
- bar mitsvah (littéralement « fils du commandement ») : désigne l'accès à la majorité religieuse du garçon qui a atteint l'âge de 13 ans ; une cérémonie religieuse est célébrée à cette occasion. Les filles sont *bat mitzvah* (« filles du commandement ») à l'âge de 12 ans.
- menorah : chandelier à sept branches, rappelant celui du Temple de Jérusalem, qui est devenu le principal symbole du peuple juif.
- mezouzah : étui fixé sur le montant droit de la porte de la maison et contenant un parchemin sur lequel sont écrits les deux premiers paragraphes du *Shema Israël*.
- kippah : petite calotte dont les hommes se couvrent la tête par respect pour Dieu.
- Seder : repas liturgique consommé en famille le premier soir de la Pâque juive (*Pessah*).
- ketoubbah : contrat de mariage.
- bet din : tribunal rabbinique, traitant principalement de questions relatives au mariage, au divorce religieux et des problèmes de *kashrout*.
- yehoudi : désigne à l'origine tout membre de la tribu de Juda (Yehoudah) ; c'est du mot hébreu *yehoudi* que vient celui de *juif* (en allemand *Jude*).

Les fêtes juives

Outre le shabbat, jour de repos hebdomadaire, l'année juive compte de nombreuses autres fêtes, dont les six plus importantes sont : Rosh Hashanah (littéralement « fête de l'année »), Yom Kippour (« jour des expiations »), Soukkot (« tentes » ou « cabanes »), Simhat Torah (« joie de la Torah »), Pessah (la Pâque) et Shavouot (« les semaines »).

Rosh Hashanah est la fête du nouvel an juif. Elle marque le début d'une période de dix jours de repentir, durant lesquels chacun doit s'efforcer de se purifier intérieurement, qui se termine avec le Yom Kippour. L'office célébré à la synagogue, toute tendue de blanc, est ponctué par cent sonneries de shofar (voir p. 27), qui sont censées réveiller la conscience des fidèles. Selon le calendrier juif, Rosh Hashanah est célébrée les 1er et 2 du mois de *tishri* (ordinairement en septembre-octobre).

Yom Kippour, aussi appelée le « Grand Pardon », marque la fin de la période des dix jours de repentir commencée à Rosh Hashanah. Fête la plus sainte de toute l'année juive, Kippour ne comporte aucune festivité : c'est un jour de pénitence, durant lequel il est interdit de boire et de manger, d'avoir des relations sexuelles, de porter des chaussures de cuir et de se laver. Cinq services, célébrés à la synagogue, comportent tous la confession des péchés de la communauté.

Soukkot commémore l'errance du peuple juif dans le désert après sa sortie d'Égypte. La Bible commande d'habiter pendant sept jours dans une cabane (la *soukkah*) au toit recouvert de branchages, construite pour la fête et symbolisant la précarité de la vie dans le désert. Située vers la mi-octobre, c'est aussi la fête des récoltes. Les deux premiers jours sont légalement chômés en Israël.

Simhat Torah, célébrée au terme de la semaine de Soukkot, marque la fin de la lecture annuelle de la Torah. On lit à la synagogue les derniers versets du Pentateuque qui racontent la mort de Moïse, et l'on commence tout de suite après la lecture du premier chapitre de la Genèse. Simhat Torah est une fête joyeuse au cours de laquelle les juifs chantent et dansent en promenant les rouleaux de la Torah à travers la synagogue, « comme un époux danse avec son épouse ».

Hanoukkah, fête des Lumières, ou plutôt demi-fête car non obligatoirement chômée, célèbre la révolte des Macchabées au IIe siècle av. J.-C. et leur victoire sur les Gréco-Syriens qui prétendaient détruire la religion juive.

Pourim (les « sorts »), demi-fête elle aussi, commémore, un mois avant Pâque, les événements relatés dans le livre d'Esther (Ve siècle av. J.-C.).

Pessah (en hébreu « franchir »), située en avril, célèbre la fin de l'esclavage en Égypte et l'exode des Hébreux sous la conduite de Moïse. On y consomme un repas solennel composé d'aliments symboliques : des herbes amères, souvenir de l'amertume de l'esclavage, une pâte de figues et de noix évoquant les briques fabriquées pour le pharaon, du pain sans levain dit *matsah* et de l'agneau. En effet, lors de leur départ d'Égypte, les Juifs n'eurent pas le temps de faire lever leur pain et un peu de sang d'agneau répandu sur les portes de leurs maisons permit à l'ange envoyé par Dieu pour tuer tous les premiers-nés égyptiens d'épargner les familles juives.

Shavouot (en français « Pentecôte ») commémore le don des tables de la Loi à Moïse sur le mont Sinaï, sept semaines après la fuite d'Égypte.

LE CALENDRIER JUIF

Selon des calculs effectués au IVe siècle de notre ère et se fondant sur les données bibliques, la création du monde se situerait en 3760 avant notre ère. Cette date, rejetée par les savants modernes, sert de point de départ au calendrier juif. L'an 2000 de notre ère correspond ainsi à l'an 5760 du calendrier juif. Le calendrier juif, qui combine l'année lunaire et l'année solaire, compte douze mois de 29 ou 30 jours, plus, certaines années, un treizième mois destiné à combler le décalage existant entre le cycle solaire et le cycle lunaire. Les noms de ces mois, d'origine babylonienne, sont : Nisan, Iyyar, Sivan, Tammouz, Av, Éloul, Tishri, Heshvan, Kislev, Tèvet, Shevat, Adar ; le mois supplémentaire s'appelle Adar Sheni, c'est-à-dire « le deuxième Adar ».

Fête de Simhat Torah

Le sabbat

Jour béni et sanctifié par Dieu, le sabbat (*shabbat* en hébreu, le *t* se prononçant) évoque à la fois le repos de Dieu au septième jour de la Création et la sortie d'Égypte. L'observance du sabbat est l'un des fondements de la pratique religieuse juive. C'est un jour de repos et de joie familiale durant lequel tout travail est interdit et que l'on consacre à la prière et à l'étude.

Jour officiel de congé hebdomadaire dans l'État d'Israël, le sabbat commence le vendredi au coucher du soleil et se termine le samedi au coucher du soleil. Le vendredi soir, vingt minutes avant le coucher du soleil, la maîtresse de maison allume deux bougies et récite la bénédiction rituelle. Après une prière de sanctification, le pain est béni et toute la famille prend un repas de fête qui se prolonge tard dans la nuit par des chants ou des causeries.

Durant le sabbat sont interdites toutes les activités liées, au sens large, à une production ou à un échange. Ainsi on ne peut porter un objet hors de la maison car ce pourrait être l'amorce d'un troc. Le traitement des affaires est également interdit, même s'il s'agit de négociations purement verbales.

Il n'est pas permis non plus de mettre en œuvre une source d'énergie, et même de tourner un bouton électrique, car cela peut provoquer le travail des autres. Cependant il est possible de laisser la lumière allumée avant le sabbat ou d'employer une minuterie automatique.

Les différents courants du judaïsme

Des divers courants de pensée du judaïsme, bien peu subsistent aujourd'hui. Le judaïsme contemporain, ashkénaze ou séfarade, se caractérise par une profonde unité doctrinale que traversent diverses tendances, qu'elles soient libérales ou « orthodoxes ».

Les traces du passé

Dans l'Antiquité, il existait de nombreuses écoles au sein du judaïsme : ainsi celle des Esséniens, dont la vie nous est mieux connue depuis la découverte des manuscrits de la mer Morte, mais aussi celles des Sadducéens qui niaient la résurrection ou des Pharisiens qui y croyaient. Il subsiste aujourd'hui d'autres groupes dissidents comme les Samaritains, communauté de cinq cents personnes environ, qui vivent près de Naplouse en Cisjordanie. Les Samaritains rejettent le Talmud et observent rigoureusement le shabbat et les rites alimentaires.

Séfarades et ashkénazes

Les Juifs originaires d'Allemagne et d'Europe centrale ou orientale portent le nom d'ashkénazes, et ceux du bassin méditerranéen sont appelés séfarades (« Espagnols »). Les deux communautés ne se distinguent que par la pratique liturgique et des traditions culturelles différentes, liées à leur milieu d'origine respectif. Les patronymes ashkénazes sont souvent à consonance allemande (Rosenzweig, Blum) et les noms séfarades sont de type méditerranéen (Pinto ou Attali). Seuls les noms « religieux » comme Cohen (« prêtre ») ou Lévi (du nom de la tribu) existent dans les deux communautés. Malgré leurs différences, les ashkénazes et les séfarades ont toujours entretenu au fil des siècles des relations fécondes. En 1939, les ashkénazes constituaient 90 % de la population juive mondiale et, bien que leurs communautés aient été décimées par les massacres de la Shoah, ils y restent, aujourd'hui encore, majoritaires.

Libéraux et « religieux »

À côté du *judaïsme majoritaire* qui est, en France, celui du Consistoire (voir p. 33), diverses tendances se sont développées. Le *mouvement libéral*, apparu dans les années 1910, désireux de s'adapter aux exigences de la vie moderne, admet, par exemple, l'ordination des femmes au rabbinat, alors que le *mouvement orthodoxe* ou *religieux* observe strictement les pratiques traditionnelles. Le *hassidisme* (de *hasid*, « pieux »), mouvement religieux populaire né en Europe centrale au XVIIIe siècle, a pour héritier, aujourd'hui, le mouvement Loubavitch, du nom d'un rabbin américain. Composé de séfarades et d'ashkénazes affirmant ostensiblement leur piété, ce mouvement est très puissant aux États-Unis et dans le quartier de Méa Shearim, à Jérusalem. Les « religieux », en position charnière à la Knesset, le Parlement israélien, jouissent d'un poids politique sans rapport avec l'importance de leurs effectifs. Citons également des mouvements numériquement importants comme celui de *Natorei Karta* (« Gardiens de la cité »), religieux et antisioniste (leur théorie est que seul le Messie instaurera l'État d'Israël) ou le mouvement *Masoreti* (de *masorah*, « tradition »), très attaché à la Loi, mais d'esprit moderniste et libéral à l'égard des femmes.

DE LA TERRE PROMISE À L'ÉTAT D'ISRAËL

L'État d'Israël

Le pays dans lequel Moïse conduisit les Juifs est la terre de Canaan, située entre le pays des Phéniciens au nord (aujourd'hui le Liban) et celui des Philistins au sud (la Palestine). Objet de la promesse faite par Dieu à Abraham (« C'est à ta descendance que je donnerai ce pays »), Canaan fut appelé la Terre promise. Le nom d'Israël, qui désignait à l'origine la population du royaume du Nord, finit par devenir celui de tout le pays. Les Juifs y vécurent jusqu'à la destruction du Second Temple par les Romains en l'an 70. Ils durent alors s'exiler et se disperser à travers le monde (*diaspora*). Depuis cette époque, l'espoir du retour à Sion (à l'origine nom d'une des collines de Jérusalem qui en vint à désigner la ville elle-même et la nation juive tout entière) constitue l'élément fondamental du judaïsme.

Afin d'offrir une patrie aux rescapés de la Shoah, l'ONU proposa en 1947 un plan de partage de la Palestine en deux États, l'un juif et l'autre arabe. L'indépendance de l'État d'Israël fut proclamée le 14 mai 1948 par David Ben Gourion. La loi du Retour promulguée en 1950 donna à chaque juif le droit d'immigrer en Israël, immigration désignée en hébreu par le terme d'*aliya* (« montée »). Aujourd'hui, bien que la religion soit le ciment du peuple juif, 40 % des Israéliens se déclarent traditionalistes et respectent certaines prescriptions religieuses, 30 % se définissent comme laïcs et 30 % sont résolument religieux (ultra-orthodoxes et orthodoxes).

La présence, désormais irréversible, de l'État d'Israël implique de régler au mieux le voisinage avec l'État de Palestine qui, depuis novembre 2012, a obtenu la reconnaissance de l'ONU comme État observateur, non-membre. Le règlement de nombreux contentieux entre les deux États, notamment sur les frontières, demande encore de grands efforts, impliquant une médiation internationale.

Le sionisme

Le sionisme, comme idéologie et mouvement politique, voit le jour en 1880. Il revendique la création d'un État juif en Palestine. Dès 1804 des groupes de pionniers juifs s'installent en Terre sainte. Avec la déclaration Balfour (1917), lettre dans laquelle le ministre des Affaires étrangères britannique se déclare favorable à la création d'un foyer national juif en Palestine, le sionisme connaît son premier succès. Le mouvement sioniste est maintenant accepté par toutes les composantes de la vie politique israélienne, à l'exception des ultra-religieux du parti *Natorei Karta* pour qui l'État juif actuel est l'œuvre du diable, le véritable Israël ne pouvant advenir que lorsque les temps messianiques seront accomplis.

Jeunes hommes hassidim à Jérusalem

Les Juifs dans le monde

Depuis l'Antiquité, les populations juives ont subi maintes déportations et de nombreux exils, volontaires ou non. Les communautés juives de ce qu'on appelle la *diaspora* (en grec, « dispersion ») sont désormais présentes dans la plupart des pays mais leur importance y est très variable.

L'Antiquité et le Moyen Âge

La Bible rapporte la servitude des Juifs en Égypte où ils sont restés quatre siècles avant de pouvoir regagner Canaan sous la conduite de Moïse (XIIIe siècle av. J.-C.), puis la déportation d'une partie d'entre eux en Assyrie au VIIIe siècle av. J.-C. et l'exil de cinquante ans à Babylone (597-538 av. J.-C.).

Si l'origine des Juifs d'Éthiopie, appelés *fallashas*, est très controversée – certains affirment qu'ils seraient les descendants du fils du roi Salomon et de la reine de Saba –, leur appartenance au judaïsme n'est cependant pas mise en doute.

La destruction du Second Temple en l'an 70 de notre ère entraîne l'établissement de communautés juives dans tout l'Empire romain : en Gaule, en Espagne ou au Maroc. Du pourtour de la Méditerranée, les communautés essaiment vers le nord de l'Europe et connaissent leur apogée vers le XIIIe siècle. Des premières croisades à la fin du Moyen Âge, la situation des Juifs se dégrade. Ils sont expulsés d'Espagne en 1492 lors de la *Reconquista*.

En Chine et en Inde, les communautés juives sont très anciennes : en 1163 est construite la première synagogue à Kaifeng, capitale des Song, tandis qu'à Cochin, en Inde, les Juifs sont installés depuis le IVe siècle de notre ère.

L'époque moderne

À la fin du XIXe siècle, la plupart des Juifs européens occupent le *yiddishland*, entre la Russie tsariste et l'empire d'Autriche-Hongrie. Relativement bien admis dans ce dernier, ils subissent au contraire des pogroms en Russie, ce qui provoque une forte émigration vers les États-Unis (1 500 000 émigrés entre 1900 et 1914).

Au XXe siècle, au cours de la Seconde Guerre mondiale, les nazis décident l'extermination totale du peuple juif. Durant la Shoah, les communautés juives de Pologne, de Russie, d'Ukraine et de toute l'Europe occupée subissent des pertes effroyables dans les camps de concentration.

La création de l'État d'Israël en 1948 permet l'accueil des survivants et vide à son profit les communautés de Libye (40 000 personnes), du Yémen (52 000), d'Irak (125 000) et une partie de celles du Maghreb.

La population juive à travers le monde

Aujourd'hui, l'État d'Israël concentre le tiers de la population juive mondiale. Plus de 80 % (5 800 000) des Israéliens sont juifs. Ceux de l'ex-URSS ont massivement immigré en Israël depuis 1989. Mais c'est aux États-Unis que la population juive est la plus importante, avec 6 millions de personnes (dont 40 % vivent à New York). Viennent ensuite les communautés juives de France (600 000), de Grande-Bretagne (450 000), du Canada (420 000), d'Argentine (400 000), du Brésil (350 000)…

LE JUDAÏSME EN FRANCE

Une longue et vieille histoire

En France, le judaïsme est sensiblement aussi ancien que le christianisme puisque c'est lors de la conquête de la Gaule par César (Ier siècle avant notre ère) que de nombreux Juifs vinrent s'y établir.

C'est à Troyes, en Champagne, que vécut l'un des plus grands penseurs du judaïsme, le rabbin Rashi (1040-1105).

Les rapports entre le judaïsme et le catholicisme, religion dominante, connurent bien des péripéties. En 1182, les Juifs sont expulsés du royaume par Philippe-Auguste et se replient à Rouen. La mesure est rapportée en 1198, mais en 1269 est instauré le port de la rouelle, signe distinctif analogue à l'étoile jaune.

Philippe le Bel décrète à nouveau l'expulsion des Juifs en 1306. Après le désastre de la Peste noire en 1348 qui fait périr un tiers de la population française, les effectifs des Juifs de France passent de 100 000 autour de l'an 1300 à 5000 environ en l'an 1500. Bon nombre d'entre eux sont alors installés autour d'Avignon, dans les États pontificaux : ce sont les « Juifs du pape ».

Les Juifs, des citoyens comme les autres

Lorsque la Révolution éclate, la communauté juive de France compte environ 40 000 membres. En 1790, sous la Constituante, tous les Juifs obtiennent des droits égaux à ceux des autres citoyens. Auparavant, il leur était interdit de posséder des terres. En 1808, Napoléon Ier crée le Consistoire, organisme représentatif des Juifs de France. Malgré cette normalisation de leur statut, les Juifs seront encore l'objet d'un certain antisémitisme qui atteint son paroxysme avec l'affaire Dreyfus (1894), officier français accusé à tort de trahison au profit de l'Allemagne.

Le nombre des Juifs augmente progressivement jusqu'en 1939 où ils sont environ 290 000. Durant l'Occupation, bon nombre d'entre eux sont raflés et déportés, alors que d'autres se réfugient à l'étranger. En 1945, ils ne sont plus que 170 000. Dans les années 1960, la décolonisation va entraîner l'afflux massif de plus de 200 000 Juifs d'Afrique du Nord. L'arrivée des Juifs séfarades dans une communauté jusqu'alors majoritairement ashkénaze va modifier sensiblement le visage du judaïsme français.

Après la création de l'État d'Israël en 1948, 60 000 Juifs de France émigreront, mais près de la moitié d'entre eux reviendront s'installer en France.

L'organisation du judaïsme en France

Le Consistoire central dirige les consistoires régionaux dont le plus important est celui de Paris. À côté du judaïsme consistorial, majoritaire, on trouve le Mouvement juif libéral de France (MJLF) et, à l'opposé, des mouvements « conservatifs » comme les *Loubavitch* ou *Adath Shalom* (branche française du mouvement *masoreti*).

Il existe à Paris 80 synagogues consistoriales, 15 synagogues associées et entre 15 et 20 synagogues non consistoriales. Il y a des synagogues dans toutes les villes où vivent d'importantes communautés juives, comme Avignon, Carpentras ou Cavaillon, anciennes villes des « Juifs du pape ».

La pratique religieuse des Juifs de France semble inégale. D'après les enquêtes, seuls 15 % d'entre eux s'efforceraient de respecter les lois alimentaires, d'observer le shabbat et les jours de fête, et 36 % n'auraient aucune pratique religieuse. On compte une centaine de rabbins en titre et un nombre équivalent d'adjoints.

Le Christ

Personnage unique dans l'histoire, dont se réclament près d'un milliard et demi d'hommes qui le vénèrent comme Dieu, prophète éminent pour les musulmans, le Juif Jésus n'a prêché que trois ans avant d'être mis à mort pour le message révolutionnaire qu'il a laissé à l'humanité.

L'attente du Messie

– Le peuple juif, écrasé par l'occupation romaine, attendait le Messie, annoncé dans la Bible, qui devait les libérer. Périodiquement, des chefs surgissaient et suscitaient des révoltes vite réprimées. C'est à cette période trouble qu'est né Jésus à Bethléem. Un ange vient annoncer à Marie la conception virginale d'un fils. Joseph, le fiancé de Marie, qui pensait la répudier, est prévenu dans un songe de ce miracle. La Sainte Famille fuit en Égypte pour échapper au massacre des Innocents décidé par le roi Hérode qui voit en Jésus un futur rival pour son trône.

– De retour à Nazareth, la vie s'écoule paisiblement jusque vers l'an 28 où Jésus est baptisé sur les rives du Jourdain par Jean-Baptiste, prophète ayant annoncé la venue du Messie.

– Vers l'âge de trente ans, commencent la vie publique et la prédication de Jésus le Christ, c'est-à-dire le Messie marqué par l'onction de Dieu.

La vie publique du Christ

En Galilée, en Samarie, en Judée, Jésus parle à des foules nombreuses, dialogue au hasard de rencontres. Fréquemment, pour signifier la véracité de son message, il accomplit des miracles : guérisons, multiplication des pains, eau transformée en vin, marche sur les eaux et même résurrection de morts déjà en décomposition. Il fréquente des gens que la société établie méprise : membres de sectes dissidentes, prostituées, collecteurs d'impôt de l'occupant romain. Il choisit ses disciples, les apôtres, parmi des personnes très simples et fustige l'hypocrisie des hommes en place. Il reste scrupuleusement dans le cadre du judaïsme dont il recommande de respecter les lois. Il fait toujours passer l'amour de l'autre avant l'observance de règlements. Il promet la vie éternelle dans le royaume du ciel à ceux qui sont humbles de cœur et œuvrent pour la justice.

La mort et la résurrection

Les discours de Jésus lui valent l'enthousiasme d'une partie du peuple et la haine de ceux qui se sentent critiqués. Ces derniers montent un complot pour le livrer aux Romains et le faire condamner. Il confirme à son procès qu'il est le fils de Dieu, ce qui est considéré comme un blasphème puni de mort. Il est crucifié le jour de la Pâque juive et son corps est placé dans un tombeau gardé. Trois jours après, le dimanche de Pâques, Jésus ressuscite. Il apparaît à de nombreuses reprises. C'est avec ce corps qu'il disparaît dans les cieux le jour de l'Ascension, quarante jours après Pâques.

LE NOUVEAU TESTAMENT ET LES ÉVANGILES

Le Nouveau Testament

La Bible chrétienne comprend deux parties, l'Ancien et le Nouveau Testament (ce mot est pris dans le sens de « témoignage »).

• L'Ancien Testament comprend sensiblement les mêmes livres que la Bible juive, la Torah, mais l'ordre des textes est quelque peu différent.

• Le Nouveau Testament est composé de textes propres au christianisme : les quatre Évangiles, les Épîtres (c'est-à-dire les *lettres*) de différents apôtres et de saint Paul, écrites aux premières communautés chrétiennes, un livre de nature historique (les Actes des Apôtres) et un livre prophétique, l'Apocalypse de saint Jean.

Plat supérieur du 2e évangéliaire de la Sainte-Chapelle à Paris

Les Évangiles

• Le mot évangile signifie « bonne nouvelle » en grec. *Ev* ou *eu* est un préfixe qui signifie « bon », la deuxième partie du mot étant apparentée à ange, « messager ».

• Les Évangiles relatent la vie et l'enseignement du Christ. Seuls quatre de ces textes, dit canoniques, sont reconnus par l'Église. D'autres textes nombreux, dits Évangiles apocryphes, d'authenticité douteuse ou non reconnue, comme les Évangiles de l'Enfance ou l'Évangile de Thomas, ont eu longtemps la faveur populaire et ont inspiré l'art chrétien.

• Trois des Évangiles, ceux de saint Matthieu, de saint Marc et de saint Luc, sont dits synoptiques car ils présentent de grandes ressemblances qui suggèrent des comparaisons (synoptique : « vu ensemble »). Ce sont, en quelque sorte, trois reportages différents de la vie de Jésus-Christ.

• Le quatrième Évangile, celui de saint Jean, rédigé peu après la destruction du Temple de Jérusalem en l'an 70, est moins purement descriptif. Il est d'une grande valeur doctrinale et mystique.

Le texte des Béatitudes

Un des sommets des Évangiles est le Sermon sur la montagne développé dans le texte de Matthieu avec le fameux texte des Béatitudes :

« Bienheureux ceux qui ont l'esprit de pauvreté, car le Royaume des Cieux leur appartient.
Bienheureux les doux, car ils posséderont la terre.
Bienheureux les affligés, car ils seront consolés.
Bienheureux ceux qui ont faim et soif de justice, car ils seront rassasiés.
Bienheureux ceux qui pardonnent, car on leur pardonnera.
Bienheureux ceux qui ont le cœur pur, car ils verront Dieu.
Bienheureux les pacificateurs, car ils seront appelés fils de Dieu.
Bienheureux ceux qui sont persécutés pour la justice, car le Royaume des Cieux leur appartient.
Bienheureux serez-vous quand on vous outragera, qu'on vous poursuivra, qu'on dira mensongèrement toute sorte de mal contre vous à cause de moi ; réjouissez-vous car votre récompense sera grande dans le Ciel. »

Histoire du christianisme jusqu'à la fin du Moyen Âge

Durant ces 1 500 ans, on a connu l'Église des catacombes et des persécutions, l'Église officielle de l'Empire romain, l'Église d'Orient avec Byzance, l'Église d'Afrique déchirée par les hérésies, l'Église des croisades contre l'islam et l'Église de l'Inquisition…

L'Église des origines

À la mort du Christ, ses disciples connurent le découragement. La Résurrection galvanisa leur enthousiasme. Jésus leur avait dit : « Allez et enseignez toutes les nations ». Malgré les persécutions, ils se dispersèrent dans l'Empire romain. L'un de ceux qui les pourchassaient fut frappé d'une vision sur le chemin de Damas et devint l'un des apôtres : saint Paul. Les apôtres connurent presque tous une fin tragique et les premières communautés chrétiennes subirent des crucifixions en masse ou des massacres dans les jeux du cirque. Frappés par la sérénité des chrétiens suppliciés et le caractère révolutionnaire du message évangélique, bien des gens crurent en Jésus-Christ. Au bout de trois siècles, en l'an 313, l'Empire reconnut le christianisme, puis en fit, sous Constantin, sa religion officielle.

L'Église aux temps des invasions

Le déclin de Rome, qui perdit en 330 sa place de capitale de l'Empire au profit de Constantinople, ouvrit une période de troubles. Les barbares des plaines du centre de l'Europe, Goths, Vandales, Huns et autres, envahirent l'Empire de la Gaule à l'Afrique. Au contact de la vie urbaine, déjà marquée par le christianisme, ils se sédentarisèrent et se mélangèrent peu à peu à la population. Le baptême de Clovis symbolisa vers l'an 498 cette évolution. Si le christianisme triompha, il resta encore superficiel et souvent déchiré par des courants doctrinaux hérétiques comme l'arianisme qui niait la nature divine du Christ et auquel se rattachèrent de nombreux barbares. Ces querelles internes furent pour beaucoup dans l'effondrement de l'Église d'Afrique, de l'Égypte au Maroc, lors de l'émergence de l'islam à partir du VIIe siècle.

L'Église au Moyen Âge

- La restauration d'un certain ordre en Europe avec Charlemagne au début du IXe siècle favorisa la christianisation. Les monastères devinrent des pôles culturels. Vers les XIe et XIIe siècles, apparurent les cathédrales gothiques, merveilles de l'art religieux et témoins de la foi populaire.

- L'Occident retrouva assez de forces pour rivaliser avec l'Islam, d'une part et l'Empire byzantin, d'autre part. Le schisme entre l'Église d'Occident (dépendant de Rome) et l'Église d'Orient (de Constantinople) se produisit en 1054. Le christianisme s'érigea en chrétienté, où les pouvoirs temporel et religieux tendaient à se mélanger. Les croisades furent organisées pour garantir aux pèlerins l'accès aux lieux saints de Palestine sans risque d'être rançonnés par les musulmans. Elles entraînèrent bien des drames, dont le pillage de Constantinople par des croisés en 1204.

- En Occident, l'intolérance s'étendit et l'Inquisition marqua l'Église d'une tache sombre tandis qu'à l'est, Constantinople tomba aux mains des Turcs en 1453.

LE CREDO

Le tronc commun des croyances chrétiennes

À l'existence d'un Dieu unique et créateur de l'univers, les chrétiens, quelle que soit leur confession, ajoutent d'autres croyances qui leur sont communes et sont exprimées dans le texte dit « symbole des Apôtres » ou dans le « symbole de Nicée » fixé au IVe siècle, un peu plus détaillé. Ces deux textes commencent par le mot latin *Credo* (« je crois ») qui est devenu leur appellation courante.

Le symbole de Nicée (c'est-à-dire la formulation des croyances établie au concile de Nicée, près de Constantinople en l'an 325) est le suivant :

Je crois en un seul Dieu, le Père tout-puissant, créateur du ciel et de la terre, de l'univers visible et invisible.

Je crois en un seul seigneur, Jésus-Christ, le Fils unique de Dieu, né du Père avant tous les siècles : Il est Dieu né de Dieu, lumière, née de la lumière, vrai Dieu, né du vrai Dieu. Engendré, non pas créé, de même nature que le Père, et par lui tout a été fait.

Pour nous les hommes et pour notre salut, il descendit du ciel ; par l'Esprit-Saint, il a pris chair de la Vierge Marie, et s'est fait homme.

Crucifié pour nous sous Ponce Pilate, il souffrit sa passion et fut mis au tombeau.

Il ressuscita le troisième jour, conformément aux Écritures et il monta aux cieux ; il est assis à la droite du Père.

Il reviendra dans la gloire, pour juger les vivants et les morts et son règne n'aura plus de fin.

Je crois en l'Esprit-Saint qui est seigneur et qui donne la vie ; il procède du Père et du Fils ; avec le Père et le Fils, il reçoit même adoration et même gloire ; il a parlé par les prophètes.

Je crois en l'Église, une, sainte, catholique et apostolique.

Je reconnais un seul baptême pour le pardon des péchés.

J'attends la résurrection des morts et la vie du monde à venir. Amen.

Quelques commentaires concernant le Credo

– L'affirmation que le Saint-Esprit procède du Père et du Fils (*filioque* en latin) est une addition voulue par Charlemagne (IXe siècle) et récusée par l'Église d'Orient. C'est une des raisons invoquées lors du schisme entre catholiques et orthodoxes en 1054.

– Les conciles de Constantinople (381), d'Éphèse (431) et de Chalcédoine (451) ont précisé le Credo en réaction contre des points de vue divergents, rejetés par l'Église et qualifiés habituellement d'hérésies. On y a affirmé, en particulier, la divinité du Saint-Esprit, au même titre que le Père et le Fils (dogme de La Trinité) ainsi que la double nature du Christ, divine et humaine, sans séparation ni confusion.

– Le style du Credo fait appel à des images qu'on exprimerait peut-être différemment dans le contexte culturel actuel, sans qu'en soit modifié le contenu théologique.

Basilique de Paray-le-Monial (art roman)

Histoire du catholicisme de la Réforme à Vatican II

La Réforme, les guerres de Religion, le concile de Trente, la Révolution de 1789, l'épopée missionnaire du XIXe siècle, l'émergence de la laïcité, jalonnent les cinq siècles qui se concluent en 1965 par le concile de Vatican II.

Réforme et Contre-Réforme

- Les abus causés par une certaine compromission de l'Église avec le pouvoir portaient en germe la destruction de la chrétienté. La Réforme, en s'élevant contre eux, provoqua des réactions qui n'étaient pas toutes fondées sur une critique théologique. Les guerres de Religion divisèrent l'Europe.
- Le catholicisme réagit pour éliminer ce que la Réforme avait, à juste titre, dénoncé comme scandale, comme le trafic des indulgences, mais aussi pour préciser la doctrine en critiquant certaines innovations des protestants. Ce fut la Contre-Réforme du concile de Trente qui travailla de façon discontinue durant près de vingt ans (1545-1563). L'Église a pu ainsi repartir sur des bases plus saines. Durant cette période, l'Espagne conquit l'Amérique du Sud et les Philippines, y introduisant, souvent de force, le catholicisme.

À la recherche d'un nouvel équilibre

- Au XVIIIe siècle, la société était encore marquée par le cléricalisme que favorisaient les souverains. C'est en France, avec la Révolution de 1789, que ce système s'écroula sous la pression d'une opinion travaillée par les philosophes du « siècle des Lumières ». Les persécutions contre les prêtres non assermentés et la sanglante guerre de Vendée contribuèrent pour longtemps à opposer religion et République.
- La situation se normalisa sous l'Empire. Napoléon, sacré par le pape Pie VII, établit un Concordat réglant les rapports de l'Église et de l'État.
- Sous la Restauration, l'Église de France se lança dans une épopée missionnaire sans précédent touchant surtout l'Afrique.
- En 1929, le traité de Latran signé sous Mussolini réduisit les États pontificaux au minuscule territoire du Vatican, qui permit cependant au Saint-Siège de rester un État souverain, indépendant des autres puissances mais sans rôle temporel.
- Pendant la Seconde Guerre mondiale, le pape Pie XII, bouleversé par les persécutions religieuses du communisme stalinien, eut une attitude ambiguë vis-à-vis du nazisme ; il ne condamna pas très explicitement les persécutions des juifs de crainte de les voir s'étendre aux catholiques.

Le concile de Vatican II

- Après la guerre, la nécessité d'une remise à jour de l'Église apparut nécessaire ; ce fut le pape Jean XXIII, élu en 1958, qui prit la décision de réunir le concile de Vatican II et l'ouvrit en 1962. Il mourut en 1963 et Paul VI le mena à son terme en 1965.
- Vatican II se révéla comme une remarquable ouverture sur le monde moderne. La déclaration fondamentale sur la liberté religieuse permit un dialogue fructueux avec les autres religions et ouvrit la voie de l'unité des chrétiens, l'œcuménisme.

LA DIFFUSION DE L'ÉVANGILE

La mission

Convaincus que le modèle de vie du Christ rapporté par les Évangiles est le seul susceptible d'apporter aux hommes la paix en ce monde et le salut dans l'autre, brûlants de l'amour du prochain au point de tout faire pour faire connaître à tous le message évangélique, nombreux ont été ceux, qui, à toutes les époques, ont tout abandonné pour porter aux quatre coins du monde ce message d'amour et en témoigner par l'exemple de leur vie.

L'épopée missionnaire

L'époque des grands navigateurs des XVe et XVIe siècles permit l'expansion du christianisme dans de nouvelles terres, l'Amérique, où les prêtres qui accompagnaient les conquistadores recoururent bien trop souvent à la manière forte. Il avait d'ailleurs fallu un débat théologique, la « controverse de Valladolid » (1550-1551), pour admettre que les Indiens avaient une âme.

Au XVIe siècle, avec la création de l'ordre des Jésuites par saint Ignace de Loyola, d'autres missionnaires, dont le célèbre saint François Xavier, partirent évangéliser l'Extrême-Orient. Au XVIIIe siècle, l'équipe du Père Ricci fut à deux doigts d'obtenir la conversion de la Chine au prix de quelques concessions sur le culte des ancêtres. L'incompréhension de Rome pour un univers culturel très différent et la rivalité des religieux dominicains firent échouer cette entreprise.

Le XIXe siècle vit le succès des missions en Afrique. Alors que l'islam, venu par voie terrestre, avait touché depuis le XIIe siècle les populations du Sahel, les missionnaires catholiques, arrivés par la mer, s'implantèrent particulièrement sur les côtes du golfe de Guinée dans la région forestière. Des comptoirs avaient été établis depuis le XVe siècle jusqu'au Congo, mais cette fois l'entreprise fut de grande ampleur. Des centaines de prêtres dont un grand nombre ne survivait que quelques mois à un climat auquel ils n'étaient pas préparés, se dépensèrent sans compter pour apporter leurs convictions et ce qu'ils jugeaient être la civilisation. Trois siècles avaient passé depuis la christianisation brutale de l'Amérique latine, la traite des esclaves avait été interdite et les mentalités avaient considérablement évolué. Le résultat fut que le christianisme parut bien plus authentique aux Africains qu'aux Amérindiens, ce que l'on constate par la véritable explosion des vocations sacerdotales en Afrique alors qu'elles restent très rares en Amérique latine.

Le Père Ricci avec un chrétien missionnaire en Chine, XVIIe siècle

Les premiers missionnaires

Les douze apôtres ont été les premiers missionnaires. Jésus leur avait dit : « Allez et enseignez toutes les nations ». Leur mission, ils l'ont accomplie jusqu'au sacrifice de leur vie. La messe (*missa* en latin), rappelle cette mission pour laquelle le chrétien est prêt, comme son modèle, à sacrifier son corps et son sang.

Le premier acte de la « mission » fut de porter la « bonne nouvelle » (c'est le sens du mot grec « évangile ») à des non-juifs. Pour s'adapter aux mœurs de ceux-ci, l'Église naissante n'exigea pas d'eux qu'ils soient circoncis. Selon la tradition, l'apôtre qui porta l'Évangile le plus loin fut saint Thomas dont les chrétiens du Kerala en Inde sont les lointains disciples.

Fondements du catholicisme : dogmes et tradition

Transmettre le message de l'Évangile en donnant un modèle de vie, comme l'a fait le Christ, et expliquer ce message exigent d'en formuler le contour : dogmes et tradition répondent à cette nécessité. Mais il y a mille façons de présenter le message.

Les dogmes

L'expansion rapide du christianisme, en dépit des persécutions à ses débuts, s'explique par le changement radical de perspective qu'il offre à l'humanité. Au lieu d'un Dieu inaccessible dont on ne doit pas même prononcer le nom, le christianisme fait découvrir un Dieu qui prend la condition d'homme et montre jusqu'où peut aller l'amour des autres. Il était inéluctable que le personnage du Christ et ses paroles fussent l'objet d'interprétations relativement contradictoires. Il fallut préciser ce qui constitue le noyau dur des croyances des chrétiens, les dogmes. L'essentiel avait été fixé dans le Credo établi au concile de Nicée en l'an 325 : Dieu est unique en trois « personnes », il s'est fait homme en Jésus-Christ, il est ressuscité trois jours après sa mort en croix, ouvrant ainsi à ceux qui le suivront la perspective d'une incroyable victoire sur la mort. L'Église s'est cependant trouvée confrontée à des divergences d'interprétation qui ont fait l'objet de débats entre théologiens, puis de décisions précisant sa position officielle.

Alors qu'une très grande quantité de points restent ouverts à des opinions diverses (existence réelle ou symbolique du diable, du premier couple humain, Adam et Ève, réalité ou non des apparitions, etc.), l'Église catholique considère les dogmes comme intangibles. Cependant, certains d'entre eux ont été définis tardivement, ce qui entraîne évidemment des réactions de protestation des autres Églises chrétiennes qui n'ont pas été associées à ces définitions. Ainsi en est-il des trois derniers dogmes, celui de l'Immaculée conception de la Vierge Marie, promulgué en 1854, celui de l'infaillibilité pontificale, proclamé en 1870, et celui de l'Assomption de la Vierge Marie de 1950. Ces dogmes sont très généralement la cristallisation de croyances très anciennes, transmises par la tradition, mais jusque-là restées, en quelque sorte, officieuses.

La tradition

Bien plus qu'une sorte de respect inconditionnel du passé, la tradition, au sens catholique du terme, consiste à tirer de ce passé les enseignements pour préciser des points de doctrine et éviter le renouvellement d'anciennes erreurs. À ce titre, la tradition est surtout utile pour l'avenir, tant sont grandes les tentations de retomber dans de vieilles ornières doctrinales.

Ainsi la tradition ne s'oppose nullement au changement de l'Église qui, comme tout organisme vivant, est en évolution constante. Pour ne prendre que quelques exemples, le port de la soutane pour les prêtres ne date que du XIXe siècle, il avait pour but d'éviter les tenues excessivement fantaisistes et élégantes de certains abbés de cour (la soutane est aujourd'hui tombée en désuétude) ; la langue liturgique a été le grec avant d'être le latin ; depuis Vatican II, l'usage du latin n'est pas aboli, comme on le pense à tort, mais il est recommandé, pour une meilleure compréhension de l'assistance, d'employer la langue courante.

LE BESOIN D'UNITÉ

La lutte contre les déviances

Les interprétations divergentes du message du Christ pouvaient faire courir des risques d'éclatement du christianisme. Pour maintenir son unité, l'Église a toujours lutté contre de multiples hérésies : les iconoclastes au VIIIe siècle, les cathares au XIIe siècle, le protestantisme au XVIe siècle, etc. sans compter diverses déviances au sein du catholicisme comme le jansénisme et le quiétisme au XVIIe siècle, le modernisme à la fin du XIXe siècle ou plus récemment le schisme de Mgr Lefèbvre.

Le catéchisme

Pour préciser où, selon elle, se situe la vérité révélée, l'Église a publié dès le XIVe siècle des catéchismes rassemblant les croyances catholiques en matière de dogme et de morale. (Le mot « catéchèse » a pour étymologie grecque « faire retentir ».)

En 1992, un « catéchisme de l'Église catholique » a été publié en français et vendu à plus de 400 000 exemplaires. Ainsi l'Église réaffirme-t-elle sa position de dépositaire de la Vérité Révélée, assurée qu'elle est de l'inspiration du Saint-Esprit.

Le texte expose en quatre parties :

– la profession de foi, c'est-à-dire des croyances catholiques relatives à Dieu, sa révélation, le destin de l'homme créature de Dieu, la vie, la mort et la résurrection de Jésus-Christ ;

– la célébration du mystère chrétien, c'est-à-dire la liturgie, les sacrements et les différents rites ;

– la vie dans le Christ, qui place l'homme dans une perspective où, étant à l'image de Dieu, il s'efforce par ses actes de respecter une morale, personnelle et sociale, qui le conduira à la sainteté, c'est-à-dire l'union à Dieu. Cette partie s'achève sur un exposé commenté des Dix Commandements ;

– la prière chrétienne, qui est une relation vivante et personnelle avec Dieu, est présentée dans sa diversité : prière d'adoration, de demande, d'intercession, de remerciement ou de louange. Cette partie s'achève sur l'analyse de la prière du « Notre-Père ».

Destiné à conforter les catholiques dans leur foi en la présentant avec beaucoup de cohérence, le catéchisme est construit comme une forteresse qui met le fidèle à l'abri du doute.

Messe catholique à Paris

Obscurantisme et liberté de pensée

L'obscurantisme de l'Église, ou du moins de ses responsables, est du domaine d'un passé révolu. En dehors de l'adhésion aux dogmes qui marque l'appartenance au catholicisme, les « fidèles » ont une totale liberté de pensée, évidemment dans les domaines « profanes » comme la science ou la politique, mais aussi pour des questions religieuses : par exemple, l'Église n'impose de croire ni au diable, ni à l'enfer, ni aux miracles, ni aux apparitions. En matière de morale sexuelle, elle ne fait que proposer des principes, sans condamner ceux qui vivent autrement et encore moins en cherchant à imposer ses vues aux non-catholiques.

Les sacrements dans le catholicisme

Spécificité du christianisme, les sacrements ne sont pas simplement des symboles, ils sont la marque de l'action du Christ ressuscité, vivant dans son Église. Ils sont au nombre de sept dans le catholicisme.

En principe institués par le Christ lui-même mais parfois de façon simplement allusive, les sacrements du catholicisme sont les suivants :

- *Le baptême* : c'est une nouvelle naissance. Il peut être donné à l'enfant dès sa naissance et il comporte de nombreux symboles tels que l'eau qui purifie, la lumière du cierge qui éclaire, le sel qui donne la saveur, l'huile de l'onction qui prépare à la lutte de la vie. L'Église tient le registre de ses baptisés, seul moyen de quantifier ses effectifs, quels que soient les renoncements ultérieurs.
- *La confirmation*, sacrement de l'initiation chrétienne : jadis célébrée en même temps que le baptême, elle comporte une onction d'huile, appelée le saint Chrême, signe d'abondance, de joie, de purification et de guérison. La confirmation apporte au chrétien la force du Saint-Esprit que confère l'évêque par l'imposition des mains.
- *L'eucharistie ou communion* : « source et sommet de la vie chrétienne », elle signifie en grec « remerciement », « action de grâces ». Se référant au dernier repas du Christ au cours duquel il partagea le pain et le vin avec les apôtres en disant « Ceci est mon corps, ceci est mon sang », elle renouvelle le sacrifice du Christ et sa résurrection. La messe, axée sur l'eucharistie, est obligatoirement célébrée par un prêtre mais la distribution du pain (l'hostie) ou du vin consacrés peut être confiée à des laïcs, hommes ou femmes.
- *Le sacrement de pénitence et de réconciliation* : il comprend la confession, c'est-à-dire l'aveu des fautes devant un prêtre qui, au nom de Dieu, accorde le pardon qui réconcilie avec Dieu et l'Église. Ce pardon implique le regret des fautes commises et la décision de tout faire pour ne pas les reproduire. Une pénitence, consistant en prières ou actions au service des autres, est imposée par le prêtre qui délivre alors l'absolution. Le secret des fautes révélées en confession est rigoureux.
- *L'onction des malades* : jadis appelée extrême-onction, elle est donnée par un prêtre avec de l'huile bénite à tout chrétien éprouvé par une maladie grave, ou arrivé à un âge avancé. Elle s'accompagne de prières et peut être reçue plusieurs fois dans une vie.
- *L'ordre* : il met celui qui le reçoit au service de Dieu et de l'Église. Il comprend trois degrés : le diaconat, le presbytérat et l'épiscopat, dont seuls les deux derniers permettent de célébrer la messe, les diacres ayant pour fonction d'aider et de servir. Le sacrement de l'ordre est conféré par un évêque, successeur des apôtres. Résultat d'une vocation particulière, l'ordre est réservé aux hommes.
- *Le mariage* : c'est un sacrement que s'échangent les futurs époux. Le prêtre ne fait que témoigner de leur engagement devant l'Église. Scellé par Dieu, le mariage est indissoluble. Seuls peuvent être annulés les mariages qui ont présenté un vice de forme comme la contrainte d'un conjoint. En cas d'échec, les époux peuvent se séparer mais leur engagement reste valide, ce qui exclut un remariage.

LE SENS DES MOTS

Le vocabulaire du christianisme, et particulièrement celui du catholicisme, comporte de nombreux termes, souvent tirés du grec, dont la définition est précise mais qui ont pu passer dans le langage courant avec un sens altéré.

Amen

D'un radical commun à l'arabe et à l'hébreu, ce mot s'emploie pour marquer l'adhésion du croyant au texte d'une prière. Il est traduit assez faiblement en français par *ainsi soit-il*.

Béatitude

Du latin *beatus*, « heureux », ce mot se réfère au sermon du Christ qui propose à ses auditeurs un cheminement révolutionnaire vers le bonheur qui va à l'encontre des attitudes habituelles (voir p. 35).

Catholique

Littéralement « universel », s'applique aux chrétiens qui reconnaissent l'autorité spirituelle du pape.

Cène

Du latin *cena*, « dîner », désigne le dernier repas du Christ avec ses apôtres au cours duquel il institua l'eucharistie. Dans le protestantisme, la « Sainte Cène » désigne la commémoration de ce repas.

Charité

Du latin *caritas* qui signifie à la fois « amour » et « prix élevé », ce mot désigne l'amour de Dieu et des hommes considéré comme une vertu. L'expression « faire la charité » qui réduit l'amour au don d'une aumône a contribué à dévaluer le mot « charité » dont le sens religieux est très fort.

Conversion

Évoque un retournement complet dans une autre direction. En matière religieuse, ce mot désigne aussi bien la décision d'adhérer à une foi religieuse (« se convertir à l'islam ») que l'effort constant sur soi-même d'agir en conformité avec ses croyances.

Enfer

Auto-exclusion définitive de l'amour de Dieu.

Excommunication

Sanction la plus sévère de l'Église, interdisant de recevoir les sacrements.

Passion

Du latin *pati*, « souffrir », désigne la souffrance physique et morale du Christ mis en croix.

Péché

D'une façon générale, ce qui éloigne de Dieu, ce qui n'est pas conforme à la perfection qu'un chrétien recherche dans le modèle de Jésus-Christ. Dans ce sens, tout homme est pécheur. Les péchés sont plus ou moins graves, mais la catégorisation en péchés véniels et péchés mortels ne fait plus partie du vocabulaire de l'Église. L'homme progresse vers Dieu en luttant contre ses péchés dont l'un des plus dangereux est celui d'orgueil.

Salut / rédemption

Après les épreuves de notre existence terrestre, Dieu nous propose une vie éternelle de bonheur, hors de portée de notre imagination. Nos manquements et nos refus compromettent ce « salut », mais l'infinie bonté de Dieu peut tout pardonner et racheter nos défaillances (« rédemption »).

Trinité

Dieu est un mais il se manifeste aux hommes en trois « personnes » : le Père, créateur de l'univers ; le Fils, Jésus-Christ, venu sur terre pour proposer un modèle de vie qui libère l'homme de ses pesanteurs ; le Saint-Esprit qui aide chacun à parcourir son chemin vers Dieu.

L'idéal de sainteté

Chaque chrétien doit s'efforcer, selon sa personnalité, de vivre conformément au message et à l'exemple de Jésus-Christ. L'Église catholique proclame saints ceux qui ont poussé jusqu'à l'héroïsme les exigences de leur foi. Elle reconnaît qu'il existe une foule d'autres saints, dont Dieu seul peut apprécier les mérites.

« L'imitation de Jésus-Christ »

Cette expression, également titre d'un ancien ouvrage de piété, décrit l'idéal de sainteté qui doit habiter chaque chrétien. Nombreux sont ceux qui, dans le plus grand anonymat, mènent une vie exemplaire dans l'esprit des Béatitudes (voir p. 35) : amour exigeant de la justice et de la vérité, disponibilité sans limites pour les autres, absence d'égoïsme et de vanité, rejet des séductions artificielles du monde. L'exemple du Christ montre que l'exigence de la foi peut aller, dans des circonstances extrêmes, jusqu'au sacrifice de sa vie.

Les saints

L'Église porte sur les autels, c'est-à-dire propose comme modèles aux chrétiens, des saints de profils très différents, de telle sorte que chacun puisse trouver des exemples susceptibles d'inspirer sa propre vie. On trouve autant d'hommes que de femmes, des prêtres ou des laïcs, sans considération d'origine ethnique ou sociale, qui ont connu les blessures ou les passions de la vie avant de se consacrer à Dieu.

La reconnaissance d'un saint, dont la fête est fixée au calendrier, exige de longues années de mûrissement avec des étapes, dont celle de la *béatification* : le pape accorde à la personne concernée le titre de « bienheureux » et autorise son culte, l'exposition de ses images et reliques ; puis vient la *canonisation* : après une enquête et un procès, le bienheureux est inscrit sur la liste des saints.

Les quelques saints célèbres suivants illustrent la variété des cheminements :

– sainte Marie, mère de Jésus-Christ ;

– saint Pierre, premier parmi les apôtres qui renia cependant trois fois le Christ ;

– saint Paul, persécuteur des chrétiens, brusquement converti ;

– saint Marc, saint Luc, saint Matthieu et saint Jean l'Évangéliste ;

– saint Benoît de Nurcie (480-547), fondateur des Bénédictins ;

– saint Bernard de Clairvaux (1090-1153), réformateur des Bénédictins et fondateur des Cisterciens ;

– saint Dominique (1170-1221), fondateur des Dominicains, frères prêcheurs ;

– saint François d'Assise (1182-1226), fondateur des Franciscains, ordre mendiant ;

– sainte Claire (1194-1253), fondatrice des Clarisses ;

– saint Thomas d'Aquin (1225-1274), auteur de la *Somme théologique* ;

– saint Vincent de Paul (1581-1661), fondateur des Lazaristes et des filles de la Charité (« petites sœurs des pauvres »).

Les canonisations se sont multipliées sous le pontificat de Jean-Paul II et concernent des saints de pays très divers. Au total les saints reconnus par l'Église sont plusieurs milliers.

SAINTE THÉRÈSE DE L'ENFANT-JÉSUS

Cette religieuse, qui a passé toute sa vie religieuse cloîtrée dans le Carmel de Lisieux – elle y est entrée à l'âge de 15 ans et y est morte de tuberculose à 24 ans –, est une sainte bien paradoxale.

Une vie cachée

Sa brève existence (1873-1897) s'est déroulée d'une façon si discrète qu'à sa mort sa supérieure s'est demandé ce qu'elle pourrait bien dire sur sa tombe. Quant aux notes autobiographiques qu'elle laissa, elles semblaient si peu intéressantes qu'elles ne furent lues qu'un an plus tard. Leur édition sous le titre *Histoire d'une âme* est devenue depuis un best-seller traduit en 60 langues.

Un rayonnement exceptionnel

Ce contraste entre sa notoriété posthume et la discrétion absolue de sa vie terrestre se double d'un autre contraste entre une vie religieuse on ne peut plus traditionnelle et une spiritualité très moderne, débarrassée de toute mièvrerie. Son époque était encore marquée par l'austérité et le pessimisme du jansénisme, mais Thérèse vécut l'amour du Christ dans une relation personnelle de totale confiance. Son sens de l'appartenance à l'Église, sa vision de foi et d'espérance, sa conviction de « pouvoir passer son ciel à faire du bien sur la terre » ont donné au catholicisme une fraîcheur nouvelle qui ont fait d'elle l'annonciatrice de Vatican II et un symbole fort de la jeunesse du christianisme.
D'une instruction rudimentaire, elle fait partie aujourd'hui des trois femmes déclarées « docteur de l'Église » à cause du renouvellement de la spiritualité qu'elle a provoqué.

La sainteté au quotidien

Chaque chrétien est appelé à la sainteté. Celle-ci est, le plus souvent, l'aboutissement d'efforts constants sur soi-même, ce qui constitue un témoignage du message du Christ, modèle d'un amour total pour tous les hommes. Cet amour implique le respect de la dignité et de la personnalité de chacun, sans désir de possession ou de domination. La sainteté est fondamentalement une totale disponibilité au service des autres. Elle peut s'épanouir aussi bien dans une vie religieuse que dans une vie laïque.

Sainte Thérèse de Lisieux et ses reliques à la basilique de Lisieux

Les conciles œcuméniques

Aussi anciens que le christianisme, les conciles rassemblent les évêques. Les catholiques admettent l'importance de vingt et un conciles œcuméniques, c'est-à-dire concernant l'ensemble du monde chrétien. Les orthodoxes ne reconnaissent que les sept premiers et les anglicans, comme certains protestants, que les quatre premiers.

Conciles et synodes

- Pour traiter les problèmes de fond de l'Église, le pape convoque les évêques du monde en une assemblée appelée concile dont les décisions font autorité. Un synode est une assemblée plus restreinte qui fait l'objet d'un rapport au pape. Un synode spécifique concerne un pays déterminé.
- Le premier concile eut lieu en l'an 49 à Jérusalem en présence de saint Pierre et de saint Paul.

Date des conciles les plus célèbres et les plus importants

- 49 : *Jérusalem*

Le christianisme est destiné à tous les peuples et non aux seuls juifs. La circoncision n'est donc pas nécessaire.

- 325 : *Nicée I* (1er des 21 conciles œcuméniques)

Dieu s'est fait homme en la personne de Jésus-Christ, qui est donc « Fils de Dieu ».

- 381 : *Constantinople* (2e concile)

Formulation du dogme de la Trinité : le Saint-Esprit, comme le Fils, est Dieu.

- 431 : *Éphèse* (3e concile)

Jésus est Dieu et né de Marie ; celle-ci est donc « Mère de Dieu ». Condamnation des nestoriens qui nient cette proposition et croient que Dieu est venu « habiter » Jésus, fils de Marie.

- 451 : *Chalcédoine* (4e concile)

Jésus-Christ est pleinement Dieu et pleinement homme : il y a deux natures en une seule personne, ce que niaient les monophysites, condamnés par le concile.

- 787 : *Nicée II* (7e concile)

Il est permis de vénérer les images de Jésus, de Marie ou des saints, non pas pour elles-mêmes mais pour ce qu'elles représentent. Condamnation des iconoclastes qui voient dans les images des sortes d'idoles.

- 1545-1563 : *Trente* (19e concile)

Redéfinition des dogmes après la Réforme protestante : le mérite de l'homme intervient dans son salut.

- 1869-1870 : *Vatican I* (20e concile)

La raison ne suffit pas à assurer le bonheur de l'homme, contrairement aux affirmations des idéologies de la Révolution française. Proclamation de l'infaillibilité pontificale.

- 1962-1965 : *Vatican II* (21e concile)

Remise à jour de l'action de l'Église pour faire face à ses nouvelles dimensions géographiques et aux changements de la culture (voir p. 54).

LE SAINT-SIÈGE

La place Saint-Pierre à la Cité du Vatican, Rome

Une monarchie élective

• Gouvernement de l'Église catholique, le Saint-Siège dispose d'un État souverain de 440 hectares, inclus dans la ville de Rome, la Cité du Vatican. Les rapports avec l'Italie ont été normalisés par les accords de Latran en 1929, amendés par un Concordat de 1984 qui sépare en fait l'Église de l'État italien.

• Le pape (actuellement l'Allemand Benoît XVI) est élu à vie, à la mort de son prédécesseur, par un collège de cardinaux réunis en conclave. Seuls sont électeurs ceux dont l'âge est inférieur à 80 ans. Leur nombre ne peut dépasser cent vingt. Le pape a toujours la possibilité de démissionner.

• Ainsi le Vatican est une monarchie élective et ses 350 « citoyens » ne le sont qu'à titre provisoire, lié à la charge remplie.

La Curie romaine

L'administration du Saint-Siège s'appelle la Curie romaine.

• Le rôle des ministères d'un gouvernement est dévolu aux congrégations.

Ce sont :

– la congrégation pour la doctrine de la foi, anciennement « Saint-Office » ;

– la congrégation pour les Églises orientales ;

– la congrégation du Culte divin et de la discipline des sacrements ;

– la congrégation pour les causes des saints ;

– la congrégation pour les évêques ;

– la congrégation pour l'évangélisation des peuples ;

– la congrégation pour le clergé ;

– la congrégation pour les instituts de vie consacrée et pour les sociétés de vie apostolique ;

– la congrégation pour l'éducation catholique.

Chacune est dirigée par un préfet choisi parmi des cardinaux.

• La Secrétairerie d'État joue le rôle du Secrétariat général d'un gouvernement. D'elle dépendent les rapports avec les États, les « relations publiques », le quotidien *Osservatore Romano*, Radio-Vatican, les services de statistiques, etc.

• Le Saint-Siège entretient des ambassades dans la plupart des pays. Leurs titulaires sont les nonces apostoliques.

• En outre le Saint-Siège dispose de trois tribunaux, la Pénitenterie apostolique, le Tribunal suprême de la signature apostolique et le tribunal de la Rote, ainsi que des conseils pontificaux (en particulier pour les laïcs, l'unité des chrétiens, la famille, le dialogue interreligieux et le dialogue avec les non-croyants).

L'Église et l'argent

La richesse de l'Église catholique, encore considérable en ce qui concerne les œuvres d'art et les propriétés foncières, n'a rien à voir avec le niveau de vie du clergé, bien plus modeste et conforme à son idéal de pauvreté (relative) : un cardinal reçoit mensuellement moins qu'un cadre occidental en début de carrière et les prêtres, de formation équivalente à bac + 6, sont en dessous du SMIC, tout en ayant, il est vrai, la sécurité de l'emploi.

Prêtres, religieux et religieuses

Certains catholiques consacrent toute leur vie au service de l'Église. Pour répondre à la diversité des vocations, il existe, à côté de la prêtrise proprement dite, des ordres religieux ouverts aux hommes ou aux femmes.

Les prêtres

Un sacrement particulier, l'ordre, confère à celui qui le reçoit la possibilité de donner les sacrements et notamment de dire la messe au cours de laquelle il consacre le pain et le vin qui deviennent le corps et le sang du Christ.

Devenir prêtre nécessite d'en avoir la vocation, appel intérieur qui, parfois, intervient subitement et bouleverse les plans de celui qui le reçoit. Il faut en outre les qualités morales, psychologiques et intellectuelles pour pouvoir mener toute sa vie cette existence au service des autres. Les études au grand séminaire durent six ans et portent surtout sur la théologie, la philosophie et d'autres matières comme l'étude des religions.

La prêtrise (le clergé séculier) comporte trois degrés :

- le diaconat, servi par les diacres, ordonnés pour prêcher, baptiser et servir à l'autel ;
- la prêtrise proprement dite ; les prêtres ou curés ont en charge une paroisse ;
- le sacre destiné aux évêques. Seuls les évêques peuvent conférer l'ordination ; ils sont responsables d'un diocèse (correspondant à un département). Le cardinal, évêque nommé par le pape, est conseiller et électeur de ce dernier.

Les religieux

Ils peuvent être prêtres ou simples « frères » et se rattachent à l'un des nombreux ordres (Jésuites, Franciscains, Bénédictins, Dominicains...). Selon la règle de leur ordre (d'où le nom de clergé régulier), ils peuvent être cloîtrés dans un monastère et vivre une vie de prière ou rester dans le monde pour la prédication, l'enseignement ou un témoignage de vie chrétienne dans le monde. On trouve ainsi des ordres missionnaires comme les Pères Blancs, spécialistes de l'islam, ou les Pères du Saint-Esprit (ou « spiritains ») dont le rôle reste important en Afrique. Quant aux congrégations religieuses qui sont plus de soixante, elles se fixent chacune une tâche prioritaire comme les Salésiens, ou pères de Saint-Jean Bosco qui s'occupent d'éducation, surtout en milieu rural.

Les religieuses

Rattachées aussi à une règle, les religieuses peuvent choisir un ordre cloîtré contemplatif (Bénédictines, Carmélites, Clarisses, Cisterciennes...) ou un ordre ouvert sur le monde, spécialisé dans le soin des malades (filles de la Charité de Saint-Vincent de Paul, missionnaires de la Charité de Mère Teresa...), dans l'enseignement (sœurs de Saint-Joseph de Cluny, Dominicaines), dans l'action missionnaire ou simultanément plusieurs de ces activités (petites sœurs de Jésus fondées par Charles de Foucauld, Franciscaines...). Selon les congrégations, les sœurs prononcent des vœux perpétuels ou temporaires portant sur le célibat, l'obéissance ou la pauvreté. Il y a plus de 600 000 religieuses catholiques dans le monde, réparties en de nombreuses organisations autonomes, souvent d'origine française.

LES PRÊTRES DANS LE MONDE

Statistiques

Les données statistiques sur l'Église catholique sont publiées chaque année dans le volumineux « Annuaire pontifical ».

• On y constate que les difficultés de recrutement sacerdotal en France ne reflètent pas la réalité à l'échelle mondiale. Globalement, le nombre des prêtres dans le monde est stable depuis plus de vingt ans, autour de 400 000 dont 250 000 prêtres diocésains et 150 000 religieux. Les évêques sont, pour leur part, un peu plus de 4 600.

• Ce qui, en revanche, varie de façon importante est la répartition des prêtres par continent.

L'Europe compte environ 200 000 prêtres, en diminution de 18 % en 25 ans. L'Amérique du Nord en compte 55 000, l'Amérique du Sud également 55 000, les effectifs de l'ensemble du continent étant à peu près stables. L'Asie compte près de 46 000 prêtres (+ 65 % en 25 ans) et l'Afrique 29 000 (augmentation très forte de 73 % en 25 ans). Ainsi la situation est-elle médiocre dans les pays de tradition catholique la plus ancienne alors que l'Asie et surtout l'Afrique commencent à voir apparaître les fruits d'une action missionnaire débutée il y a plus d'un siècle. Plus de 40 grands séminaires y ont été ouverts en quinze ans, totalisant près de 15 000 futurs prêtres.

On assiste ainsi à un rééquilibrage du nombre des prêtres par rapport au nombre de baptisés. L'Europe et l'Amérique du Nord disposaient, il y a une quinzaine d'années, de plus de 100 prêtres pour 100 000 catholiques, alors que l'Afrique n'en comptait que 17 pour le même nombre de baptisés.

Aujourd'hui, ces chiffres sont respectivement de 93 prêtres en Europe et 24 en Afrique.

Les jésuites

• Fondée en 1540 par le Basque espagnol Ignace de Loyola, la Compagnie de Jésus se caractérise par la très grande diversité des vocations de ses membres. Dirigée par un préposé général élu à vie, elle s'est consacrée à ses débuts à la lutte contre la Réforme et aux missions à l'étranger (saint François-Xavier, apôtre du Japon, et le révérend père Ricci, qui faillit convertir l'empereur de Chine, sont parmi les plus célèbres jésuites du XVIe siècle).

• La défense des intérêts de la papauté irrita les souverains européens qui imposèrent l'interdiction de la Compagnie par le pape en 1773. Rétablie par le pape Pie VII en 1814, elle reprit ses activités où l'enseignement des élites tient une grande place.

• Selon sa devise *ad majorem Dei gloriam*, « pour la plus grande gloire de Dieu », la Compagnie s'intéresse aussi bien à l'archéologie (révérend père Teilhard de Chardin) qu'aux sciences pures ou aux arts.

• Les jésuites sont plus de 20 000 dans le monde, on les trouve dans presque tous les pays (plus de 6 400 en Europe, dont environ 2 000 en Espagne, 1 100 en Italie et 700 en France ; près de 6 700 en Amérique, dont presque la moitié aux États-Unis ; environ 5 500 en Asie dont 3 700 en Inde ; près de 1 400 en Afrique).

Construction des églises et mission des jésuites espagnols (XVIe s.) au Mexique

Miracles et apparitions

Les Évangiles rapportent de nombreux miracles réalisés par le Christ. Après sa mort et jusqu'à nos jours, l'histoire de l'Église est jalonnée de faits merveilleux tels que guérisons inexplicables et apparitions ou, de façon plus profonde et moins spectaculaire, de conversions radicales.

Les miracles du Christ

Le premier miracle relaté par les Évangiles est la transformation de l'eau en vin aux noces de Cana. La vie du Christ est jalonnée d'innombrables miracles qui attiraient les foules : guérisons de lépreux, de paralytiques, ou d'aveugles, résurrection de morts, multiplication des pains, pêche miraculeuse, tempête apaisée subitement, marche sur les eaux et autres faits relatés dans les Évangiles. Ces miracles frappent par leur nombre et leur diversité. Mais ils ont des précédents tout au long de l'histoire sainte comme la traversée de la mer Rouge par les Hébreux fuyant l'Égypte, la manne tombée du ciel dans le désert, etc.

L'Église et le surnaturel

Dieu étant surnaturel par nature, il est normal que l'Église catholique, comme les autres religions, reconnaisse une place au surnaturel. Elle est cependant très prudente et n'admet comme miraculeux que des faits, non seulement inexplicables d'un point de vue scientifique, mais aussi accompagnés d'effets spirituels positifs. Ce critère intervient particulièrement pour les apparitions qui ne peuvent jamais être contrôlées scientifiquement au contraire des guérisons par exemple. La reconnaissance officielle, par l'Église, de miracles ou d'apparitions suit une procédure précise et longue qui laisse le temps d'évaluer le contexte spirituel des faits examinés. L'évêque du lieu a le premier rôle dans ce processus. La prudence de l'Église est telle que, sur 232 cas d'apparitions présentés entre 1928 et 1975, aucun n'a été authentifié.

Miracles et apparitions

- Les exemples reconnus par l'Église sont d'autant plus crédibles qu'ils sont assez récents pour avoir pu faire l'objet d'observations scientifiques ou, à tout le moins, être constatés par de multiples observateurs non psychologiquement préparés.
- Ainsi les apparitions de Fatima au Portugal en 1917, d'abord réservées à trois enfants, se sont accompagnées de phénomènes touchant, le 13 octobre de la même année, 70 000 pèlerins et curieux. Le soleil parut à tous danser et changer de couleur, ce qui avait été annoncé comme un signe d'authentification des apparitions.
- Les apparitions de Lourdes, de Kibeho au Rwanda ou de Medjugorje en Bosnie-Herzégovine (quotidiennes depuis 1981) sont parmi les plus étonnantes. Elles s'accompagnent toujours de messages exprimés dans la langue du pays (gascon, kinyarwanda ou serbo-croate) qui recommandent un effort de prière et de conversion des cœurs. Les foules attirées sur les lieux d'apparitions se comptent par millions de pèlerins.

LES MIRACLES DE LOURDES

Des apparitions suivies de miracles

C'est au bord d'une rivière, le gave de Pau, que la Vierge apparut le 11 février 1858 à une jeune bergère de 14 ans, Bernadette Soubirous. Ces apparitions se renouvelèrent 18 fois, attirant de plus en plus de croyants et de curieux (20 000 personnes dès la quinzième apparition). La Vierge s'exprimait à Bernadette en patois gascon. Elle déclara être l'Immaculée Conception, mot dont Bernadette ignorait le sens, recommanda de construire une chapelle et de venir en pèlerinage en ce lieu, d'y prier et de se convertir, c'est-à-dire de conformer sa vie au modèle de l'Évangile.

En signe de la réalité des apparitions, des miracles commencèrent à se produire : une source surgit et une jeune fille, Catherine Latapie, paralysée d'une main, fut subitement guérie le 1er mars 1858. Les autorités interdirent l'accès à la grotte, mais à la suite de la guérison du prince impérial, fils de Napoléon III, imputée aux vertus de l'eau de la source, l'interdiction fut levée.

La grotte de Lourdes

Lourdes, haut lieu de la foi

Aujourd'hui, Lourdes attire 5 millions de visiteurs par an dont les trois quarts sont des pèlerins, souvent organisés en groupes diocésains ou nationaux. Parmi eux, on compte 80 000 malades ou handicapés physiques ou mentaux, en quête d'espérance autant que de guérison. Le 15 août par exemple, ce sont des trains entiers de malades, dont bon nombre jugés normalement intransportables, qui arrivent à Lourdes.

Depuis 1858, des milliers de personnes se sont déclarées guéries des maux dont elles souffraient. Celles qui désirent témoigner se présentent en première instance au Bureau des constats. Ensuite, le dossier du malade est examiné par le Comité médical international composé de 24 spécialistes, croyants ou incroyants. Si le dossier est explicite et incontestable (avec, par exemple, des radiographies authentifiées), ce Comité dépose un rapport qui constate simplement le caractère inexplicable de la guérison. Le rapport est alors transmis à l'évêque du diocèse du malade qui peut ou non reconnaître qu'il s'agit d'un miracle. Les maladies mentales ou fonctionnelles ne sont jamais prises en compte, faute de la possibilité de constater la réalité de la situation pathologique.

La rigueur du processus de reconnaissance est telle que, sur des milliers de cas où le malade se considère miraculé, seuls 2 000 ont été retenus par les médecins et 65 seulement reconnus miraculeux par l'Église.

La pratique religieuse

Aller à la messe, prier, recevoir les sacrements sont les signes de la pratique religieuse, mais un catholique doit aussi s'efforcer de vivre selon sa foi et d'élever ses enfants dans le respect des valeurs chrétiennes. Il se doit aussi de témoigner de sa solidarité avec l'Église et avec les pauvres.

L'assistance à la messe

- En principe obligatoire chaque dimanche et aux grandes fêtes, la messe est à la fois acte liturgique, service divin et rassemblement des fidèles (*Ecclesia* en grec, qui a donné « Église »). Participer à la messe marque l'appartenance à la communauté chrétienne, l'union au sacrifice célébré par le prêtre.
- La fréquentation de la messe est un indicateur de la pratique religieuse. Longtemps aussi, ce fut une simple pratique sociale, une habitude culturelle, sans fondement religieux systématique. En Europe, l'assistance régulière à la messe, libre de toute pression sociale, ne concerne plus que 10 à 15 % des baptisés. Ce chiffre est nettement plus élevé lors des fêtes, mariages ou enterrements.

Les sacrements

Laissée à la liberté et à la conscience de chacun, la pratique des sacrements n'est l'objet de statistiques que pour le baptême, l'ordination sacerdotale et le mariage religieux. Le baptême et le mariage à l'Église peuvent constituer une pratique sociale de nature culturelle sans rapport avec la croyance religieuse. La confirmation et l'eucharistie suivent une évolution comparable à celle de la fréquentation de la messe. Le sacrement de pénitence ou de réconciliation (ou confession) a connu un assez net recul. Quant à l'onction des malades, elle est essentiellement demandée dans des familles très pratiquantes.

La fidélité aux préceptes de l'Église

- S'interdisant désormais, en principe, toute intrusion dans les opinions politiques, l'Église s'efforce en revanche de faire prévaloir une doctrine sociale fondée sur la défense des plus faibles et des plus pauvres. En matière morale, elle soutient la famille, rejette l'acte sexuel hors mariage ainsi que le divorce.
- L'enseignement de l'Église vise à la sainteté de ses fidèles, ce qui implique un comportement de maîtrise de soi dans tous les domaines : respect de l'autre, de la vie, de la vérité, des engagements pris. Très ferme sur les principes, l'Église est consciente de l'héroïsme qu'exige la sainteté tout autant que de la faiblesse humaine devant les tentations et les passions. Elle est prête, comme le Christ, à pardonner indéfiniment à qui connaît des échecs et à l'aider à se remettre sur la route de la perfection.
- Les chrétiens ont aujourd'hui tendance à suivre les préceptes de l'Église « à la carte », et à abandonner ce qui leur demande des efforts jugés excessifs. Quant à la pratique de la prière, il est impossible d'en apprécier l'évolution car son contenu varie considérablement en fonction du niveau de formation religieuse du fidèle.

LES FÊTES ET PÈLERINAGES

Les fêtes

La vie religieuse est ponctuée de fêtes qui commémorent de grands événements ou honorent des saints. L'Église les célèbre à dates fixes ou mobiles.

• Noël (qui vient du latin « [jour de] naissance ») fête la naissance du Christ le 25 décembre. Sa conception par l'Esprit-Saint se fête neuf mois avant, le 25 mars, jour où Dieu prend la condition humaine (Incarnation).

• L'Épiphanie (« apparition divine » en grec) célèbre, le 6 janvier, la manifestation de Jésus-Christ comme sauveur du monde. On la fête généralement le premier dimanche de janvier.

• Pâques, premier dimanche après la pleine lune de l'équinoxe de printemps, entre le 22 mars et le 25 avril, est la fête de la résurrection du Christ, trois jours après sa crucifixion, le Vendredi saint.

• L'Ascension, montée du Christ au ciel quarante jours après Pâques, met fin à la présence du Christ ressuscité sur terre, constatée par divers témoins.

• La Pentecôte (« cinquante jours » en grec), cinquante jours après Pâques, commémore la descente du Saint-Esprit sur les douze disciples et le début de leur apostolat.

• L'Assomption de la Vierge Marie, le 15 août, marque son élévation corps et âme au ciel à la fin de sa vie terrestre. Cette fête, appelée aussi Dormition dans l'Église d'Orient, anticipe la résurrection des hommes pour la vie éternelle.

• La Toussaint, le 1er novembre, est la fête de tous les saints. Chaque saint, canonisé par l'Église, a sa fête inscrite au calendrier. Leur nombre implique que plusieurs saints soient fêtés le même jour.

Les pèlerinages

Dans tous les pays où vivent d'importantes communautés catholiques, on trouve des sanctuaires célèbres et des lieux d'apparitions où affluent pèlerins ou simples touristes.

• En France, Notre-Dame de Paris voit passer 12 millions de visiteurs par an, le Mont-Saint-Michel et la cathédrale de Chartres 2,5 millions. La proportion de touristes y est importante. En revanche les 5,5 millions de visiteurs de Lourdes ou les 2,1 millions de la chapelle de la Médaille miraculeuse, rue du Bac à Paris, sont pour l'essentiel des pèlerins aux motivations spirituelles.

• Les lieux d'apparition de la Vierge Marie et les sanctuaires du culte marial sont fort nombreux. Outre Lourdes, on peut citer Fatima au Portugal, Czestochowa en Pologne, Notre-Dame de Guadalupe au Mexique, Medjugorje en Bosnie-Herzégovine, Kibeho au Rwanda, Levoca en Slovaquie, Banneux en Belgique, Betania au Venezuela, etc.

Pèlerinage de Saint-Jacques-de-Compostelle

• Le pèlerinage de Saint-Jacques-de-Compostelle, d'origine légendaire, très célèbre au Moyen Âge, attirait des foules entières pour honorer le tombeau supposé de l'apôtre Jacques le Majeur et l'apparition miraculeuse de ce saint dans la bataille de Clavijo en 844 contre les musulmans. Il faut mentionner aussi d'innombrables pèlerinages de réputation régionale comme ceux de Sainte-Anne-d'Auray en Bretagne ou Notre-Dame de Fourvière à Lyon.

Le catholicisme aujourd'hui

La façon dont le catholicisme est vécu s'est profondément transformée depuis le concile de Vatican II. Les Églises d'Afrique et d'Asie ont atteint leur maturité. Les pays de vieille tradition chrétienne voient diminuer la pratique religieuse et le recrutement sacerdotal, tandis qu'apparaissent de nouveaux dynamismes.

La révolution silencieuse de Vatican II

En bouleversant quelques vieilles habitudes comme l'usage du latin pour la messe et la communion exclusivement distribuée par des prêtres, le 21e concile de 1965, Vatican II (voir p. 46), a été perçu par certains catholiques comme une révolution. Le point le plus important était d'une autre nature : la déclaration sur la liberté religieuse. Sans rien abandonner du principe du christianisme selon lequel Dieu incarné en Jésus-Christ est la seule voie du salut pour tous les hommes, et contrairement à la situation préconciliaire, l'Église respecte les divers cheminements spirituels et s'interdit désormais de condamner les approches religieuses différentes de la sienne. Sa position est ainsi devenue compatible avec la définition française de la laïcité.

La pratique religieuse « à la carte »

De plus en plus, les catholiques se sentent capables de décider de la façon de vivre leur foi. Selon l'éducation religieuse reçue et l'appréciation qu'ils se font de leur liberté, les catholiques vivent leur religion comme une responsabilisation et non comme une contrainte culpabilisante. Avec la disparition de la pression sociale qui ne stigmatise plus les comportements peu chrétiens ou le manque d'assistance à la messe, certains catholiques occidentaux vivent leur religion « à la carte » en ne conservant que ce qui leur convient ou leur semble important. Cette tendance s'accompagne d'une disparition du « cléricalisme » des prêtres, désormais bien plus éducateurs de la responsabilité que maîtres à penser. Les recommandations du pape, concernant l'abstention de toute vie sexuelle hors mariage, le refus de l'avortement ou des pratiques contraceptives non « naturelles », ne recueillent qu'une adhésion limitée.

De nouveaux dynamismes

Géographiquement, l'Église change d'équilibre : le recul relatif de la pratique religieuse en Occident est compensé par une augmentation très rapide de ses effectifs en Afrique noire et, à un moindre degré, dans certains pays d'Asie comme la Corée ou l'Inde. L'expression de la foi évolue également. Des mouvements se créent sous l'impulsion de fortes personnalités :

– les « Missionnaires de la Charité », fondés en 1950 par Mère Teresa, portent assistance à 6 millions de personnes en détresse dans plus de 100 pays ;

– l'*Opus Dei* (« œuvre de Dieu »), fondée en 1947 par un prêtre espagnol, Escriva de Balaguer, se consacre à l'approfondissement de la vie spirituelle et regroupe 35 000 laïcs et 1 200 prêtres de 90 nationalités ;

– le « Renouveau charismatique », apparu vers 1970, comprend diverses communautés qui ont en commun une grande sensibilité au surnaturel et à l'action du Saint-Esprit. Leur dynamisme et leur joie de vivre attirent de nombreux jeunes.

LES SIX GRANDS RITES DU CATHOLICISME

Les actes religieux (liturgie) sont célébrés selon des rites riches en symboles qui sont le fruit de l'histoire et reflètent la variété des cultures. Le catholicisme contemporain pratique six rites distincts qui remontent aux débuts du christianisme. C'est pourquoi certains de ces rites sont également ceux d'Églises chrétiennes non catholiques.

- Le rite romain est celui de l'immense majorité des catholiques.
- Le rite byzantin, le deuxième en importance, est aussi celui de la majorité des orthodoxes. Il est, dans le catholicisme, pratiqué par les gréco-catholiques. En font partie les « uniates » roumains ou ukrainiens et de petites communautés slovaques, polonaises ou hongroises, ainsi que les melkites, de langue liturgique arabe, dont les dignitaires sont les patriarches d'Alexandrie et de Jérusalem. Il existe aussi un « éparque » melkite au Brésil et un « exarque » melkite aux États-Unis.
- Le rite arménien est pratiqué par les catholiques arméniens. Il est identique au rite de l'Église arménienne dite grégorienne et proche du rite byzantin, mais la langue liturgique est l'arménien.
- Le rite syrien d'Antioche, ou syriaque occidental, est notamment celui des catholiques maronites du Liban, dont le patriarche réside à Bkerké.
- Le rite assyo-chaldéen, ou syriaque oriental, est celui des catholiques chaldéens d'Irak, de Turquie ou d'Iran. C'est le rite le plus ancien, il remonte au IIe siècle. Les deux rites syriaques sont pratiqués en Inde chez les Malabars et Malankars de l'État de Kerala.
- Le rite alexandrin est celui des coptes égyptiens et éthiopiens, mais c'est aussi celui des communautés catholiques très minoritaires de ces pays.

Chrétiens d'Arménie

Les rites orientaux se caractérisent par une division très nette de la messe en deux parties : la messe des catéchumènes (adultes qu'on prépare au baptême) et la messe des fidèles. La première partie est centrée sur la lecture de l'Évangile et la seconde sur la consécration du pain et du vin, avec la communion.

Tous les catholiques de rites orientaux admettent l'ordination comme prêtres d'hommes mariés. Rappelons qu'il en est de même dans l'orthodoxie.

Quelques chiffres

Quantitativement, on peut évaluer ainsi les effectifs de catholiques de rites orientaux :
– rite byzantin : 8 000 000, dont 5 000 000 en Ukraine et 1 700 000 en Roumanie ;
– rite arménien : 100 000 ;
– rite syrien d'Antioche : 1 500 000 (maronites libanais) ;
– rite assyro-chaldéen : 4 000 000, dont 3 000 000 de syro-malabars en Inde ;
– rite alexandrin : 200 000, répartis par moitié entre l'Égypte et l'Éthiopie.
Soit au total près de 15 millions de fidèles.

L'orthodoxie : histoire et doctrine

Catholiques et orthodoxes se sont séparés en 1054 sur des points où se mêlaient divergences d'interprétation et rivalités politiques. Depuis, leur différence de sensibilité religieuse s'est accentuée, mais des efforts sont en bonne voie pour restaurer leur unité.

Histoire d'un schisme

Progressivement, des différences de nature culturelle sont apparues au sein du monde chrétien. Dès le IVe siècle, Rome est fragilisée par les barbares et la capitale de l'Empire est transférée par Constantin à Constantinople. Au Ve siècle, le grec, langue liturgique de tous les chrétiens, est remplacé à Rome par le latin. L'Église d'Orient, qui reconnaît le concile de Chalcédoine (451), prend le nom d'Église orthodoxe (qui signifie conforme à la doctrine, au dogme). À partir du VIIe siècle, Constantinople subit la pression de l'Islam tandis qu'à l'ouest, à partir du IXe siècle, Charlemagne exerce son influence, même en matière religieuse. En 1054, le patriarche de Constantinople est excommunié par le légat du pape provoquant un schisme (séparation) entre l'Église d'Orient et celle d'Occident. En 1204, le pillage de Constantinople par des troupes de la quatrième croisade approfondit la blessure et l'incompréhension. La tentative de conciliation du concile de Ferrare (1438) avorte et Constantinople est prise par les Turcs en 1453. Rome se retrouve sans contrepoids malgré la création en 1589 du patriarcat de Moscou qui se veut être « la troisième Rome ».

En 1964, la rencontre de Paul VI et du patriarche de Constantinople Athénagoras à Jérusalem lève les excommunications réciproques entre catholiques et orthodoxes.

Particularités de l'orthodoxie par rapport au catholicisme

- La foi orthodoxe est, pour l'essentiel, celle du catholicisme, mais fondée sur la doctrine des sept premiers conciles œcuméniques.
- L'une des divergences concerne la hiérarchie : chez les orthodoxes, les Églises sont dirigées par des patriarches autonomes (autocéphales) qui acceptent une primauté honorifique du pape, mais pas d'autorité hiérarchique. Un antique point de discorde a été la prétention de Charlemagne d'introduire dans le Credo le *filioque* selon lequel, au sein de la Trinité, le Saint-Esprit procède du Père *et* du Fils. L'Église de Rome elle-même n'a accepté définitivement cette formulation qu'au milieu du XIe siècle.
- L'orthodoxie met l'accent sur la liturgie, en particulier le culte des icônes et des reliques, et sur la vie contemplative.
- Sur le plan des rites, la communion se pratique avec du pain sans levain en Occident alors que les orthodoxes communient sous les deux espèces (le pain et le vin) en employant du pain levé. Le baptême orthodoxe comprend une triple immersion et non pas seulement quelques gouttes d'eau versées sur le front. La confirmation orthodoxe suit immédiatement le baptême et les baptisés, même très jeunes, peuvent communier. La messe orthodoxe est chantée mais jamais accompagnée d'instruments.
- Des hommes mariés peuvent devenir prêtres, mais un prêtre célibataire ne peut se marier. Moines et évêques sont obligatoirement célibataires. Le divorce est possible sous certaines conditions alors que le catholicisme n'admet que l'annulation de mariages jugés invalides.

LE MONT ATHOS

Une république théocratique

S'il est un haut lieu symbolique de l'orthodoxie, c'est bien la république théocratique du mont Athos.

Autonome au sein de la Grèce depuis 1920, cette presqu'île de la mer Égée abrite vingt monastères qui élisent chacun un moine pour siéger au conseil d'administration de cette république. Les membres, renouvelés chaque année, désignent quatre d'entre eux, responsables respectivement du pouvoir exécutif, des finances, de la justice et de la Présidence.

La Grèce, pour sa part, désigne un gouverneur, dépendant des Affaires étrangères, et entretient un détachement de gendarmerie.

Les monastères

Les monastères sont classés selon un ordre protocolaire immuable, le plus vénérable étant celui de la Grande Laure. Ils se répartissent, selon leur mode de vie, en deux catégories :

- cénobitique, où l'abbé, élu à vie, appelé higoumène, détient un pouvoir absolu. La communauté de vie des moines est totale au point qu'ils ne possèdent pas leurs vêtements en propre ;
- idiorythmique, où la liberté est plus grande et le genre de vie adapté à la personnalité de chacun.

Des ermites, des moines itinérants dits « gyrovagues » ou de petits groupes de quelques moines vivent en dehors du monastère auquel ils sont rattachés, dans des grottes ou des chaumières, pour répondre à une vocation particulière de solitude.

Les moines

Les effectifs de l'Athos ne dépassent pas 800 moines alors qu'ils étaient 9 000 en 1917. De nombreuses nationalités sont représentées parmi les moines, mais les monastères sont grecs à l'exception d'un russe, un bulgare et un serbe.

Le noviciat pour devenir moine dure un an minimum et trois ans au maximum.

Les visiteurs doivent obtenir une autorisation spéciale, mais les femmes et les enfants ne sont pas admis, ceci depuis l'an 1046. C'est de cette époque que date la charte concernant la vie quotidienne, d'autres règles particulières ayant précisé certains détails par la suite. Ainsi, il est admis de faire pousser des pois et des haricots, mais ni de blé ni d'orge.

À part les heures de travail, l'emploi du temps monastique est essentiellement consacré à la liturgie et à la prière, car le but de la vie monastique est de préparer à l'union à Dieu espérée après la mort.

Le moine s'efforce par une vie ascétique de renoncer aux désirs de ce monde pour se concentrer sur sa vie spirituelle. Dans cette perspective, le corps avec ses besoins est plutôt un obstacle que le jeûne et la pénitence permettent de surmonter.

À sa mort, le moine est enseveli dans son manteau, sans cercueil. Trois ans après, les ossements sont exhumés de la tombe et vont rejoindre ceux de ses frères dans le sous-sol d'une chapelle. Cette coutume n'est pas propre au mont Athos. On la pratique dans tous les monastères orthodoxes, notamment dans le très vénérable monastère Sainte-Catherine au pied du mont Sinaï, encore plus ancien que les monastères de l'Athos.

L'orthodoxie aujourd'hui

Seconde composante du christianisme, l'orthodoxie est plus mal connue. L'écrasante majorité de ses fidèles sont des Slaves (Russes, Ukrainiens ou Bulgares) qui ont été soumis aux régimes athées du communisme. La foi orthodoxe a subsisté dans la clandestinité ; elle découvre aujourd'hui les évolutions de la société et du christianisme.

Le monde orthodoxe

En principe, les Églises orthodoxes nationales disposent de leur autonomie de gestion (autocéphalie), ce qui les conduit souvent à prendre une coloration nationaliste et à tomber sous la dépendance du pouvoir politique. Ainsi, en Grèce, est-il presque considéré comme « anormal » d'être Grec sans être orthodoxe et la mention de la religion est encore portée sur les cartes d'identité !

Dans l'ex-URSS et les pays satellites, l'Église fut à la fois persécutée et infiltrée par les services secrets, ce qui l'empêcha d'évoluer au contact des autres courants du christianisme, catholique et protestant. Aujourd'hui, la foi se manifeste avec d'autant plus de vigueur qu'elle a été longtemps réprimée.

Le monde orthodoxe est, dans une proportion écrasante, composé de Slaves, à l'exception de la Grèce, de la Roumanie et de l'Albanie. Cependant tous les Slaves ne sont pas orthodoxes, en particulier les Polonais, Slovaques, Slovènes et Croates qui sont catholiques. En Russie, les orthodoxes sont peut-être plus de 60 millions, en Ukraine et en Biélorussie, la grande majorité des habitants est de tradition orthodoxe. S'y ajoutent près de 10 millions de Grecs et autant de « Yougoslaves » (Serbes et Monténégrins), 14 millions de Roumains et 6 millions de Bulgares. Les diasporas slaves ont constitué les importantes Églises orthodoxes des États-Unis, du Canada et des pays d'Europe occidentale. Ainsi les orthodoxes sont environ 4 millions aux États-Unis, près d'un million au Canada, 200 000 en France, sans compter les orthodoxes du Proche-Orient (il y en a près de 250 000 rien qu'au Liban), de Pologne où ils sont près de 400 000, de Finlande et des Pays baltes et surtout les Géorgiens, dont les deux tiers des 5,5 millions d'habitants sont orthodoxes. Au total, le monde orthodoxe dépasse les 150 millions d'âmes, unies par la foi mais placées dans des conditions socio-économiques bien différentes. On trouve même une communauté de 30 000 orthodoxes noirs en Ouganda.

Les problèmes de l'orthodoxie

L'implosion de l'URSS a ouvert les pays qui en sont issus à toutes les influences extérieures. Le besoin de spiritualité des populations, étouffé par la dictature, ne s'est pas limité au retour à la tradition orthodoxe. La compromission, involontaire ou non, d'une partie de l'Église avec le régime communiste l'a partiellement déconsidérée et l'ouverture sur l'Occident a fait le jeu de nombreux mouvements spirituels, souvent issus du protestantisme américain, ou même des sectes douteuses ou dangereuses.

Enfin, la hiérarchie orthodoxe des ex-pays commmunistes s'est trouvée brutalement confrontée à celle de l'orthodoxie de la diaspora du nouveau monde, fort riche et restée protégée des compromissions avec le communisme.

RUSSIE ET UKRAINE

Un peu d'histoire

L'évangélisation de ces deux grands pays remonte à la conversion au christianisme du Grand Prince de la « Rous » de Kiev, Vladimir, en l'an 988. Il adopta le rite byzantin pour sa beauté, mais à cette époque le catholicisme et l'orthodoxie n'étaient pas séparés. L'invasion mongole du début du XIIIe siècle fit perdre à Kiev sa première place au profit de Moscou qui s'affirma la « Troisième Rome ».

Les deux pays ont été, au long de l'histoire, le rempart du christianisme contre les Mongols ou l'islam.

Quoique tous deux slaves, les peuples russe et ukrainien diffèrent par la langue et bon nombre d'éléments de la culture. Les efforts obstinés de russification des tsars et du communisme n'ont pu effacer cette rivalité.

La partie occidentale de l'Ukraine longtemps rattachée à l'empire austro-hongrois comporte une importante population catholique de rite byzantin, c'est-à-dire gréco-catholique, au nombre de 5 millions. Ceux-ci sont appelés aussi uniates car ils se sont unis à Rome depuis 1596 (Acte d'union de Brest-Litovsk) ; ils ont naturellement vocation d'être un pont avec l'Europe occidentale.

Situation religieuse depuis l'éclatement de l'URSS

- La partie orthodoxe de l'Ukraine est partagée entre les influences du patriarcat de Moscou, auquel adhèrent 4 000 paroisses, dont celles de l'importante minorité russe d'Ukraine, et deux patriarcats autocéphales purement ukrainiens, l'un à Kiev (2 000 paroisses) et l'autre (900 paroisses) davantage présent dans la province occidentale de Galicie ; ce dernier récuse le patriarche précédent pour son passé de collaboration avec les communistes. Avec la patience persévérante des gens de la terre, les Ukrainiens comptent sur le temps pour régler ces difficultés en douceur.
- La Russie, pour sa part, reste un empire, même après la dislocation de l'URSS. Le peuple est viscéralement orthodoxe et sa religion a un fort relent de nationalisme, ce qui n'est pas le cas en Ukraine où les plus nationalistes seraient plutôt catholiques.

La Russie compte en son sein de nombreux peuples non russes dont beaucoup ne sont pas orthodoxes : Tatars, Bashkirs, Tchétchènes et d'autres sont musulmans ; Bouriates et Kalmouks sont bouddhistes lamaïstes, tandis qu'il existe bon nombre de Juifs et d'« Allemands de la Volga », catholiques ou protestants.

L'ouverture récente de la Russie aux influences étrangères, qui a permis l'implantation de religions et sectes diverses, indispose la hiérarchie orthodoxe qui se retourne vers le pouvoir pour en limiter l'influence. Les rapports avec le catholicisme sont empreints de méfiance, malgré les précautions prises par Rome pour éviter d'exacerber les susceptibilités : il n'y a pas d'évêchés catholiques en Russie, ce qui laisserait supposer une juridiction territoriale sur un sol orthodoxe, et de simples vicariats apostoliques sont chargés de la vie spirituelle des catholiques de Russie.

Église de la Résurrection, Saint-Petersbourg

Les Églises monophysites ou non chalcédoniennes

Depuis le ve siècle, un schisme séparait du catholicisme et de l'orthodoxie les Églises arménienne, copte, éthiopienne et syriaques. Le rapprochement théologique semble désormais acquis.

Un schisme en voie de résorption

Le concile de Chalcédoine, en l'an 451, établit que Jésus-Christ est pleinement Dieu et pleinement homme. Cette double nature en une seule personne fut rejetée par les monophysites qui affirmaient que le divin et l'humain ne constituent qu'une seule nature dans le Christ. Il en résulta un schisme.

Depuis quelques années, les raisons de la séparation de ces Églises après le concile de Chalcédoine semblent s'évanouir après concertation de théologiens. L'interprétation monophysite n'aurait été qu'un malentendu, largement imputable à des difficultés de traduction. Cependant, un millénaire et demi de séparation ont approfondi les différences culturelles et les théologiens ont encore du travail pour effacer les autres conséquences de l'Histoire, chacune des Églises monophysites étant très attachée à sa culture.

Aujourd'hui, l'Église monophysite la plus nombreuse est celle d'Éthiopie avec plus de 20 millions de fidèles. Les autres représentants du monophysisme sont l'Église copte d'Égypte (13 millions de membres), l'Église d'Arménie (plus de 2 millions) et les Églises « syriennes » de l'Inde et du Moyen-Orient regroupant plus d'un million de fidèles.

Les Églises arménienne, copte, éthiopienne et syriaques

L'Église d'Arménie, dite aussi grégorienne, relève du patriarcat de Cilicie et est dirigée par deux « catholicos », dont l'un siège à Etchmiadzine en Arménie et l'autre à Beyrouth. En outre, deux patriarches arméniens siègent respectivement à Jérusalem et Istanbul. Une majorité de 90 % des Arméniens se rattachent à cette Église désormais proche de l'orthodoxie. La pratique religieuse est très élevée dans ce pays, chrétien depuis le ve siècle.

L'Église copte, séparée de Byzance pour des raisons plus politiques que théologiques, a réussi à se maintenir depuis le VIIe siècle malgré une forte pression de l'islam. Elle emploie le rite alexandrin et la langue liturgique est dérivée de l'ancien égyptien mais avec l'écriture grecque. La langue des fidèles est l'arabe. Elle comporte 24 diocèses, sous l'autorité du patriarcat d'Alexandrie.

L'Église d'Éthiopie est devenue indépendante de l'Église copte en 1951, mais son chef est resté désigné par l'Égypte jusqu'en 1959. La langue liturgique est le guèze.

Les Églises syriaques.

- Le groupe syriaque occidental, dit jacobite, comprend les Maronites du Liban et les Syriens d'Irak et de Syrie (langues liturgiques : syriaque ou arabe) relevant du patriarcat d'Antioche, ainsi que des Indiens du Kerala (langues liturgiques : syriaque ou malayalam).
- Le groupe syriaque oriental, dit aussi assyrien ou nestorien, se partage les mêmes territoires que le précédent. Il regroupe les Chaldéens d'Iran et d'Irak (langues liturgiques : persan, syriaque, arabe) et les Malabars d'Inde (langues liturgiques : syriaque ou langues locales). Il est sous l'autorité du patriarche de Babylone résidant à Bagdad.

L'ÉGLISE ÉTHIOPIENNE

Longtemps dans la mouvance de l'Église copte égyptienne, l'Église éthiopienne n'a pris une véritable autonomie qu'en 1959 quand elle fut, pour la première fois, dirigée par un *Abouna* (« notre père ») non désigné par l'Égypte.

Histoire

L'ancienneté de l'Église éthiopienne est remarquable. L'antique royaume de la reine de Saba fut au contact du christianisme pratiquement dès son apparition, bien avant la Gaule.

Déclarée religion d'État par l'ethnie dominante des Amharas, elle se rattache au monophysisme depuis le concile de Chalcédoine (451). Cependant, l'isolement du royaume du fait de la distance, de l'altitude et de la langue ont nui à la précision des définitions théologiques.

Du côté occidental, on connaissait à la fin du Moyen Âge l'existence légendaire d'un « royaume du prêtre Jean », mais le contact ne fut établi qu'au XVIe siècle par les Portugais.

Le christianisme que ceux-ci découvrirent était, et est toujours, extrêmement vivant. Il existe de très nombreux couvents renfermant parfois d'antiques documents, mais le niveau d'instruction des moines est généralement faible, proche de l'analphabétisme. La situation est cependant en voie d'amélioration.

Le pays renferme peu de monuments religieux impressionnants, à l'exception des églises de Lalibella, creusées à même le roc. En revanche, les fêtes religieuses sont remarquables par l'assistance qu'elles mobilisent et le faste des cérémonies, avec leurs danses de prêtres au son d'une musique très originale scandée par le son métallique des sistres : ainsi la fête de *temket* correspond à l'Épiphanie et celle de *maskal* à la découverte de la vraie Croix.

Présentation de la Bible aux fidèles

Cérémonie religieuse à Lalibella

Une liturgie complexe

Le christianisme éthiopien suit le rite alexandrin (voir p. 55) et comporte encore des traces de pratiques religieuses de l'Ancien Testament, comme la circoncision ou des interdits alimentaires.

L'imprégnation chrétienne est très forte dans bien des aspects de la culture. Par exemple, le nom du dernier *négus* (souverain), Haïlé Sélassié, signifie « Force de la Trinité » en amharique, langue sémitique officielle de l'Éthiopie, parente de l'hébreu et de l'arabe.

La langue liturgique est le guèze (ou *gheez*), forme ancienne de l'amharique écrit, comme celui-ci, dans un alphabet particulier.

Les Églises locales

Dans les pays où le christianisme est récent, on voit aujourd'hui fleurir, comme aux débuts du christianisme, une multitude d'Églises qui se réfèrent toutes à Jésus-Christ, mais sont marquées de divers particularismes. L'Afrique en connaît un grand nombre. On les appelle Églises locales.

Un christianisme à la vitalité exubérante

- Les Églises dites « locales » semblent en croissance rapide. Il y en aurait plusieurs milliers (l'Afrique du Sud, le Nigeria ou le Kenya en comptent plus d'une centaine chacun) qui naissent ou disparaissent chaque année.

- En Afrique, leurs fidèles représentent environ 15 % des effectifs des grandes Églises, catholiques ou protestantes, contre 3 % à 4 % dans le monde. Cette floraison rappelle les débuts du christianisme où s'étaient multipliés divers mouvements chrétiens… Et l'Afrique ne connaît le christianisme, pour la plupart des pays, que depuis à peine plus d'un siècle. Aussi, il se peut que leur abondance soit due à la concurrence à laquelle se sont longtemps livrées les missions catholiques et protestantes. C'est dans les pays anglophones qu'elles sont les plus nombreuses.

Trois grands courants

À côté de sectes où la religion n'est qu'un prétexte à des ambitions diverses, les Églises locales africaines relèvent de trois grands courants inspirés par :

- *Le « nationalisme » africain* : ce premier groupe s'inspire souvent de l'Éthiopie, pays mentionné dans la Bible, à la très vieille culture chrétienne. On y trouve des Églises « sionistes » nées de la volonté de pasteurs noirs américains, originaires de Zion City en Illinois, de donner une coloration africaine à leur Église. Les références à l'Ancien Testament sont nombreuses et le peuple noir est comparé au peuple hébreu en quête de sa libération.

- *La personnalité du fondateur* : ce deuxième groupe comprend de nombreuses Églises fondées par un prophète charismatique, comme le kimbanguisme ou le harrisme, proche du méthodisme (plus d'une centaine de milliers de membres en Côte d'Ivoire ou au Ghana), qui lutte vigoureusement contre les religions traditionnelles (voir p. 68).

- *Des pratiques de guérison par la prière* : ce troisième groupe présente des analogies avec les Églises pentecôtistes (voir p. 68) ; il s'attache à la guérison par la prière qui exorcise les puissances démoniaques, causes des maladies. Très émiettées, ces Églises se comptent par centaines. La plus importante est « l'Ordre sacré et éternel des Séraphins et Chérubins » qui atteint 500 000 membres et dispose d'un temple à Londres.

Une évolution prévisible

Il semble improbable que se maintiennent longtemps de si nombreuses Églises qui ne doivent bien souvent leur existence qu'à la personnalité du fondateur ou à la vigueur du sentiment d'appartenance ethnique. Progressivement, des regroupements vont s'opérer autour des religions les plus vivaces. La récupération de certaines de ces Églises par des mouvements plus structurés et plus riches, comme ceux du protestantisme américain, n'est pas non plus à exclure.

DEUX EXEMPLES D'ÉGLISES LOCALES

Parmi les centaines d'Églises locales qui se réclament de Jésus-Christ, mais sont fortement marquées par leur enracinement culturel, deux d'entre elles ont été retenues pour la vigueur et l'importance numérique qu'elles ont prises en moins d'un siècle : la Iglesia ni Cristo aux Philippines et l'Église kimbanguiste en Afrique centrale.

Iglesia ni Cristo

Fondée en 1914 par le Philippin Felix Manalo, cette Église reconnaît le Christ mais nie sa divinité et l'existence de la Trinité. À cet égard, elle se rapproche de l'arianisme (doctrine du prêtre d'Alexandrie Arius qui nia la divinité du Christ et fut condamnée par le concile de Nicée en 325), hérésie qui a profondément divisé le monde chrétien au IVe siècle.

- Le culte évoque cependant le puritanisme protestant. Aucune statue n'est tolérée et le symbole de la croix lui-même est proscrit.
- Le baptême, réservé aux adultes, est pratiqué par une seule immersion.
- La liturgie comporte deux services hebdomadaires, le jeudi et le dimanche soir. Lectures bibliques et hymnes y alternent.
- Les grandes fêtes sont la Sainte Cène, célébrée le Jeudi saint, et le dernier jour de l'année où se déroule une cérémonie d'action de grâces.
- La Iglesia ni Cristo se caractérise par une très forte discipline. Les fidèles doivent se présenter à chaque office et, en cas d'absence, les responsables vont s'informer au domicile de l'intéressé. Les services sociaux sont nombreux et efficaces, mais les contributions des fidèles sont élevées et peuvent atteindre 10 % de leurs revenus.

Le kimbanguisme

Né à N'Kamba au Congo (actuelle République démocratique du Congo) en 1889, Simon Kimbangu prit conscience de son pouvoir de guérisseur en 1921. Il se mit alors à prêcher, exhortant ses auditeurs à vivre honnêtement, sans alcool, ni tabac, ni danse, ni sorcellerie. Il n'y avait là rien de répréhensible, mais les autorités locales belges et les missionnaires catholiques y virent le fait d'un agitateur et il fut déporté à l'autre extrémité du pays où il mourut en 1951. Il n'avait prêché que six mois mais, grâce à l'auréole de cette persécution, son Église se développa rapidement.

Considéré par ses fidèles comme l'envoyé de Jésus-Christ pour sauver les Noirs d'Afrique, il fut même désigné comme le Saint-Esprit.

Les théologiens regagnèrent peu à peu du terrain. Aujourd'hui, le kimbanguisme (ou plutôt l'Église de Jésus-Christ sur la Terre pour le prophète Simon Kimbangu, EJCSK) compte près de 5 millions de fidèles. Elle a un statut officiel en République démocratique du Congo, fait partie du Conseil œcuménique des Églises et voit son influence s'étendre sur les pays voisins. Elle se déclare ouverte à tous et pas seulement aux Africains et a renoncé à prendre son prophète pour le Saint-Esprit.

Le kimbanguisme pratique le baptême par imposition des mains à partir de l'âge de douze ans ; l'eucharistie est célébrée (trois fois par an, à Noël, à Pâques et le 2 octobre, anniversaire de la mort du prophète) sous forme d'un gâteau de maïs et d'une sorte d'hydromel.

Lieu de culte de la Iglesia ni Cristo à Manille (Philippines).

Les débuts de la Réforme

La Réforme, réaction contre les abus du catholicisme romain à l'époque de la Renaissance, n'a pu faire triompher ses idées au sein même de son Église. Ses partisans durement persécutés en furent exclus et constituèrent des Églises protestantes qui regroupent aujourd'hui près de 30 % du total des chrétiens.

Les précurseurs de la Réforme

Dès le XIIe siècle, à l'époque de la croisade contre les Albigeois accusés d'hérésie, apparut un mouvement précurseur de la Réforme, celui des Vaudois. Rejetant toute hiérarchie, ils cherchaient leur salut dans une vie exemplaire et s'inspiraient directement des Écritures. Condamnés en 1179, ils se réfugièrent dans les Alpes. Au début du XVe siècle, le Tchèque Jean Hus reprit les mêmes thèses et finit sur le bûcher.

La protestation de Luther

- Moine versé dans l'Écriture sainte et préoccupé par la question du salut, Luther se sentit progressivement en décalage avec son Église. Il s'éleva contre le trafic des indulgences (remise de la peine ou de la pénitence du pécheur, par des pèlerinages ou des moyens financiers) ou le commerce des reliques des saints. Cependant, l'Église de l'époque n'avait en face d'elle aucun contre-pouvoir. À cela s'ajouta la dégradation des mœurs d'une partie du clergé : être prêtre était une situation sociale enviable et certains évêques se compromettaient avec le pouvoir ou l'argent.
- Luther n'était pas seul à souffrir de ces scandales qui défiguraient l'Église, mais il fut le catalyseur de ce qui aurait dû rester une réforme au sein de l'Église.
- L'affichage en 1517 des *95 thèses* de Luther contre le trafic des indulgences marqua le début de la Réforme. Luther fut excommunié en 1521. Des princes allemands se rallièrent à ses thèses et l'empereur Charles-Quint leur accorda en 1526 le droit, à titre provisoire, d'opter pour la Réforme de Luther. En 1529, la diète de Spire annula ce droit, provoquant les protestations des princes. Le protestantisme était né.

Le protestantisme s'étend et se diversifie

- Des esprits brillants adhérèrent en nombre de plus en plus grand à la Réforme, comme Jean Calvin, Martin Bucer, Ulrich Zwingli et d'autres.
- Les chrétiens se déchirèrent et les guerres de Religion débutèrent en 1562 en France par le massacre de protestants de Wassy, puis celui à Paris de la Saint-Barthélemy en 1572. L'édit de Nantes, par lequel Henri IV avait accordé la liberté du culte pour les protestants en 1598, fut révoqué en 1685 par Louis XIV, provoquant l'envoi aux galères, la clandestinité et l'exil des protestants français, les huguenots, vers les territoires déjà gagnés à la Réforme comme les Provinces-Unies (Pays-Bas), la Grande-Bretagne ou l'Allemagne.
- En Angleterre, l'Église anglicane se sépara de Rome avec le roi Henri VIII. L'intolérance anglicane mena à la guerre civile, le calvinisme en sortit vainqueur en 1649.
- En Allemagne, la guerre de Trente Ans (1618-1648) opposa Ferdinand II aux princes allemands ; le traité de Westphalie (1648) reconnut enfin les différentes communautés religieuses.

DEUX GRANDS PERSONNAGES DE LA RÉFORME

Les deux principaux artisans de la Réforme protestante s'opposent autant par leur caractère que par la forme de leur action, si ce n'est par leurs idées. Ce qui les unit fondamentalement, c'est d'avoir voulu réagir contre les dérives de l'Église catholique du XVIe siècle.

Martin Luther (1483-1546)

Moine pieux et orateur brillant, Luther enseignait l'Écriture sainte à l'université de Wittenberg, en Saxe. À l'époque, Dieu était présenté comme un justicier inexorable devant lequel l'homme vivait dans la crainte. En étudiant l'Épître aux Romains de saint Paul, Luther fut convaincu que le salut n'est pas accessible à l'homme par ses œuvres ou ses mérites, mais par la grâce de Dieu que procure la foi : c'est la thèse de la justification par la foi.

De plus, le système des indulgences, selon lequel on pouvait acheter les moyens de son salut, représentait le comble de l'abomination. Ce fut ce système qu'il dénonça en affichant en 1517 sur la porte de l'église de Wittenberg un placard de 300 lignes écrites en latin (les *95 thèses*). La hiérarchie catholique refusa la discussion contradictoire qu'il proposait.

Luther n'avait pas l'intention de quitter l'Église mais ses déclarations la remettaient en cause. Pour Luther, seule la Bible, et non la tradition de l'Église, est porteuse de la révélation divine et chaque croyant doit s'y référer. Des débats se multiplièrent, compliqués par des divergences d'intérêt politique entre les princes allemands et l'empereur. La position de Luther et celle de Rome se durcirent peu à peu. En 1520, il publia trois grands écrits réformateurs : *À la noblesse chrétienne de la nation allemande*, *La Captivité babylonienne de l'Église* et le *Traité de la liberté chrétienne*. Luther fut excommunié en 1521. Coupé de l'Église, Luther mit à profit une retraite forcée pour entreprendre la traduction de la Bible en allemand.

En 1525, il se maria avec Katarina von Bora, qui lui donna six enfants, et passa le reste de sa vie à se consacrer à la prédication et à la consolidation de son œuvre.

Jean Calvin (1509-1564)

Né à Noyon en Picardie, Calvin était destiné à une carrière ecclésiastique. Il fit des études de droit à Paris et à Bourges où il fut en contact avec les idées de la Réforme. Il les adopta définitivement après la mort de son père, quand il étudia les lettres et la théologie à Paris. Il fut alors obligé de s'exiler et de mener une vie errante. Il fit imprimer à Bâle en 1536 *L'Institution de la religion chrétienne,* rédigée en latin. Précédée d'une *Épître au roi*, il espérait ainsi gagner François Ier à sa cause.

Il s'installa une première fois à Genève où il organisa l'Église réformée et la dota d'un catéchisme. Expulsé en 1539 par les autorités civiles, il se rendit à Strasbourg où il devint professeur de théologie et pasteur des réfugiés français. Après trois ans de travail acharné et de mûrissement de sa pensée, il fut rappelé à Genève en 1541 et contribua à faire de cette ville une cité théologique dont l'Église fut dotée de ministères composés de pasteurs, docteurs, diacres et anciens. Il dirigea la ville et son Église d'une main de fer, envoyant le médecin protestant Michel Servet au bûcher pour hérésie en 1553.

Les points forts de sa doctrine reposent sur une foi dictée par les Écritures et la prédestination, selon laquelle Dieu prédestine l'homme au salut ou à la damnation.

Il laissa à sa mort en 1564 une œuvre monumentale de 59 volumes sans compter une abondante correspondance. L'Académie qu'il créa à Genève assure sa succession grâce aux générations de pasteurs qu'elle forme.

Doctrine du protestantisme

Quelles que soient ses tendances, le protestantisme souligne la liberté de conscience du chrétien et la prééminence de l'Écriture sainte sur tout dogme. Il se différencie du catholicisme sur les questions de la nature du culte et des sacrements, de l'autorité du pape ainsi que du culte à la Vierge Marie et aux saints.

Les divergences avec le catholicisme

- Les protestants reconnaissent deux sacrements : le *baptême* et l'*eucharistie* (ou Sainte Cène), qui célèbre le don du Christ de sa personne (et non son sacrifice comme chez les catholiques).
- Le culte est l'office religieux basé essentiellement sur la célébration de l'eucharistie et la prédication (lecture de la Bible) ; chants et prières sont d'une grande sobriété. Le lieu de culte, le temple, ne comprend ni statue, ni image.
- Dieu seul pouvant être vénéré, les protestants ne pratiquent pas le culte de la Vierge Marie et des saints.
- Les protestants peuvent éprouver du respect pour la personne du pape, mais ils n'admettent pas le principe hiérarchique sur lequel repose l'Église romaine. Ils s'insurgent donc contre le dogme de l'infaillibilité pontificale (promulgué en 1870). Les pasteurs sont des laïcs chargés, par leur formation et leur qualité d'enseignant, de la célébration du culte, des sacrements, de la prédication et sont impliqués dans la vie de la communauté.

L'Église et la société selon les protestants

La conception de l'Église, pour les protestants, est semblable à celle qu'ils se font de la société. La dignité de l'homme, sa liberté et sa responsabilité personnelle devant Dieu en font un être majeur qui n'a de comptes à rendre qu'à Dieu, selon sa conscience. Rejetant toute idée de cléricalisme, les protestants sont fondamentalement attachés à la démocratie et à la laïcité. Ils tirent de la lecture de l'Évangile un besoin de simplicité et un rejet de toute pompe ostentatoire, ce qui se traduit par l'emploi de la langue populaire (et non du latin comme ce fut longtemps le cas pour le catholicisme), la sobriété dans la décoration intérieure des temples comme dans la tenue vestimentaire des pasteurs. D'autre part, le goût de la lecture et de l'étude favorise une culture où fleurissent une multitude d'initiatives dont la Croix-Rouge ou l'Armée du Salut sont les plus connues.

Encore une certaine diversité doctrinale

- Des points importants de la doctrine protestante, comme le rôle de la grâce accordée par Dieu à l'homme pour son salut ou la présence réelle du Christ dans le vin et le pain de la Sainte Cène, ne font pas l'unanimité entre les Églises protestantes ou, au contraire, ont perdu de leur importance dans le différend avec le catholicisme.
- La lecture et la méditation des Écritures étant au cœur de toutes les formes de protestantisme, il n'est pas surprenant qu'existe une grande diversité d'interprétations et de sensibilités. La conséquence en est une propension naturelle au fédéralisme et au respect des autres opinions, propice aux idéaux démocratiques. C'est ainsi qu'en France, par exemple, la Fédération protestante regroupe des mouvements de diverses sensibilités.

L'ANGLICANISME

Histoire

Cette confession compte 70 millions de fidèles, ce qui la place aux tout premiers rangs des Églises protestantes, puisque c'est à ce courant qu'il est généralement convenu de la rattacher. Pourtant l'Église anglicane reste, par bien des aspects, proche de l'Église catholique. Sa situation originale est le produit de l'Histoire.

Au début du règne du roi Henri VIII, sur le trône de 1509 à 1547, l'Angleterre était catholique mais largement soumise à l'autorité du souverain et relativement autonome de Rome. Quand Henri VIII voulut divorcer de la reine Catherine d'Aragon qui ne lui donnait pas de fils, le pape refusa. Le roi nomma un primat d'Angleterre à sa dévotion pour parvenir à ses fins, ce qui entraîna l'excommunication de Rome. En représailles, le roi se fit désigner en 1534 comme chef de l'Église d'Angleterre par un acte du Parlement. Il n'y avait là rien de bien religieux ni aucune cause théologique. Cependant, une fois coupé du catholicisme, à une époque où le protestantisme connaissait un succès rapide, il fallut bien rattacher l'Église d'Angleterre à une doctrine. D'abord tenté par le luthéranisme, le roi se rapprocha des positions catholiques sans cependant renouer avec le pape. Tant que Henri VIII vécut, seule la rupture avec Rome singularisait l'Église d'Angleterre qui conservait ses évêques et sa liturgie. C'est sous son successeur Édouard VI, jeune enfant qui mourut à 15 ans, que l'influence calviniste prit pied. De 1553 à 1558, Marie Tudor, fille de Catherine d'Aragon, ramena brutalement l'Angleterre dans le giron du catholicisme en persécutant les protestants. Finalement, son successeur, la reine Elisabeth Ire, établit le statut de l'Église d'Angleterre dans une position intermédiaire entre catholicisme et calvinisme : tout en maintenant une structure ecclésiastique de type romain avec prêtres et évêques, la charte de 1553 s'inspirait du calvinisme, supprimant les monastères et autorisant les mariages des prêtres et des évêques.

La doctrine, inspirée des *Trente-neuf articles* (1571) et du *Book of Common Prayer* (1549), repose essentiellement sur l'autorité de la Bible, les sacrements du baptême et de l'eucharistie, l'organisation épiscopale (avec des évêques).

La Communion anglicane

Au fil du temps, l'anglicanisme laissa percer trois tendances regroupées dans la Communion anglicane :

– la *High Church* (Haute Église), proche du catholicisme,

– la *Low Church* (Basse Église), proche du calvinisme,

– la *Broad Church* (Large Église), d'un courant libéral.

La Basse Église, au pouvoir sous la dictature de Cromwell (1653-1659), est connue sous le nom de puritanisme et est aujourd'hui influencée par le courant évangéliste. L'Église d'Écosse, presbytérienne, c'est-à-dire sans évêques, s'en est inspirée. Cette dernière ainsi que l'Église du Pays de Galles ont leur organisation propre. Aux États-Unis, l'Église dite « épiscopalienne » est indépendante de l'État.

La Basse Église est à l'origine du mouvement pour l'ordination des femmes à la prêtrise.

> Après la Grande-Bretagne qui compte près de la moitié des anglicans, on en trouve aux États-Unis (3 millions) et dans de nombreux États du Commonwealth : Nigeria (7 millions), Australie (4,5 millions), Ouganda (3,5 millions), Inde (3 millions), Canada (2,7 millions), Afrique du Sud (2,2 millions), Kenya (1,4 million), Nouvelle-Zélande (1 million), etc.
>
> L'évêque sud-africain Desmond Tutu, prix Nobel de la paix, est anglican.

Les différents courants du protestantisme

On classe souvent comme protestants les courants chrétiens qui ne sont ni catholiques ni orthodoxes. Le protestantisme couvre alors un domaine extrêmement large qui va du plus « libéral », comme en Europe, au plus « réactionnaire ».

Une multitude de courants

- En dehors du *luthéranisme*, du *calvinisme* et de l'*anglicanisme*, il existe de nombreux courants inspirés de la Réforme.
- Dès l'époque de Luther apparut le courant *anabaptiste* inspiré au départ par Ulrich Zwingli. Il rejette le baptême des enfants et n'accepte qu'un baptême des adultes convertis. Les *mennonites* en sont une branche dérivée, créée par Menno Simonsz ; ils professent l'ascèse et le pacifisme. On retrouve ce courant chez les *amish* aux États-Unis. La pratique religieuse des anabaptistes est proche de celle des *baptistes* ou des *quakers* (nom qui signifie « trembler » en anglais, car l'Esprit-Saint peut se manifester par des transes). Ces deux mouvements, nés au XVIIe siècle du puritanisme anglais, lui-même issu du calvinisme, ont une organisation hiérarchique très légère, où les pasteurs sont des chrétiens parmi leurs frères. Les rites sont réduits à des sermons, lectures et chants.
- Les *méthodistes* (dont le nom vient de la rigueur morale, de la méthode qu'ils appliquaient dans leur vie religieuse), nés au XVIIIe siècle au sein de l'Église anglicane à l'incitation du pasteur John Wesley, sont plus préoccupés d'une recherche de perfection personnelle que de doctrine. Ils refusent le conformisme et considèrent que le salut est accessible à tous par la foi. Seuls les adultes convertis sont baptisés et chacun peut devenir prêtre. La prédication joue un rôle très important, ainsi que les œuvres caritatives.
- Le *pentecôtisme*, issu du baptisme au début du XXe siècle, est en expansion rapide. Il insiste sur les dons du Saint-Esprit prodigués aux fidèles, se manifestant par des transes, visions et guérisons. Chaque Église est autonome et porte le nom d'Assemblée de Dieu. Le pentecôtisme a influencé les mouvements catholiques charismatiques, admis par Rome.

Des formes d'organisation très variées

Les luthériens, les anglicans et les méthodistes ont des évêques comme les catholiques ; ils sont *épiscopaliens*. Dans les autres Églises, l'autorité est entre les mains des fidèles et de leurs pasteurs ; elles sont dites *presbytériennes* ou *congrégationalistes*. Les presbytériens ont des organes de coordination et de concertation appelés conciles, tandis que chaque communauté congrégationaliste garde son autonomie : les fidèles sont propriétaires de leur église et rémunèrent leurs pasteurs.

Des interprétations diverses des Écritures

Selon leur sensibilité et leurs traditions, les Églises protestantes interprètent la Bible de façons parfois opposées. En Europe, de telles divergences sont quasi inexistantes. Aux États-Unis en revanche, l'interprétation des Écritures va d'une lecture fondamentaliste, niant les thèses évolutionnistes de Darwin, jusqu'à une interprétation très libérale, voire symbolique de la Bible.

QUELQUES CHIFFRES

Bien qu'il soit difficile de rattacher précisément toutes les innombrables dénominations des Églises protestantes à l'un des grands courants, il est possible de donner des ordres de grandeur approximatifs de leur importance numérique.

Les calvinistes

Appelés également réformés ou presbytériens, auxquels on peut adjoindre les congrégationalistes, ils sont plus de 40 millions, dont :

États-Unis	8
Pays-Bas	5
Canada	5
Royaume-Uni	4 (surtout Écosse)
Afrique du Sud	4
Indonésie	3
Suisse	3
Hongrie	2

La France compte environ 400 000 calvinistes.

Les luthériens

Ils sont environ 70 millions répartis comme suit :

Allemagne	30
Scandinavie	22
États-Unis	8,5
Indonésie	2,2
Tanzanie	1,5
Inde	1,3
Madagascar	1,2
Brésil	1

La France compte environ 250 000 luthériens, principalement en Alsace.

Les anglicans

Près de 70 millions dans le monde, ils sont environ 35 millions en Angleterre, 3 millions aux États-Unis et le reste réparti dans les pays du Commonwealth (voir p. 67).

Les baptistes

D'un total près de 50 millions, ils sont pour 80 % citoyens américains. On en trouve d'importantes communautés en Russie, en Inde, au Brésil, au Nigeria, etc.

Les méthodistes

Ils sont plus de 30 millions dont plus du tiers aux États-Unis. L'Afrique du Sud et le Canada en comptent deux millions chacun, mais il existe des Églises importantes dans de très nombreux pays d'Afrique et d'Asie.

Les pentecôtistes

Ils présentent parfois des effectifs qui reflètent l'enthousiasme de leurs Églises. Ils dépassent vraisemblablement les 30 millions, dont 6 au Brésil, 4 aux États-Unis, 4 en Europe, 3 en Russie, 2 en Indonésie, etc.

Baptême pentecôtiste lors d'une convention évangélique tsigane en France

Le protestantisme aujourd'hui

Malgré la diversité et le nombre des Églises, des ensembles cohérents apparaissent par zones géographiques : Europe, Amérique et tiers-monde. Le Conseil œcuménique des Églises et le dialogue interconfessionnel contribuent à estomper les divergences doctrinales.

Le protestantisme en Europe

Le matérialisme de la société européenne a eu deux conséquences principales :
– un effondrement de la fécondité qui conduit à la diminution des effectifs des protestants en valeur relative et peut-être bientôt en valeur absolue ;
– l'indifférence religieuse ambiante, qui se traduit par une moindre fréquentation du culte, la difficulté de rémunérer des pasteurs et la relativisation des différences théologiques entre les Églises protestantes. Un certain besoin de « serrer les rangs » a conduit à des rapprochements entre calvinistes et luthériens, d'ailleurs très proches sociologiquement.

Le protestantisme américain

- Traditionnellement, on constate un clivage entre le sud des États-Unis, marqué par les Églises baptistes, où l'on interprète la Bible à la lettre mais où l'expérience mystique individuelle est valorisée, et le reste du pays, de tendance « libérale », où les textes sont interprétés de façon plus symbolique.
- En Amérique du Nord, en général, le protestantisme s'éparpille en quantités de dénominations diverses, ce qui a pour effet inattendu d'en provoquer le regroupement, par exemple en créant des séminaires interconfessionnels.
- Une autre caractéristique du protestantisme américain est son dynamisme missionnaire qui s'exerce surtout vers l'Amérique latine et les pays de l'ex-URSS. Les réactions de défense de l'Église catholique, dans le premier cas, et de l'Église orthodoxe, dans le second cas, s'expliquent d'autant plus que cette action missionnaire est peu ouverte au dialogue et a d'importants moyens financiers.
- Enfin, les prédicateurs médiatiques ont un rôle important dans le protestantisme américain. Ils organisent de vrais spectacles qui attirent la dévotion des foules.

Le protestantisme dans le tiers-monde

La situation est très complexe mais, d'une façon générale, les Églises prennent leur autonomie et sont dirigées par des pasteurs autochtones.

- L'accroissement démographique est tel qu'on trouve autant de protestants en Afrique qu'en Amérique (autour de 90 millions) et plus de 35 millions en Asie (Chine exclue). En Chine, il est difficile d'estimer leur nombre (de 60 millions, selon l'institut allemand Saint-Augustin, à quelques millions dénombrés par d'autres sources). En Inde, face à l'environnement hindouiste, les Églises protestantes ont tendance à se regrouper en une union volontaire des croyants, chacun étant libre de pencher vers la conception de son choix.
- Enfin, sur tous les continents, des sectes aux doctrines imprécises se réfèrent à Jésus-Christ. Souvent qualifiées à tort de protestantes, elles troublent la perception de ce qu'est le protestantisme contemporain.

LES ÉGLISES BOUGENT

Culte protestant en Alsace

Des différences séculaires s'estompent

Alors que, depuis le début du christianisme, chaque siècle a vu apparaître de nouvelles scissions, il semble que le XXe siècle se soit caractérisé par la réussite d'efforts de rapprochement en matière doctrinale. Préoccupation constante des chrétiens de bonne volonté, l'unité de l'Église voulue par le Christ est encore bien loin, mais des divergences séculaires inexpiables s'effacent peu à peu.

Le rapprochement entre Églises protestantes

Les pays où coexistent d'innombrables dénominations protestantes ont ressenti le besoin, depuis quelques décennies, de mettre en place des organismes de coordination qui, par leur existence même, contribuent à gommer certaines différences entre ces Églises.

En Australie par exemple, l'Église unie d'Australie regroupe les presbytériens (calvinistes), les méthodistes et les congrégationalistes.

Aux États-Unis, les luthériens et les épiscopaliens (anglicans) se sont déclarés en 1996 « en complète communion ecclésiale », ce qui implique une reconnaissance mutuelle des pasteurs.

En Europe, en septembre 1996, un accord de même nature entre dix Églises anglicanes et luthériennes britanniques, baltes et scandinaves a été signé à Porvoo. Auparavant, en 1973, la « Concorde de Leuenbourg » avait établi une communion ecclésiale entre luthériens et calvinistes des pays d'Europe, à l'exception de la Scandinavie.

Le rapprochement entre catholiques et protestants

Entre catholiques et luthériens, un accord réglant le problème théologique de la justification par les œuvres ou par la grâce (voir p. 65) vient d'être conclu. Cette querelle fut, pour une large part, à l'origine des guerres de Religion ; les anathèmes réciproques prononcés au XVIe siècle ont été levés.

Les Témoins de Jéhovah

Chrétien par sa référence à Jésus-Christ et son enracinement dans la Bible, le mouvement des Témoins de Jéhovah présente tant de particularités qu'il est généralement considéré comme une religion à part, que certains accusent de pratiques sectaires ou de manipulation mentale.

Une origine adventiste

Le courant adventiste du protestantisme procède d'une lecture littérale de la Bible et adopte des positions millénaristes qui prévoient le retour prochain du Christ sur terre pour 1 000 ans. Il a été fondé par un agriculteur américain baptiste, William Miller.

En 1831, ce dernier prédit, selon sa lecture de la Bible, que le Christ réapparaîtrait en 1843 et qu'après une apocalypse de feu, les justes ressusciteraient pour une vie éternelle sous sa royauté. Rien ne vint et d'autres émules calculèrent d'autres dates : 1844, 1873, 1874…

Considéré comme le fondateur des Témoins de Jéhovah, Charles Taze Russel se sépara des adventistes et lança en 1879 le mouvement des Étudiants de la Bible, doté d'un bulletin intitulé *Watch Tower* (« La tour de garde »). Russel annonça la fin des temps pour 1914, mais cette année, quoique particulièrement tragique, ne fut pas la dernière de notre monde. Russel mourut en 1916, déçu de n'avoir pas vu la réalisation de sa prévision.

Les croyances des Témoins de Jéhovah

Le successeur de Russel, James Rutherford, radicalisa certaines croyances et en abandonna d'autres, établissant la doctrine actuelle des Témoins de Jéhovah. Seuls seront sauvés d'un monde gouverné par Satan et voué à la destruction ceux qui suivront la morale très stricte et exigeante du mouvement.

Dieu s'appelle Jéhovah, nom formé des consonnes du tétragramme de Yahvé affectées des voyelles du mot *adonai*, « mon seigneur » en hébreu. Les Témoins de Jéhovah nient l'immortalité de l'âme et l'existence de la Trinité. Jésus, fils de Dieu, a été créé comme être spirituel, homme jusqu'à sa mort, après laquelle il reprit sa nature pour être placé au-dessus des anges, mais il n'est pas Dieu. Il n'existe pas de Saint-Esprit, mais une énergie que Dieu confère à ses élus pour qu'ils comprennent la Bible et suivent ses lois. La croix, instrument de la mort du Christ, n'est l'objet d'aucun respect. La création s'est déroulée littéralement comme le décrit la Bible, sans la moindre concession au symbolisme.

Les Témoins de Jéhovah s'interdisent la célébration de Noël et des anniversaires, le service militaire et la consommation du sang – ce dernier étant le siège de l'âme, les transfusions sont proscrites. Selon eux, les autres Églises chrétiennes, détournées de la vraie foi, se sont compromises avec le pouvoir politique. Seules 144 000 personnes sont restées justes et fidèles. Depuis 1914, le Christ règne au ciel. Il en a chassé Satan qui règne sur terre pour le malheur des hommes. Mais le Christ reviendra chasser Satan lors de la bataille d'Harmaguédon (nom tiré de *Har Megiddo*, « montagne de Megiddo », site d'une victoire des Israélites sur les Cananéens). Ensuite, Jésus-Christ régnera sur la terre pour 1 000 ans. Ce sera un paradis réservé aux 144 000, aux témoins de Jéhovah restés fidèles et à des défunts ressuscités observant l'enseignement de la Bible.

L'ORGANISATION DES TÉMOINS DE JÉHOVAH

Un accroissement spectaculaire

Les Témoins de Jéhovah sont vraisemblablement le mouvement religieux qui tient le décompte le plus précis de ses membres actifs, dits proclamateurs.

En 1995, leur nombre s'élève à 5 199 895. Il a doublé depuis 1983 (2 501 722) et quadruplé depuis 1968, mais n'atteignait que 115 000 membres en 1942.

Cet accroissement considérable est le résultat d'un démarchage systématique que doivent effectuer les proclamateurs pour développer leur mouvement. L'amour du prochain des Témoins de Jéhovah les conduit à déployer tous leurs efforts pour convaincre ceux qu'ils rencontrent de les rejoindre et de pratiquer leur morale reposant sur l'honnêteté, la douceur et la fidélité, seule source de salut.

Les Témoins de Jéhovah, deux par deux, n'hésitent pas à visiter les gens chez eux, à leur laisser force documentation, à revenir à plusieurs reprises, en submergeant l'interlocuteur par leur érudition biblique et la force de leur conviction. C'est cette pression sur les esprits ainsi que le rejet global de la société, considérée comme pervertie, qui fait qualifier de secte le mouvement des Témoins de Jéhovah. Il n'y a pourtant chez eux aucune autre ambition que religieuse, ni politique ni financière, et s'il existe une forte pression morale pour adhérer au mouvement et ne pas le quitter, cela ne s'assortit pas de menaces physiques et ne procède que de la force des convictions.

Une organisation rigoureuse

L'activité des proclamateurs exige une formation approfondie, excluant toute hérésie, assurée largement par les publications du mouvement. En outre, les proclamateurs sont regroupés en congrégations de quelques dizaines de membres qui reçoivent les comptes rendus des démarchages. Ceux-ci sont analysés et commentés pour s'assurer de la pureté du message. Un rapport est envoyé périodiquement au siège national du mouvement, l'ensemble des données sont ensuite synthétisées au quartier général du mouvement à Brooklyn.

L'organisation rigoureuse et la discipline librement acceptée confèrent aux Témoins de Jéhovah un dynamisme qui explique leur expansion. Leur message passe mieux auprès de personnes qui ont des notions superficielles du christianisme, mais qui ont conservé un certain appétit spirituel.

C'est ainsi que le mouvement se développe rapidement sur le terreau déchristianisé des pays de l'ex-URSS où existe une quête de certitude spirituelle, alors qu'au contraire son influence dans les pays musulmans est insignifiante.

Quelques données chiffrées

Les 15 pays qui comptent plus de 100 000 proclamateurs sont les suivants :

États-Unis	1 040 000
Brésil	600 000
Mexique	580 000
Nigeria	260 000
Italie	230 000
Japon	230 000
Allemagne	180 000
Pologne	150 000
Royaume-Uni	150 000
Colombie	130 000
Argentine	130 000
Philippines	130 000
France	130 000

Les mormons

L'Église de Jésus-Christ des Saints des derniers jours, dite des mormons, compte 6 millions de fidèles et se développe activement. Née aux États-Unis, elle se fonde sur un livre « merveilleux » qui donne à l'Amérique une histoire ancienne remontant à la tour de Babel.

La révélation de Joseph Smith

Ce fils de paysans pauvres, né dans l'État du Vermont en 1805, vit apparaître en 1823 un ange appelé Moroni qui lui révéla sa mission de prophète et l'existence d'un mystérieux livre écrit sur des feuilles d'or en écriture égyptienne « réformée ». En 1827, l'ange lui remit le livre avec des cristaux capables d'assurer la traduction de la lecture.

Ce livre de 477 pages avec plus de 500 mots par page fait découvrir des tribus d'Israël arrivées en Amérique, après la dispersion des nations qui suivit l'échec de la construction de la tour de Babel. Ce texte couvre 2 600 ans d'histoire et cite d'innombrables noms de peuples et de personnages jusque-là inconnus. Il fut publié sous le titre de *Livre de Mormon* (du nom du dernier roi israélite). Deux groupes successifs de compagnons de Smith furent témoins de l'existence du livre qui disparut par la suite.

Le caractère pour le moins étrange du message de Joseph Smith, mais aussi sa forte tendance à la polygamie, valurent au prophète d'être persécuté puis lynché. Il eut pour successeur Brigham Young qui entraîna le peuple des mormons d'environ 12 000 âmes dans un exil vers l'ouest des États-Unis. Ils se fixèrent dans l'Utah, alors quasi désertique, près du Grand Lac salé et y fondèrent leur capitale, Salt Lake City.

L'Église de Jésus-Christ des Saints des derniers jours

Église chrétienne, puisqu'elle reconnaît Jésus-Christ comme fils de Dieu, l'Église des mormons s'appuie sur un livre sacré, aussi important que la Bible, qu'elle est seule à reconnaître, ce qui la place dans une situation marginale.

La morale est assez puritaine. Les mormons n'admettent pas la prédestination et la notion de péché originel. Ils ont renoncé à la polygamie depuis 1890.

Chaque fidèle peut faire baptiser rétroactivement ses ascendants sous réserve d'en fournir l'état civil exact à l'Église. C'est pourquoi des chercheurs mormons parcourent le Vieux Monde à la recherche d'ancêtres dont les noms sont enregistrés dans un ordinateur central où ils sont baptisés.

L'organisation de l'Église est stricte, dirigée par un « président prophète et voyant » ; elle comporte des évêques, des grands prêtres, des prêtres et des missionnaires.

L'Église des mormons a un poids considérable. Elle est passée de 3 millions de fidèles en 1970 à plus de 6 millions aujourd'hui. Elle dispose de missions dans 150 pays du monde dans lesquelles prêchent plus de 30 000 jeunes qui y font un service volontaire de deux ans. L'Église des mormons a été implantée en France dès 1866 et y compte plus de 20 000 membres. La richesse de l'Église des mormons provient d'un impôt de 10 % que chacun verse sur ses revenus.

LA FOI DES MORMONS

Les articles de foi de l'Église de Jésus-Christ des Saints des derniers jours sont au nombre de 13.

1. Nous croyons en Dieu, le Père Éternel, en Son Fils Jésus-Christ et au Saint-Esprit.
2. Nous croyons que les hommes seront punis pour leurs propres péchés et non pour la transgression d'Adam.
3. Nous croyons que, par le sacrifice expiatoire du Christ, tout le genre humain peut être sauvé, en obéissant aux lois et aux ordonnances de l'Évangile.
4. Nous croyons que les premiers principes et premières ordonnances de l'Évangile sont : (1) La foi au Seigneur Jésus-Christ ; (2) la repentance ; (3) le baptême par immersion pour la rémission des péchés ; (4) l'imposition des mains pour le don du Saint-Esprit.
5. Nous croyons qu'un homme doit être appelé de Dieu par « révélation et par imposition des mains », par ceux qui sont en autorité, pour prêcher l'Évangile et en administrer les ordonnances.
6. Nous croyons à la même organisation qui existait dans l'Église primitive à savoir : apôtres, prophètes, pasteurs, instructeurs, évangélistes, etc.
7. Nous croyons au don des langues, de prophétie, de révélation, de vision, de guérison, d'interprétation des langues, etc.
8. Nous croyons que la Bible est la parole de Dieu, pour autant qu'elle est traduite correctement ; nous croyons aussi que le Livre de Mormon est la parole de Dieu.
9. Nous croyons tout ce que Dieu a révélé, tout ce qu'il révèle maintenant et nous croyons qu'il révélera encore beaucoup de grandes et importantes choses concernant le royaume de Dieu.
10. Nous croyons au rassemblement littéral d'Israël et à la Restauration des dix tribus. Nous croyons que Sion sera bâtie sur ce continent [l'Amérique] ; que Jésus-Christ régnera en personne sur la terre ; que la terre sera renouvelée et recevra sa gloire paradisiaque.
11. Nous réclamons le privilège d'adorer le Dieu Tout-Puissant selon les inspirations de notre conscience et nous concédons à tous les hommes le même privilège, qu'ils adorent comme ils veulent, où ils veulent ou ce qu'ils veulent.
12. Nous croyons que nous devons nous soumettre aux rois, aux présidents, aux gouverneurs et aux magistrats ; obéir aux lois, les honorer et les soutenir.
13. Nous croyons que nous devons être honnêtes, fidèles, chastes, bienveillants et vertueux et faire du bien à tous les hommes ; en effet, nous pouvons dire que nous suivons l'exhortation de Paul « Nous croyons tout, nous espérons tout », nous avons enduré beaucoup de choses et nous espérons être capables d'endurer toutes choses. Nous aspirons à tout ce qui est vertueux, aimable, de bonne réputation ou digne de louanges. — Joseph Smith.

La croyance que le *Livre de Mormon* est la parole de Dieu (art. 8) est l'objet d'une argumentation en 32 points fondée sur l'impossibilité qu'il ait pu être écrit par Joseph Smith, le prophète des mormons. Le livre est trop complexe, trop cohérent, il a suscité trop d'enthousiasme pour qu'un jeune homme de 23 ans à l'éducation rudimentaire ait pu en être l'auteur.

L'effort missionnaire a été particulièrement fructueux aux îles Tonga, dans le Pacifique où les mormons sont aussi nombreux que les catholiques avec 25 % de la population. L'effort financier des mormons dans ce royaume représentait vers 1970 le quart du budget du pays.

L'œcuménisme

« Œcuménique » a sensiblement le même sens que « catholique » qui signifie « universel ». Le mouvement œcuménique désigne les efforts de rapprochement des Églises chrétiennes qu'une histoire agitée a divisées. Ce mouvement est distinct du dialogue interreligieux qui concerne l'ensemble des religions, chrétiennes ou non, mais leurs membres participent souvent aussi au dialogue œcuménique.

Rappel des grandes fractures du christianisme

Les discussions et querelles au sein de l'Église ont parfois abouti à des déchirures qui subsistent depuis des siècles. Les plus notables sont :

– la séparation des monophysites, lors du concile de Chalcédoine en 451, qui n'ont reconnu que la nature divine du Christ et non sa nature humaine (voir p. 60) ;

– le grand schisme de 1054 a consommé la séparation de l'Église d'Occident avec l'Église d'Orient. Cette dernière Église regroupe ce qu'on appelle l'orthodoxie (voir p. 56) ;

– la publication du manifeste de Luther en 1517 marque le début de la Réforme protestante (voir p. 64) ;

– en 1531, Henri VIII d'Angleterre se sépare de l'Église catholique et crée l'Église anglicane (voir p. 67).

D'autres séparations se produisent ultérieurement : après le concile Vatican I en 1870, les Vieux-Catholiques se retirent en refusant le dogme de l'infaillibilité pontificale puis, après le concile Vatican II, en 1965, Mgr Lefèbvre refuse ce qu'il considère comme une tendance moderniste de l'Église catholique.

Le cheminement vers l'unité

Il a fallu attendre le changement de perspective permis par Vatican II pour que s'instaure enfin un dialogue « œcuménique ». La conférence mondiale des missions protestantes en 1910 (1 000 délégués de nombreux pays et d'Églises protestantes différentes) fut la première démarche de rapprochement entre chrétiens. En 1948 est fondé le Conseil œcuménique des Églises, mais l'Église catholique n'y envoie des observateurs qu'en 1960, peu avant Vatican II. L'objectif de l'œcuménisme est l'unité mais non l'uniformité : chaque Église garde ses traditions, ses options théologiques, morales et culturelles.

Des résultats prometteurs

Le fait de dialoguer dans un autre contexte historique qu'à l'époque des différentes divisions permet déjà un large consensus dans la compréhension et l'interprétation des Évangiles.

Le catholicisme, de son côté, déploie des efforts en direction de l'orthodoxie et la vieille querelle du *filioque* semble désormais reléguée au rang d'une simple difficulté d'expression.

Des accords intervenus en 1994 entre Rome et les Églises coptes et monophysites de l'Inde, il ressort que la question des deux natures du Christ était largement due à une mauvaise compréhension réciproque. La question du schisme du concile de Chalcédoine semble définitivement réglée.

Ces résultats sont dus à une attitude plus « conciliante » des partenaires que seul a permis, du côté catholique, le concile de Vatican II.

LES DIVERSES ÉGLISES CHRÉTIENNES

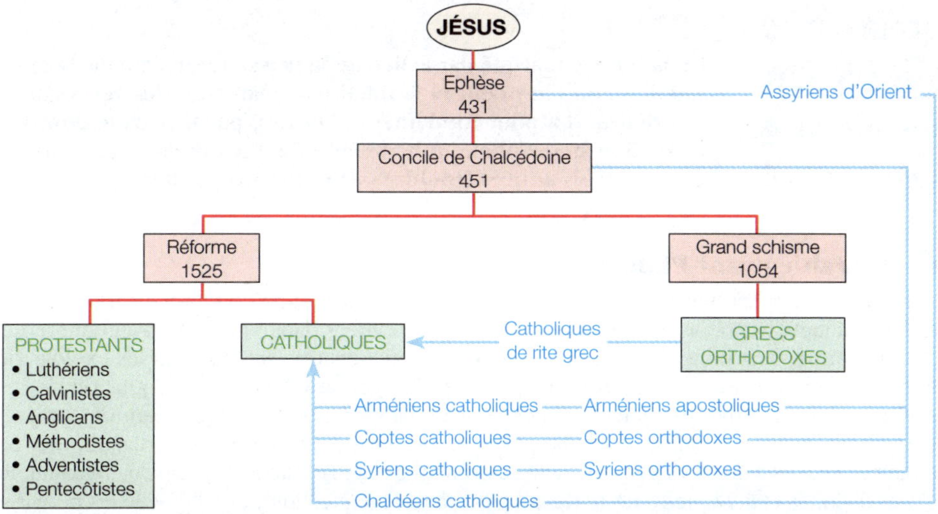

Le dialogue entre catholiques et orthodoxes

L'un des points de discorde est la question de l'uniatisme, c'est-à-dire les Églises catholiques de rite oriental rattachées à Rome reconnaissant l'autorité du pape. Les orthodoxes considèrent l'uniatisme comme une insupportable manifestation de l'impérialisme du Vatican. Curieusement, ce n'est pas en Russie que la situation bouge mais au Liban, où le patriarche uniate de rite syrien d'Antioche, Mgr Zoghby, s'efforce de rétablir l'unité avec l'Église grecque-orthodoxe d'Antioche. C'est un exercice difficile puisque le patriarche, jusqu'à ce rapprochement, doit également maintenir la communion avec le pape. Les vingt-neuf évêques melkites, c'est-à-dire grecs-catholiques, ont approuvé à l'unanimité de mettre fin au schisme qui les sépare depuis 1724 des grecs-orthodoxes, avec lesquels ils partagent le même rite d'Antioche.

Le rapprochement des Églises catholique et protestantes

Le schéma montre qu'au cours des siècles des fractions minoritaires des Églises dites séparées sont revenues au catholicisme, en gardant leurs rites. Depuis un demi-siècle, on assiste à un rapprochement d'une autre nature. Depuis Vatican II, le catholicisme renonce à se proclamer détenteur de la seule façon de vivre le christianisme. La tendance est au rapprochement des points de vue. En octobre 1999, un accord historique a été proclamé à Augsbourg qui met fin aux divergences entre catholiques et luthériens sur la « justification par la foi ». Le Conseil œcuménique des Églises a, pour sa part, établi une plate-forme commune qui rapproche les Églises protestantes entre elles. Le dialogue est plus lent à s'établir avec l'orthodoxie, du fait qu'une partie de l'Église a été coupée de l'évolution des réflexions pendant la période communiste. Des difficultés subsistent cependant avec les Églises protestantes concernant les positions catholiques sur la communion, l'ordination des femmes, l'autorité du pape et surtout la conception de l'Église, simple communauté de croyants pour les protestants, véritable sacrement pour les catholiques et les orthodoxes.

Naissance de l'islam

L'islam reste marqué par le lieu de sa naissance, l'actuelle Arabie saoudite, où l'honneur et la fidélité au clan sont des vertus primordiales. Il a pour fondement le Coran, parole divine dont la révélation au prophète Mohammad s'est étendue sur une période de vingt-trois années troublées de luttes incessantes.

L'Arabie avant l'islam

L'Arabie du VIIe siècle vivait d'élevage nomade, d'agriculture et de commerce caravanier. La société exaltait l'honneur et les vertus guerrières, exprimées dans une riche littérature orale. Chacun connaissait, faute de bien savoir écrire, des milliers de vers chantant les exploits de la tribu. L'homme, solidaire de son clan, devait protéger sa famille et la réputation de ses ancêtres et des guerres pouvaient éclater pour un simple mot, le seul élément modérateur étant la sagesse des anciens, les cheikhs. Les Arabes croyaient en un Dieu créateur, tout en vouant des cultes à des divinités régissant les événements de l'existence. Le sanctuaire commun de ces divinités était la pierre noire de la Kaaba, à La Mecque, autour de laquelle les pèlerins, avant l'islam, avaient déjà coutume de tourner.

Le prophète Mohammad et la révélation du Coran

Mohammad naquit vers 570 à La Mecque, au sein de la puissante tribu des Quraychites. L'un de ses clans, les Omeyyades, assurait la sécurité des caravanes, tandis qu'un autre, les Hachémites, détenait le pouvoir religieux et gérait les pèlerinages à la Kaaba. Orphelin et pauvre, Mohammad fut élevé par son oncle Abou Talib, chef du clan hachémite. À vingt-cinq ans, il épousa une riche veuve quadragénaire, Khadidja, qui organisait des caravanes vers la Syrie.

Vers l'âge de trente ans, Mohammad prit l'habitude de méditer dans une grotte du mont Hira, près de La Mecque. À quarante ans, lors d'une de ces retraites, un ange lui apparut et dit *iqra'*, « lis ! ». Mohammad s'excusa de ne savoir lire mais l'ange, Gabriel, insista par trois fois et lui enseigna la parole divine, le marquant comme « le Messager de Dieu ». La révélation du Coran se prolongea sur vingt-trois ans.

La fuite à Médine et l'avènement de l'islam

Mohammad transmit à son entourage l'enseignement reçu. Il gagna des fidèles et des opposants. La majorité des Quraychites voulant l'éliminer, Mohammad dut fuir à Yathrib (qui deviendra *Medinat er Rasul*, « ville du messager » ou simplement Médine). Cette migration, appelée *hijra* en arabe et « Hégire » en français, est considérée comme l'acte fondateur de l'islam et marque le début du calendrier musulman (en 622 de l'ère chrétienne).

Durant ses dix ans d'exil, le Prophète transmit ses révélations et posa les bases d'une organisation sociale, religieuse, juridique. Les tribus locales le soutinrent dans une guerre de huit ans contre les Quraychites, qui s'acheva par la conquête et la conversion de La Mecque.

Mohammad ne revint à La Mecque que l'année de sa mort, pour « l'année de l'Adieu », un pèlerinage qui deviendra pour les musulmans l'un des Cinq Piliers de l'islam. Il mourut en 632, sans avoir désigné de successeur.

LE SENS DES MOTS

Allah

Allah est un mot arabe qui signifie « dieu ». Ce mot est une forme enrichie de la racine sémitique *el* ou *al*, de même signification (*bab-el* signifie la « porte des dieux »). Le mot *Allah* est antérieur à l'islam : le père du prophète Mohammad, mort quelques mois avant la naissance de celui-ci, s'appelait *Abdallah*, c'est-à-dire « serviteur » ou « adorateur de Dieu ».

D'autres langues, influencées par l'arabe, désignent aussi Dieu par le mot *Allah*. C'est le cas en malais : les catholiques de Malaisie, par exemple, prient Dieu sous le nom d'*Allah*.

Mohammad

Mohammad provient, comme la plupart des noms arabes, d'une racine de trois consonnes, ici *h.m.d.*, qui porte l'idée de louange. *Mohammad* signifie « comblé de louanges ». Les voyelles du mot sont courtes et sourdes, l'alphabet ne les écrit pas. C'est pourquoi l'on trouve des prononciations et des écritures diverses en lettres latines telles que *Mahomet* (le *t* devrait être un *d* et se prononcer), *Muhammad* ou même *Mohand* chez les Berbères.

Islam

Islam, généralement traduit par « soumission », sous-entendu à Dieu, provient de la racine *s.l.m.* qui porte le sens de « salut » ou « paix ». Les Arabes se saluent en disant *salam aleykum*, « la paix (soit) sur vous ». Par enrichissement de cette racine, on obtient des mots comme *salima*, « être sauvé », *sallama*, « admettre un argument », *istaslama*, « capituler ». *Islam* est le nom d'action du verbe *aslama* qui, lorsqu'il est transitif, signifie « remettre de plein gré, par reconnaissance ou par vénération ». L'islam est donc, à proprement parler, la « remise de soi », l'acceptation de se laisser guider par Dieu. La traduction par « soumission » a abusivement donné une réputation de fatalisme aux musulmans, et se justifie d'autant moins qu'il existe en arabe un verbe (*khudu'*) signifiant « soumettre ».
Celui qui se « remet à Dieu » est un *muslim*. Le pluriel est *muslimin* dont le français a fait « musulman ». L'islam est la religion des musulmans, l'Islam (avec une majuscule) désigne le monde musulman, c'est-à-dire l'ensemble des fidèles et la civilisation qui les caractérise.

Coran

Coran provient de la racine *q.r.a'.* du verbe « lire » et signifie « lecture », ou plus précisément « lecture à voix haute, récitation ». Le Coran est ainsi destiné à être déclamé selon des règles issues d'une longue tradition orale. Dans les écoles coraniques, les *medersa* ou *madrasseh*, l'essentiel du travail des élèves consiste précisément à mémoriser le Coran en le récitant en arabe.

Manuscrit enluminé du Coran, XIIe-XIIIe s.

L'expansion de l'islam

L'islam dépasse rapidement la péninsule Arabique, par les inlassables conquêtes militaires des premiers successeurs du Prophète, les quatre califes « bien guidés » par l'inspiration divine. Ces trente années sont déterminantes pour l'histoire de l'islam. Après le califat de Médine s'instaurent des régimes monarchiques arabes puis turcs.

Les quatre califes « bien guidés » (632-661)

À la mort du Prophète, son compagnon Abou Bakr (572-634) prend le titre de calife (« remplaçant »). Il renforce la domination musulmane en Arabie et liquide les oppositions internes. La puissance militaire des Arabes, désormais unis par un intense élan religieux, devient considérable. En deux ans de règne, Abou Bakr bat les Perses, s'empare d'une partie de l'Irak, vainc les Byzantins de Syrie et s'ouvre la Palestine.

Son successeur Omar (581-644) règne dix ans. Il achève la conquête de l'Irak, occupe la Perse, l'Égypte, et pousse jusqu'en Arménie. Il organise l'empire en tous domaines : structures administratives, juridiques et policières, abolition de l'esclavage, frappe d'une monnaie, codification de la grammaire, collation des textes du Coran… Il déplace les chrétiens et juifs d'Arabie, réalisant une « purification religieuse » pacifique.

Le troisième calife, Othman (576-656), étend l'islam jusqu'en Tunisie et aux portes de l'Afghanistan, et crée une flotte de guerre. Il fixe le texte officiel du Coran. Il est assassiné à la suite d'une crise entretenue par les partisans d'Ali (cousin et gendre du Prophète). Ces derniers, les *chiites* (ou « partisans ») exigent une succession privilégiant les parents directs de Mohammad et contestent celle d'Othman.

Ali (600-661) est le dernier des califes « bien guidés » (*rachidun*). Il renouvelle les gouverneurs nommés par Othman, entraînant la rébellion de celui de Damas, Mouâwiya, et la première guerre entre musulmans qui culmine en 659 à la bataille de Siffin en Mésopotamie. Un arbitrage propose la démission simultanée d'Ali et Mouâwiya. Quelques musulmans, les *kharidjites* (« ceux qui sortent »), récusent cet arbitrage et tentent d'assassiner les deux prétendants au califat. Ali périt et Mouâwiya devient calife. Le monde musulman est désormais divisé en trois courants : chiites, kharidjites et sunnites.

Une expansion de neuf siècles

L'expansion musulmane s'étend jusqu'au XVe siècle environ. Sous les Omeyyades (661-750), les Arabes se taillent un immense empire (dont Damas est la capitale) qui s'étend du delta de l'Indus (Inde) aux côtes du Portugal en occupant tout le Maghreb. La dynastie des Abbassides (750-1258) déplace le pouvoir vers Baghdad, centre intellectuel d'une civilisation en essor ; l'empire se démembre en États et califats indépendants, mais garde une unité religieuse, institutionnelle et économique. Les Turcs seldjoukides puis ottomans prennent le relais des Arabes à partir du XIe siècle. En Europe, la prise de Constantinople en 1453 marque l'apogée de l'islam, un siècle après la conquête d'une grande partie des Balkans.

Depuis le XVIe siècle, l'islam n'a réalisé aucune conquête territoriale durable. Il a toutefois assimilé la plus grande part des minorités en les islamisant et la plupart des territoires conquis sont depuis restés musulmans. Aujourd'hui, son expansion est surtout démographique, avec des conséquences géographiques du fait de l'émigration.

EXPANSION HISTORIQUE

Les grandes dynasties

632-661	**Quatre premiers califes**
661-750	**Dynastie des Omeyyades**
670	Fondation de Kairouan en Tunisie
707	Soumission de l'Afrique du Nord
711	L'Inde est atteinte
712	Conquête de l'Espagne
750-1258	**Dynastie des Abbasides**
	Conquête des Baléares, de Malte, de la Sicile
	Structures juridiques (cadis) et administratives (vizirs), prospérité économique, apogée littéraire et artistique
756-1031	Les Omeyyades prennent Cordoue et fondent un **califat andalou**
762	**Baghdad** capitale de l'empire islamique
1010	Islamisation du Niger et de la vallée du Sénégal
1055	**Turcs seldjoukides** (qui adoptent le titre de sultan)
1055-1258	**Dynastie des Almoravides**
1096-1291	Croisades ; à la 8e et dernière : mort de Saint Louis devant Tunis
1200	Conquête du Bengale
1258	Prise de Baghdad par les Mongols et chute des Abbassides
1301	**Fondation de l'Empire ottoman**
XIIIe siècle	Premiers États musulmans en Indonésie (par Osman Ier)
1389	Bataille de Kossovo, la Serbie devient vassale de la Turquie
1453	**Prise de Constantinople par les Ottomans**
1457	Constantinople (rebaptisée Istanbul) capitale de l'Empire
1492	Chute de Grenade et Reconquista en Espagne
1526	Établissement de l'Empire moghol en Inde par Babur
1529	Siège infructueux de Vienne
1552	Ivan le Terrible prend Kazan aux Tartares
1572	**Bataille de Lépante ; la flotte turque est détruite**
1574	Prise de Tunis
1609	Derniers musulmans expulsés d'Espagne
1664	Fondation de la dynastie chérifienne alaouite au Maroc
1770	Prise de la Crimée par les Russes
1830	Conquête de l'Algérie par les Français
1878	Suzeraineté russe sur l'émirat de Boukhara
1885	Prise de Khartoum par le mahdi
1923	**Fin de l'Empire ottoman**

L'âge d'or du monde musulman

L'islam a marqué de son sceau la vie sociale, intellectuelle et artistique des pays conquis. Nombreux édifices et objets d'art témoignent d'une civilisation brillante qui a fleuri de l'Andalousie à la Perse, de l'Afrique du Nord au Proche-Orient, jusqu'en Asie Mineure.
Deux hauts lieux de cet âge d'or furent Baghdad et Cordoue. De Baghdad rayonnait une civilisation raffinée, avec des califes éclairés qui protégeaient les lettres (ainsi le fameux Haroun El Rachid immortalisé par les *Contes des Mille et Une Nuits*) tandis que Cordoue fit de l'Andalousie un centre intellectuel prestigieux qui abritait philosophes, poètes et savants.

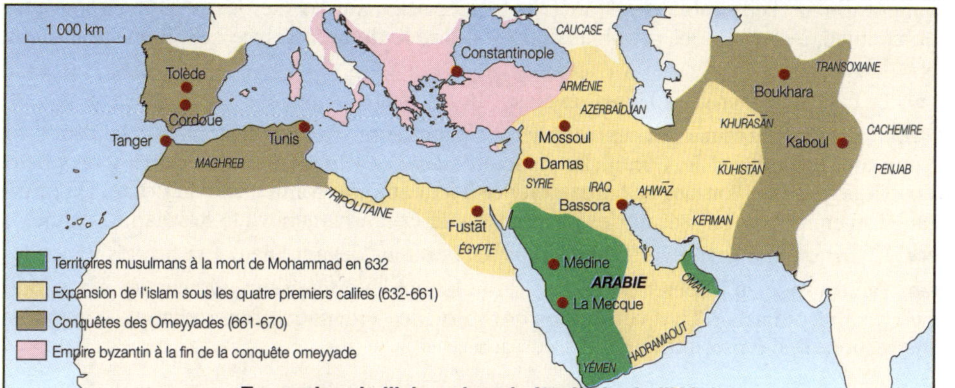

Expansion de l'islam dans le Ier siècle de l'Hégire

L'islam comme croyance

Le musulman croit en l'existence d'un Dieu unique (*Allah* en arabe) et à Sa parole révélée dans le Coran qui, seul, a autorité pour préciser les croyances et assurer leur pureté. Le texte sacré définit les six croyances fondamentales qui s'imposent à tout musulman.

Les six croyances fondamentales

Les croyances (*aqa'id* en arabe) résultent de la reconnaissance du caractère révélé et divin du Coran ; elles concernent des vérités contenues dans les textes sacrés et dépassent la perception humaine ordinaire. Les six croyances du Coran sont communes à tous les musulmans de toutes tendances ; elles se suffisent à elles-mêmes et sont la voie de l'épanouissement et de l'équilibre, moral et spirituel.

- La croyance en Dieu.

Appelée *Imân* en arabe, la foi est l'adhésion volontaire à la croyance en Dieu. De nature mystérieuse, elle repose sur l'Unicité de Dieu, source de tout bien et seul digne d'adoration et de soumission. La foi musulmane rejette vigoureusement l'« associationnisme » (*shirk*, en arabe) qui attribuerait un pouvoir surnaturel à d'autres divinités que Dieu.

- L'existence des anges.

Cités à de nombreuses reprises dans le Coran, ils ont pour tâche d'obéir à Dieu, ce qu'ils font sans avoir de liberté. Dans la tradition musulmane, les anges sont moins importants que les hommes qui, eux, sont libres de leurs actes et doivent combattre pour aller vers Dieu. Le Coran cite aussi les *djinns* (du latin *genius*, « génie »), créatures invisibles à l'homme mais qui, comme lui, peuvent être bons ou mauvais : Satan est un djinn et non un ange qui a manifesté de la jalousie lors de la création d'Adam. Il ne peut être un ange, parfait par nature.

- La croyance aux prophètes.

Parmi les envoyés de Dieu pour révéler ses messages, le Coran en cite cinq dont le rayonnement touche l'ensemble de l'humanité : Noé, Abraham, Moïse, Jésus (*Issa* en arabe) et Mohammad, le « sceau des prophètes », c'est-à-dire le dernier d'entre eux, le maillon ultime avec Dieu.

- Le caractère sacré des Livres révélés.

Parmi les livres transmis par les prophètes, quatre sont cités explicitement : la Torah, les Psaumes, l'Évangile et le Coran. Le caractère sacré des livres transmis par les prophètes n'implique pas que l'on puisse faire référence à leur autorité contre celle du Coran. De même que Mohammad est le « sceau des prophètes », le Coran parachève la Révélation divine.

- La croyance à la résurrection de tous les hommes devant Dieu, à la fin des temps.

- La croyance au « décret de Dieu », selon lequel l'homme sera jugé sur ses actes, dont il est seul responsable. La diversité des dons de Dieu en chaque homme impose à celui-ci une responsabilité proportionnelle à ces dons.

LE MESSAGE DU CORAN

La parole de Dieu

Contrairement aux livres de la Bible juive ou chrétienne dont les auteurs sont des hommes, le Coran est considéré par les musulmans comme la parole même de Dieu, transmise au Prophète directement en arabe par l'ange Gabriel (*Djibril* en arabe). Le Coran considère que la Bible, c'est-à-dire la Torah juive (*Tawrat* en arabe), les Psaumes (*Zabur* en arabe) et l'Évangile des chrétiens (*Indjil* en arabe) sont des livres inspirés par Dieu. Il y avait d'ailleurs à La Mecque des communautés juives et chrétiennes nestoriennes avec lesquelles le Prophète était en bons termes et grâce auxquelles il a pu connaître ces textes sacrés.

Le Livre

Révélé fragmentairement sur une période de vingt-trois ans, le Coran était transcrit par les compagnons du Prophète et il fallut, à sa mort, confronter et ordonner les transcriptions. Le deuxième calife, Omar, fit collationner les textes et le troisième, Othman, les fit réunir dans un ordre assez arbitraire, en tout cas non chronologique, et en fixa une version officielle et définitive. Le Coran est divisé en 114 chapitres appelés sourates , dont les versets se nomment *ayats*. À l'exception de la toute première sourate, la *Fatiha* ou prologue, les sourates sont classées par ordre de longueur décroissante.

La transmission du Coran obéit à des règles strictes : il ne peut être lu et écrit qu'en seule langue arabe (quelle que soit l'origine des fidèles), les textes sont calligraphiés, et récités sur un mode psalmodique.

La lecture du Coran surprend par le mélange, comme dans l'Ancien Testament biblique, d'exhortations morales, de récits poétiques, de règles juridiques marquées par l'état de la société arabe du VIIe siècle. La beauté du texte en arabe en fait une œuvre unique, considérée comme miraculeuse.

La première sourate ou *Fatiha*

Connue par cœur par tous les musulmans et récitée à de nombreuses occasions, la *Fatiha* se traduit en français comme suit :

« Au nom de Dieu, le Clément, le Miséricordieux, louange à Dieu, Seigneur des deux mondes, le Clément, le Miséricordieux, Souverain du Jour du Jugement dernier, c'est Toi seul que nous adorons, Toi seul dont nous implorons le secours ; guide-nous dans la voie droite, la voie de ceux que Tu as comblés de Tes bienfaits et non de ceux qui ont encouru Ta colère ni de ceux qui se sont égarés. »

Première sourate du Coran : la Fatiha
(« le prologue »)

L'islam comme pratique

L'adhésion à la foi musulmane implique cinq obligations cultuelles, appelées les Cinq Piliers de l'islam. Ce sont : la profession de foi, la prière, l'aumône, le jeûne durant le mois du ramadan et le pèlerinage à La Mecque.

La profession de foi (*shahada*)

En de nombreuses circonstances, le musulman proclame : « J'atteste qu'il n'y a de dieu que Dieu et que Mohammad est le Messager de Dieu. » Il suffit de le prononcer avec sincérité (en arabe) pour marquer l'appartenance à l'islam de façon globale et irréversible.

La prière (*salât*)

Un musulman adulte se doit de faire cinq prières par jour, à l'appel du *muezzin* : celle de l'aube (*sobh* en arabe), de la mi-journée (*zohr*), de l'après-midi *(asr*), du coucher du soleil (*maghreb*) et une prière nocturne (*isha*). Pour la *zohr* du vendredi, la communauté des fidèles se rassemble à la mosquée. Un musulman peut prier seul et où qu'il se trouve, à condition d'observer les rituels de purification corporelle et de dévotion spirituelle : ablutions préalables, tapis protégeant des souillures du sol, visage tourné en direction de La Mecque, cycles de prosternations strictement définis.

L'aumône légale (*zakât*)

À la fois acte de charité et de solidarité envers les plus pauvres, l'aumône purifie le donateur. On distingue le don individuel à des démunis, quelle que soit leur religion, et une sorte d'impôt religieux sur les biens qui peut être perçu par un gouvernement pour le reverser à des œuvres de bienfaisance destinées aux musulmans nécessiteux.

Le jeûne du mois du ramadan (*sawm*)

Durant tout le ramadan, 9e mois lunaire de chaque année, toute la communauté musulmane pratique le jeûne, du lever du soleil à son coucher. Tous s'abstiennent de manger, boire, fumer, avoir des relations sexuelles, répriment les passions et désirs terrestres pour accéder à la dimension spirituelle de l'existence. Le jeûne ne s'impose qu'à tout adulte physiquement et mentalement en état de l'accomplir ; les voyageurs, les malades, les femmes en couches ou indisposées en sont dispensés mais peuvent reporter leur jeûne à une autre période de l'année. Le ramadan est un mois sacré, une période de ferveur partagée par la communauté, et de fêtes durant les veillées où le jeûne est rompu.

Le pèlerinage à La Mecque (*hadj*)

Chaque musulman doit effectuer le pèlerinage à La Mecque une fois dans sa vie adulte, si cela lui est physiquement et financièrement possible. Cet accomplissement obligatoire nécessite un état de pureté spirituelle. Les hommes vont tête nue, chaussés de sandales et vêtus de deux pièces de tissu blanc sans couture ; les différences sociales et raciales sont ainsi effacées, marquant l'égalité et la fraternité des hommes devant Dieu. Le pèlerinage confère à celui qui l'effectue le respectable titre de *Hadji* (*Hadja* au féminin), qui s'accole désormais à son nom.

LES JALONS DE LA VIE MUSULMANE

Le calendrier islamique

Il débute l'année de l'Hégire ou fuite du Prophète de La Mecque à Médine, en 622 de l'ère chrétienne. Le Coran dit expressément que le temps se mesure d'après la lune. C'est donc un calendrier lunaire, de 354 jours répartis en 12 mois de 29 ou 30 jours : *muharram, safar, rabi el awal* (rabi le premier), *rabi el thani* (rabi le second), *jumadi el awal, jumadi el thani, rajab, shaabaan, ramadan, shawal, dhu el qada, dhu el hijja* (mois du pèlerinage).

Il existe en outre onze années bissextiles pour chaque période de trente ans. C'est le dernier mois (*dhu el hijja*) qui prend alors un jour de plus.

Le fait que l'année lunaire est plus courte de dix-neuf jours que l'année solaire entraîne un décalage chaque année, en particulier pour le mois du ramadan.

Jour de la grande prière collective à la mosquée, le vendredi tient une place importante dans la semaine et est souvent chômé dans les pays islamiques.

Les fêtes musulmanes

• Les deux principales fêtes, instituées dès le début de l'islam, célèbrent respectivement la fin du jeûne du ramadan et la fin du mois de pèlerinage à La Mecque.

La première se nomme en arabe *aïd es seghir*, « petite fête », ou *aïd el fitr*, « fête de rupture du jeûne ». Elle a lieu le premier jour du mois lunaire de *shawal*. On se contente de prier à la mosquée et d'échanger des vœux.

La seconde, dite *aïd el kebir*, « grande fête », 98 jours après la précédente, commémore le sacrifice d'Abraham. Chaque famille, selon ses moyens, sacrifie un mouton ou un chameau partagé avec les pauvres. Elle se nomme aussi *aïd el Qurban*, « fête du Sacrifice », et en Afrique noire, *tabaski*, qui vient du mot « pâque ».

• Les autres fêtes sont la « nuit du destin », *laïla el qadir*, qui célèbre la révélation du Coran le 27e jour du mois de ramadan ; le *mouloud*, anniversaire de la naissance du Prophète, fête instituée au XIIe siècle, et l'*achoura*, le dixième jour du mois de *muharram*, anniversaire de la mort d'Hussein, particulièrement par les chiites. C'est un jour de deuil et de repentir.

Obligations et interdits

La tradition islamique définit pour les musulmans des séries de recommandations ou d'interdits. Certains sont obligatoires, d'autres conseillés ou dispensables selon les nécessités, par exemple les Cinq Piliers sont toujours soumis à la possibilité de leur réalisation. D'autres interdits sont majeurs et ne sauraient être transgressés (meurtre, adultère, blasphème, idolâtrie...). De nombreux actes quotidiens se répartissent entre *haram*, défendus et *hallal*, permis.

En ce qui concerne la nourriture, le Coran mentionne les interdits suivants : les boissons alcoolisées, le porc, la viande de bêtes non égorgées, les amphibiens tels que grenouilles ou crocodiles. En principe, un musulman a le droit de consommer une viande égorgée par un juif ou par un chrétien qui aurait observé les règles de sa religion.

Le pèlerinage à La Mecque

Le pèlerin accomplit divers rites : il touche la pierre noire de la Kaaba, tourne sept fois autour, va boire à la fontaine *Zamzam*, parcourt sept fois l'espace compris entre deux monticules, *Safa* et *Marwah*, reliés par une immense galerie couverte. Il passe une soirée de méditation sur le mont *Arafat*, aux environs de la ville, puis va lapider sept fois une stèle symbolisant le diable. Le pèlerinage est complété par une visite à Médine, 450 km au nord, où se trouvent les tombeaux du Prophète et des grands califes. Le pèlerinage attire près de 3 millions de visiteurs chaque année.

Le système juridique de l'islam

La société musulmane est régie par un ensemble de lois issues de quatre sources reconnues : la première, le Coran, a autorité sur les trois autres qui sont la tradition (*sunna*), le consensus de la communauté (*idjma'*) et la réflexion intellectuelle du législateur ou du croyant.

Le Coran comme source de droit

Le Coran comporte des dispositions juridiques qui sont la base de la loi de l'islam. Le terme arabe *shari'a* signifie « voie », « avenue ». La *shari'a* est la voie désignée par Dieu et menant à Lui. Elle englobe les dispositions du culte, c'est-à-dire les Cinq Piliers de l'islam, et régit également des principes de droit civil pour la vie sociale. Insuffisants pour pouvoir répondre à toutes les questions juridiques, ces principes inspirent les trois autres sources du droit islamique.

La tradition du Prophète ou *sunna*

Toute sa vie, le Prophète a commenté les textes du Coran à ses compagnons et leur a indiqué par son comportement des règles de conduite. La *sunna* (mot tiré d'une racine qui signifie « légiférer ») désigne les propos et les pratiques du Prophète et représente la « tradition » à suivre pour les musulmans. L'ensemble de ses enseignements constitue le *Hadith* (d'un verbe signifiant « raconter ») et comporte plusieurs milliers de récits, les *hadiths*. Certains, considérés comme sûrs, sont attestés par une chaîne de disciples qui les ont consignés. D'autres sont contestés. Chaque école musulmane se réfère à ses propres ouvrages de référence qui collationnent ces *hadiths*.

Le consensus de la communauté ou *idjma'*

Un *hadith* rapporte que le Prophète a dit : « ma communauté ne sera pas d'accord sur une erreur ». Comme il est impossible d'obtenir le consensus de près d'un milliard de musulmans, certains ont interprété le texte comme devant être le consensus des théologiens, mais comment s'assurer de leur qualité et de leur qualification ?

Une autre interprétation consiste à préciser, conformément au *hadith*, qu'un accord peut être obtenu pour rejeter ce qui est faux mais aucunement pour dire ce qui est bien. Le recours à l'opinion collective reste finalement une source un peu théorique de la Loi, d'ailleurs rejetée par les courants minoritaires de l'islam comme les chiites.

L'effort intellectuel ou *idjtihad*

Le terme *idjtihad* est dérivé du terme plus connu de *djihad* (voir ci-contre) ; il désigne l'effort que l'on fait sur soi-même. La législation musulmane se construit à partir de deux courants de pensée opposés selon la place donnée à la réflexion ou à l'observance rigoureuse de la tradition. Ce dernier courant est celui des fondamentalistes, partisans de la *salafiya*, qui considèrent que la tradition, la vie du Prophète et de ses compagnons suffisent à comprendre les textes sacrés. À l'opposé, les théologiens d'un courant plus moderniste estiment que la raison humaine joue un rôle primordial dans l'appréciation du Bien et du Mal. Dans bon nombre de cas, les règles de droit découlent du raisonnement par analogies (*qiya*).

LES QUATRE ÉCOLES JURIDIQUES

L'islam sunnite comporte quatre traditions juridiques distinctes

– les malékites, très majoritaires en France, au Maghreb, en Afrique occidentale, dans le Golfe ;
– les hanéfites, très nombreux dans les pays non arabes : Chine, Inde, Pakistan, Afghanistan, Turquie, Balkans ;
– les shaféites, en Afrique orientale, Égypte, Jordanie, Liban, Bahreïn, Arabie du Sud, et majoritaires en Indonésie et en Malaisie ;
– les hanbalites, en Arabie saoudite sous la forme wahabite.

Les différences entre ces écoles ne jouent presque aucun rôle dans la vie quotidienne, elles portent sur le poids relatif à donner, en matière de jurisprudence, entre le consensus de la communauté et l'analogie avec des cas juridiques semblables. Ainsi les malékites privilégient l'opinion des ulema (docteurs en théologie) alors que les hanéfites sont plus ouverts à une interprétation personnelle du croyant.

Principales fonctions religieuses

- *Ulema* : docteur en théologie.
- *Cadi* : juge d'application de la *shari'a*.
- *Mufti* : jurisconsulte, supérieur au cadi, interprète la loi et rend des *fatwas* (arrêts religieux).
- *Imam* (« celui qui est devant », en arabe) : pour les sunnites, le mot revêt une simple responsabilité cultuelle en désignant le fidèle chargé de présider la prière collective à la mosquée et de prêcher, tandis que les chiites désignent ainsi un descendant attesté de Mohammad et ayant par sa filiation une autorité absolue.

La *djihad*

Traduit généralement par « guerre sainte », le mot dérive du radical : Dj. H. D. qui porte l'idée de « forcer », « contraindre ». On en tire les mots de *mudjahid*, « combattant pour une cause sacrée » et *idjtihad*, de nature nettement spirituelle, qui désigne l'effort que l'on s'impose pour progresser.
Pour un musulman, tout acte réalisé selon les préceptes du Coran est sacré. Or il y est écrit que la guerre est interdite si elle n'a pas une cause juste, ordonnée par la loi divine. La vie du Prophète, quant à elle, fait état de trois sortes de guerres : défensives, punitives et préventives. Il est hors de question de déclencher une guerre pour imposer l'islam à qui que ce soit.
Le terme de *djihad*, toujours couramment employé, peut recouvrir des réalités très diverses qui vont de la justification d'actions violentes chez certains fondamentalistes extrémistes jusqu'à un simple effort personnel de perfectionnement spirituel.

Maître d'une école coranique

Les trois grands courants de l'islam

Après la sanglante bataille de Siffin (659), la question de la succession divise à jamais le monde musulman entre sunnites ralliés au cinquième calife, chiites partisans d'Ali, et kharidjites, une poignée de dissidents.

Les sunnites

Le texte sacré du Coran se complète des *hadiths* (« propos » en arabe) qui rapportent les paroles ou les actes du Prophète et précisent ses interprétations du Coran. De ces enseignements est tirée la *sunna*, la « tradition » que respectent les sunnites. Ceux-ci se limitent à cet islam fondamental tel que l'a enseigné le Prophète, sans rien y ajouter ni retrancher, et reconnaissent la légitimité des quatre premiers califes. Les sunnites constituent près de 90 % des musulmans.

Les chiites

Ils représentent un peu plus de 10 % des musulmans : la majorité des Iraniens, des Azéris, des Irakiens et des Bahreïnis, près de 20 % des musulmans de l'Inde et du Pakistan ainsi qu'une proportion encore un peu plus élevée d'Afghans.

Les chiites prennent parti pour Ali, cousin et gendre du Prophète, car ils souhaitent que le pouvoir ne se transmette qu'aux seuls descendants directs de Mohammad. Les partisans d'Ali (*chi'a* signifie « parti ») partagent les pratiques religieuses des sunnites mais divergent d'eux sur deux points fondamentaux :

- Les chiites reconnaissent l'autorité religieuse d'un chef, un imam descendant du Prophète et de son gendre Ali. La filiation de l'imam en fait un être supérieur, surnaturel, intermédiaire entre Dieu et les hommes. Il est dépositaire de connaissances secrètes, ésotériques, qui lui permettent d'interpréter la religion ; son autorité et ses enseignements sont infaillibles.
- La lignée historique des imams s'est arrêtée au douzième d'entre eux, Mohamed el Gawan, disparu au IXe siècle. Selon les chiites, il n'est pas mort mais a été « occulté » et reviendra à la fin des temps. L'imam « caché », le *Mahdi*, est donc une sorte de messie qu'attendent les chiites (notion totalement étrangère à l'islam sunnite).

Les kharidjites

S'ils ont jadis joué un rôle historique important, les kharidjites (« ceux qui sortent ») ne constituent plus que moins de 1 % des musulmans. Ils recommandent une interprétation littérale du Coran. Pour eux, les actes prouvent la sincérité de la croyance et les qualités morales prévalent sur la filiation pour prétendre au pouvoir. Kairouan, en Tunisie, a été leur capitale au XIIe siècle. Aujourd'hui leur pratique religieuse ne se distingue guère de celle du sunnisme. Seul le sultanat d'Oman a le kharidjisme pour religion officielle ; d'autres kharidjites (dits aussi ibadistes) se rencontrent dans l'île de Zanzibar et le Sahara algérien (Ghardaïa, Ouargla).

QUELQUES COURANTS DISSIDENTS

Les ismaéliens

Ismaël, fils aîné du 6e imam chiite, Djafar, souhaitait promouvoir une réforme mais il mourut avant son père et ne put devenir imam. Ses partisans récusèrent son successeur et considérèrent Ismaël comme le 7e imam. Ils sont donc appelés ismaéliens ou chiites septimaniens, par opposition aux autres chiites, majoritaires, qui sont duodécimains. À peine deux millions, les ismaéliens se partagent en deux branches, les mustalis ou bohoras en Judée et les nizaris dans les montagnes d'Asie centrale. L'Agha Khan est le 49e imam des nizaris, la lignée des imams ne s'étant pas interrompue, comme c'est le cas des autres chiites. La conception de l'islam ismaélien leur permet de lire le Coran de façon symbolique et d'en assouplir les préceptes.

Les Druzes

Au nombre d'environ 600 000 (au Liban, en Syrie et en Israël), ils sont issus de l'islam mais leur religion en est très différente : la prière n'est pas obligatoire, il n'y a pas de pèlerinage, le jeûne est remplacé par le silence et l'aumône n'est pas réglementée. Les Druzes sont monogames et reçoivent des initiations secrètes dont certaines sont héréditaires. Il n'y a ni cérémonies, ni lieux de culte. Leur croyance la plus originale est qu'il n'existe qu'un nombre limité d'âmes. Celles-ci passent donc dans un autre corps au moment de la mort. Le Jugement dernier sera rendu sur la base des actes d'une même âme au cours de ses réincarnations successives.

Mariage druze en Syrie

Les Alaouites

À ne pas confondre avec la dynastie marocaine du même nom, ils voient en Ali, gendre du Prophète, l'incarnation de la divinité. Ils sont près d'un million en Syrie, dont la famille du président Assad, et quelques centaines de milliers de Kurdes en Turquie. À noter que le nom turc pour alaouite, *alevi*, s'applique aussi à tous les chiites. C'est une source grave de confusion.

Les Ahmadis

Au nombre de plus de 500 000, les Ahmadis sont pour moitié Pakistanais, les autres habitant l'Inde, le Nigeria, le Surinam, etc. Ils se considèrent comme musulmans mais sont récusés comme tels, notamment par le gouvernement pakistanais. Ils voient en leur fondateur Mirza Ghulam Ahmad (1835-1906) le Mahdi, en fait un nouveau prophète présenté tantôt comme un avatar de Krishna, Jésus revenu sur terre ou la réapparition du prophète Mohammad. Très unis, les Ahmadis se développent sur le plan international depuis la création de leur mouvement en 1891 seulement.

Diversité de l'islam

Les musulmans vivent leur foi de façons très diverses, tant sur le plan spirituel que dans leur conception de la société. Ainsi les soufis vivent-ils un islam plus mystique tandis qu'on a pu voir naître, en réaction contre la société occidentale, diverses tendances fondamentalistes, cependant qu'un islam moderne cherche son devenir.

Le soufisme

Si la pratique scrupuleuse des Cinq Piliers suffit pour appartenir à la communauté des croyants, certains cherchent, au-delà de la simple observance des rites, à satisfaire des besoins de religiosité. Dès les débuts de l'islam, des écoles se sont constituées autour de maîtres spirituels s'inspirant de l'expérience mystique rapportée par Mohammad. Le soufisme désigne ce courant mystique de l'islam. Il tire son nom du mot *suf*, laine, de l'étoffe de laine dont se vêtent ses ascètes en signe d'humilité et de renoncement.

Le soufisme couvre des pratiques très diverses, certaines jouant davantage un rôle politique que religieux, d'autres, comme celle des derviches tourneurs en Turquie, exprimant leur quête mystique par la danse. Vêtus de blanc en signe d'ascèse et de pureté, les derviches tournoient en un mouvement semblant infini, formalisant leur union extatique avec Dieu : une paume tournée vers le haut, l'autre vers le bas symbolisent l'accord du spirituel et du terrestre, leur tourbillon s'inspire de la rotation infinie des planètes autour du soleil, etc. Le soufisme est souvent considéré avec méfiance par l'islam traditionnel qui voit dans son ésotérisme des risques de pratiques superstitieuses ou une tendance à fuir la réalité du monde. Ces critiques ont pour effet de replier les confréries soufies sur elles-mêmes, quand ce n'est pas dans la clandestinité : en Turquie kémalienne, l'appartenance au soufisme pouvait faire perdre son poste à un fonctionnaire.

Le fondamentalisme

Une lecture littérale du Coran conduit certains musulmans à rechercher la solution aux crises de ce monde par un retour à une société strictement soumise à la *shari'a*, la loi islamique interprétée selon leurs vues. Ces fondamentalistes (Frères musulmans d'Égypte, Talibans d'Afghanistan, salafisme et djihadisme) rejettent les idées de démocratie, de république ou d'égalité de la femme. L'idée même d'État musulman leur semble incompatible avec celle de l'*Umma*, la communauté qui regroupe l'ensemble des croyants.

Un islam moderne

En réaction contre le fondamentalisme, des intellectuels musulmans s'efforcent de redonner à l'islam le rôle moteur de la culture mondiale qu'il eut jusqu'au XIVe siècle. Leur lecture plus moderne du Coran s'attache plus à son esprit qu'à la lettre. Selon eux, la lecture fondamentaliste du Coran est l'effet d'un niveau d'instruction insuffisant et va à l'encontre de l'idée de progrès. Cependant, faute d'autorité centrale, la compétition entre les diverses tendances reste très ouverte.

LES CONFRÉRIES SOUFIES

Le soufisme n'a aucune unité, c'est un courant constitué en confréries (*tariqa* en arabe, « route ») rattachées à l'enseignement d'un maître. Ces confréries se comptent par dizaines ; certaines ont plusieurs centaines de milliers de membres, si ce n'est plusieurs millions. Parmi les plus célèbres :

– la *qadiriya*, fondée à Baghdad en 1166, répandue du Moyen-Orient à l'Inde ;
– la *naqshbandiya*, fondée au XIVe siècle, très active en ex-URSS, en Iran, en Afghanistan, etc. ;
– la *tidjaniya*, fondée au Maghreb à la fin du XVIIe siècle, répandue aussi en Afrique sahélienne ;
– la *sanusiya*, fondée au début du XIXe siècle, très présente en Libye et dans les régions sahariennes ;
– le *mouridisme* (voir encadré).

Une confrérie soufie : les mourides

Alors que les confréries soufies sont presque toutes originaires du monde arabe, perse ou turc, le mouridisme est né en Afrique noire. Son fondateur, cheikh Ahmadou Bamba, tout en se voulant rigoureusement dans la ligne de l'islam sunnite, mit l'accent sur le travail en commun et la non-violence. Le succès et la cohésion du mouvement lui valurent des ennuis de la part des autorités coloniales françaises qui le déportèrent au Gabon en 1895. Il y resta huit ans avant de pouvoir rentrer en résidence surveillée dans son pays natal, le Sénégal, où il mourut en 1927. Cette épreuve ne fit que renforcer le mouvement, devenu aujourd'hui une force majeure de la vie religieuse et politique nationale. Il est difficile d'évaluer le nombre des mourides mais ils ont sûrement dépassé un million d'adeptes qui, depuis quelques années, ne se limitent plus aux seuls Sénégalais.

Les mourides mènent une vie austère, semblable à celle d'un ordre religieux. Chaque année a lieu à Touba un grand pèlerinage, le *magal* (« commémoration » en langue wolof), où se presse, le 18 du mois lunaire de *safar*, une foule de plusieurs centaines de milliers de fidèles. Pour l'accueillir, il a fallu construire l'une des plus grandes mosquées du monde avec un minaret de 87 mètres. Ce pèlerinage confère, comme celui de La Mecque, le titre de *hadji*, ce qui est considéré comme une concurrence hérétique par les Saoudiens.

Mourides à la mosquée de Touba, au Sénégal

La civilisation musulmane

En constituant un immense empire du VIIe au XIVe siècle, l'Islam a imprégné des civilisations fort différentes, dont il a su faire fructifier l'héritage. Cet apport considérable à la culture universelle se retrouve dans les sciences, les arts, la philosophie.

Le fond de culture arabe

La culture des tribus arabes à l'époque de Mohammad était rudimentaire : ni ville importante, ni monument, ni art raffiné. Les contacts avec le reste du monde étaient infimes et la perception des autres cultures et religions était déformée par l'isolement de ces terres hostiles. En revanche, la population, soumise à une vie rigoureuse, était combative, sensible aux règles de l'honneur, éprise d'absolu.

« L'encre du savant est plus sacrée que celle du martyr. » : avec ces propos de Mohammad, la soif de progrès et de savoir nouveau s'épanouit dans de multiples domaines tandis que s'étendait l'empire.

Une civilisation qui sut profiter d'apports multiples

Le message coranique unit les tribus arabes dans un enthousiasme qu'elles surent communiquer à des peuples de culture plus raffinée mais qui subissaient la tyrannie de souverains corrompus. La *pax islamica* permit l'essor des sciences, de l'artisanat et des lettres, en particulier dans les capitales des califes ou des sultans : Damas, capitale des Omeyyades puis Cordoue qui lui succéda, Baghdad, capitale des Abbassides, Delhi, capitale des Moghols, ou Samarkand, ancienne capitale de Tamerlan. Ainsi, le petit-fils de ce dernier, Ouloug Beg (1394-1449), roi de Transoxiane, fut-il un remarquable astronome du niveau de son émule, le Polonais Copernic (1473-1543). Il créa un observatoire et des tables astronomiques de haute précision. Un observatoire analogue fut construit à Delhi.

Quelques siècles auparavant, tandis que l'Occident stagnait dans la barbarie de l'époque carolingienne, les musulmans traduisaient les ouvrages de la pensée grecque classique et sauvegardaient l'héritage qui permit plus tard l'essor de la Renaissance. Il faut mentionner ici Averroès (Ibn Roushd en arabe, 1126-1198), médecin et philosophe né à Cordoue qui fit redécouvrir Aristote à l'Occident. Nombre de termes scientifiques européens sont d'origine arabe : zéro, zénith, azimut, alchimie (qui a donné chimie), algorithme, algèbre, alcool, alambic, chiffre, etc. Vers l'an mille, le savant et philosophe Al Biruni calcula avec une extrême précision le rayon de la Terre et émit l'idée que la Terre tournait autour du Soleil. En médecine, l'influence du Persan Avicenne (Ibn Sina en arabe, 980-1037) dura jusqu'au XVIIe siècle.

Pour les sciences humaines, l'historien Ibn Khaldun (1332-1406) ou le voyageur Ibn Battuta (1302-1378) sont des références irremplaçables pour les chercheurs.

L'Islam apporta aux arts des œuvres remarquables. Quant aux lettres, elles furent particulièrement brillantes en Iran où des poètes comme Ferdowsi (940-1020), Saadi (1184-1291), Hafez (1320-1391) ou Omar Khayyam (1047-1122) laissèrent des chefs-d'œuvre de la littérature universelle.

L'INFLUENCE DE L'ISLAM SUR LES ARTS

L'âge d'or que connut l'islam, surtout du IXe au XIIIe siècle, peut s'expliquer par trois raisons principales :

- Dans chaque pays islamisé, l'observance des Cinq Piliers n'effaçait pas la culture d'origine des populations locales et chaque peuple sut adapter ses coutumes, son art et ses matériaux traditionnels à l'expression de sa nouvelle foi.
- L'islam imposait le respect de contraintes morales, telle l'interdiction de représenter Dieu, ce qui inspira aux artistes de nouvelles formes d'expression.
- L'islam soudait l'immense communauté des croyants par la langue arabe, seule admise pour transmettre le Coran ; l'arabe permit de traduire et de propager la pensée grecque, et fut une précieuse langue de communication pour l'échange des idées en philosophie comme en sciences humaines et techniques.

Un art de l'abstraction

L'islamisation entraîna l'édification de milliers de mosquées. Chaque pays donna son interprétation personnelle des lieux de culte et l'on peut voir les mosquées les plus simples rivaliser de beauté avec les plus raffinées. Leur dénominateur commun : une ornementation qui joue sur la répétition formelle pour rendre compte de la perfection de la création divine.

Le Coran met expressément en garde contre la tentation de représenter Dieu, que ce soit sous forme humaine ou toute autre forme, cet interdit visant à empêcher toute dérive idolâtre. Artistes et artisans ont assimilé cette contrainte, qui leur a inspiré un art proche de l'abstraction. Les arabesques sont un exemple de cette esthétique purement formelle. En arts d'ornementation, des motifs géométriques à la perfection mathématique se répètent en d'inlassables variations qui invitent à la contemplation. Cette prédilection pour les savants entrelacs se retrouve dans l'art calligraphique.

La calligraphie

Sacralisée par la parole divine, l'écriture fut rapidement codifiée en six styles officiels, selon les supports et les outils utilisés (parchemin, bois, roseau...). Ces styles s'enrichirent d'apports variés notamment en Perse où l'art de l'enluminure s'épanouit magistralement. De science, l'écriture était devenue un art raffiné, la calligraphie. La grâce des lignes, la longueur des étirements, la maîtrise du trait révèlent le talent de l'artiste. Celui-ci peut donner libre cours à sa créativité en jouant sur la pure répétition formelle ou en agençant les lettres en un dessin global qui renforce le message contenu.

Minaret al-Malwiyah de la Grande Mosquée de Samarra, Irak

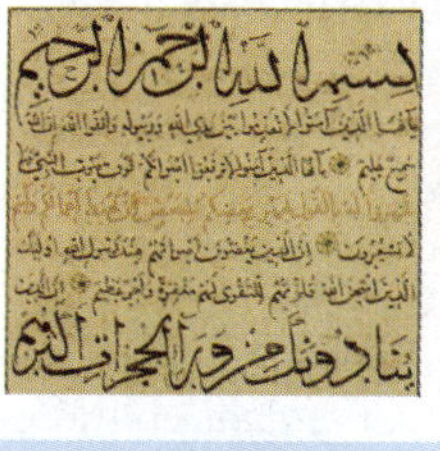

L'islam aujourd'hui

Le contact avec l'Occident industrialisé a eu de graves répercussions sur les pays musulmans : colonisation puis exaltation de la libération pour certains, afflux de pétrodollars pour d'autres, explosion démographique pour tous, sans perspectives de prospérité durable ou de paix intérieure. L'islam est aujourd'hui face à une crise qui le déchire.

Les pays musulmans sont des pays du Sud

Le modèle économique occidental montre aujourd'hui des limites : il n'a su éviter ni les fractures sociales à l'intérieur des pays industrialisés, ni la fracture Nord-Sud. Les pays à forte majorité musulmane sont tous des pays du Sud. Certains sont encore sous-développés, d'autres ont pu s'équiper avec les revenus de leur pétrole mais leur économie reste très dépendante d'une ressource qui s'épuisera un jour. On constate aujourd'hui bien des causes de tension :

– d'une façon générale, l'Occident séduit par son niveau de vie mais on lui reproche sa mentalité matérialiste et son laxisme moral ;

– les valeurs occidentales telles que la démocratie, l'égalité des droits de l'homme et de la femme ou la laïcité sont ressenties par nombre de musulmans comme contraires à leur interprétation du Coran ;

– la démographie galopante des pays musulmans pauvres conduit à une forte émigration et crée une situation nouvelle d'un islam minoritaire dans des pays de cultures différentes ;

– l'échec économique de la plupart des pays musulmans est souvent imputé à l'abandon des valeurs de l'islam au profit de celles d'un Occident matérialiste. L'influence des mœurs occidentales sur le statut de la femme contribue aussi à une volonté de rejet de l'Occident qui devient ainsi le bouc émissaire des islamistes.

L'interprétation du Coran n'est pas unique

- Dans l'islam sunnite, il n'existe aucune autorité pour édicter une interprétation indiscutable du Coran. Ainsi, chacun en tire les conclusions que lui dicte sa conscience, selon son niveau d'instruction et son environnement collectif.

- Dans l'islam chiite, pratiqué surtout en Iran, existe une certaine structure hiérarchique dominée par les ayatollahs (quelques dizaines). Chacun d'eux a son réseau de disciples, un peu comme les maîtres de l'Université médiévale. Il n'existe pas d'unité d'interprétation, si ce n'est la communauté d'intérêt de ceux qui se partagent le pouvoir politique.

Des courants contradictoires

Certains musulmans rêvent de revenir à un islam mythique et idéalisé des origines en détruisant par la force tout ce que le contact avec l'Occident est supposé avoir perverti, comme les États-nations. D'autres musulmans, généralement bien meilleurs connaisseurs du Coran, ne récusent pas l'adaptation de l'islam à la modernité au sens occidental et admettent même le principe de la laïcité de l'État. Entre ces extrêmes, toutes les positions sont possibles, de même que l'on trouve dans les pays musulmans une grande variété de positions sociales ou politiques, inspirées cependant en théorie par le Coran.

LES MUSULMANS DANS LE MONDE

Les effectifs des musulmans dépassent un milliard, soit un peu moins de 20 % de la population mondiale (les chrétiens sont environ 28 % et les hindouistes 15 %).

L'islam s'étend sur un domaine continu assez homogène, de la Mauritanie à l'Indonésie, comme le montre la carte ci-dessous ; 80 % des musulmans vivent dans dix pays.

La concentration des musulmans dans cette zone entraîne, *a contrario*, qu'ils sont très minoritaires dans 130 pays du monde, totalisant plus de la moitié de la population mondiale ; ils n'y représentent qu'à peine plus de 2 % des effectifs.

Les onze pays qui comptent plus de 30 millions de musulmans sont les suivants :

Indonésie	185 millions
Pakistan	145 millions
Bangladesh	110 millions
Inde	110 millions
Turquie	68 millions
Égypte	66 millions
Nigeria	65 millions
Iran	60 millions
Afghanistan	35 millions
Algérie	31 millions
Maroc	30 millions

Aucun des quatre premiers pays n'est arabe et seuls trois des onze cités sont à majorité arabe. Les Arabes ne constituent d'ailleurs qu'environ 20 % du total des musulmans. Ainsi, plus de la moitié des musulmans du monde vit dans quatre pays, l'Indonésie, le Pakistan, le Bangladesh et l'Inde dont aucun n'est arabe.

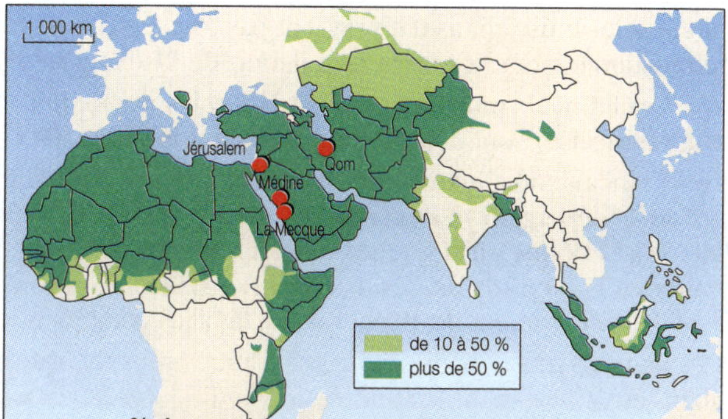

% de musulmans par rapport à la population

Statut de la femme musulmane

Les dispositions coraniques relatives au statut de la femme constituent un progrès considérable par rapport à la période préislamique. Il est vrai que le Prophète marquait un grand respect à sa première épouse, Khadidja ; commerçante avertie lorsqu'il l'épousa, Khadidja fut la première à partager les révélations de Mohammad, à recueillir ses doutes, puis à croire en sa mission divine. Aussi les textes coraniques placent-ils l'homme et la femme à égalité devant la foi. Dans la pratique des Cinq Piliers, la distinction de sexe n'est soulevée que pour la question des périodes menstruelles qui placent temporairement la femme en état d'impureté rituelle.

En revanche, les dispositions du Coran accordent la prééminence juridique à l'homme, notamment pour les droits de succession ou encore les droits matrimoniaux : l'homme peut prendre plusieurs épouses s'il a les moyens financiers de les prendre équitablement en charge et lui seul peut se séparer de sa compagne, par une procédure de répudiation.

En ce qui concerne le voile, un verset du Coran le mentionne comme un moyen pour les femmes de s'afficher tout en les préservant des regards offensants. Ce verset a pu être interprété de diverses façons : les musulmans les plus puritains y voient la nécessité de cacher la femme à tout regard, d'autres y voient un rempart nécessaire pour sortir la femme du cloisonnement du foyer et lui laisser mener une vie sociale émancipée.

Par rapport aux critères et aux usages occidentaux, on pourrait considérer qu'il y aurait encore beaucoup à faire en matière d'égalité complète entre l'homme et la femme. Il s'agit là, en grande partie, d'une question de culture et de plus la situation est très différente d'un pays musulman à l'autre.

L'islam en France

La France abrite plus de 4,7 millions de personnes de culture musulmane dont environ la moitié d'étrangers. Devenu la deuxième religion de France, l'islam, sunnite et malékite, découvre la laïcité. Comment s'en accommode-t-il ?

Les Français musulmans

Avant l'indépendance de l'Algérie en 1962, ses ressortissants étaient citoyens français, même si les musulmans n'en avaient pas tous les droits. La France comptait alors 10 millions de musulmans tandis que la population de l'Hexagone n'atteignait pas 47 millions.

Les Français musulmans, c'est-à-dire les personnes de culture musulmane et de nationalité française, sont aujourd'hui environ 2 millions. Ils comprennent :

– les Français musulmans nés en Algérie qui ont souhaité conserver la nationalité française lors de l'indépendance. Ils comprennent une partie des 400 000 travailleurs algériens établis en France à l'époque ainsi que les officiers, soldats et supplétifs de l'armée française qui ont pu rentrer en France à la fin des hostilités (les harkis ne constituent qu'une partie de cette population). Le recensement de 1968 évaluait, familles comprises, l'effectif de ces derniers à 838 458 ;

– les Français musulmans originaires d'autres pays tels que Maroc, Tunisie, Afrique sahélienne, Liban, etc. ;

– les Français « de souche » convertis à l'islam dont le nombre est estimé à 70 000. Il s'agit généralement d'une démarche personnelle mais souvent aussi d'une exigence de la famille d'une jeune musulmane qui épouse un non-musulman ;

– enfin, les nombreux enfants de la 2e ou 3e générations, formés à l'école de la République, dont bien peu parlent correctement la langue de leurs parents. Ils constituent aujourd'hui la majorité des Français « musulmans ».

Les musulmans de France

Les musulmans de nationalité étrangère résidant en France sont aussi environ 2 000 000, dont plus de 1 500 000 Maghrébins (700 000 Algériens, 600 000 Marocains, 250 000 Tunisiens), 230 000 Turcs, près de 200 000 ressortissants des pays africains du Sahel, surtout originaires de la vallée du fleuve Sénégal, ainsi que des citoyens des pays les plus divers (Libanais, Iraniens, Pakistanais, etc.).

Géographiquement, les musulmans sont établis principalement en région parisienne, dans le Sud-Est ou la région Rhône-Alpes (450 000 dans chacune de ces régions).

La pratique religieuse

Les lieux de culte sont au nombre de 1 500 dont 260 de la mouvance fondamentaliste. Les imams sont environ 800 dont un bon nombre sont auto-désignés.

La pratique religieuse des musulmans est voisine de celle des autres composantes de la société française. Elle est plus élevée chez les personnes âgées bien qu'un retour à la religion, peut-être pour des raisons d'affirmation identitaire, apparaisse chez certains jeunes.

ORGANISATION DE L'ISLAM EN FRANCE

Chaque musulman est responsable de ses actes devant Dieu et il n'existe ni hiérarchie ni clergé. En outre les musulmans de France, nationaux ou étrangers, restent marqués par leur origine géographique avec ce que cela peut impliquer de rivalités et de clientélisme.

Il existe cependant trois courants principaux disposant chacun de sa structure :

- le Conseil représentatif des musulmans de France créé fin 1994 dans la mouvance de la mosquée de Paris où l'influence algérienne est importante. Le CRMF a publié une charte du culte musulman en France qui est en tous points compatible avec les lois de la République et sa pratique de la laïcité ;
- la Fédération nationale des musulmans de France (FNMF) liée à la ligue islamique mondiale et sensible à l'influence marocaine. La mosquée d'Évry est la plus importante de ce courant, largement répandu sur tout le territoire ;
- l'UOIF, Union des organisations islamiques de France, inspirée par l'Arabie Saoudite, dont l'islam wahhabite a une sensibilité nettement différente de l'islam malékite de l'écrasante majorité des musulmans de France.

Le gouvernement a créé en 2003 une organisation représentative rassemblant ces courants. Seules les personnes fréquentant les mosquées ont voté et la tendance la plus traditionaliste s'est trouvée la plus représentée. Cependant, le président, recteur de la mosquée de Paris, est, lui, de tendance modérée.

Le voile islamique

L'obligation coranique de préserver la pudeur des femmes se traduit par des pratiques culturelles différentes selon les pays. C'est une pratique citadine et les femmes des bédouins, au cœur de l'Arabie, ne sont pas voilées. En Afghanistan les femmes sont traditionnellement enveloppées de la *purdah* qui fait disparaître toute forme humaine et cache le regard derrière une grille d'étoffe. Les pays du golfe Arabo-Persique adoptent un masque de cuir, l'Iran prône le *tchador* qui laisse le visage découvert mais enveloppe tout le corps, l'Afrique du Nord se contente d'un voile élégant souvent transparent, le *hidjab*. En France, où le voile islamique est exceptionnel, son port attire plutôt le regard des curieux, ce qui est à l'opposé de l'objectif coranique de la discrétion. Parmi les jeunes filles qui portent le voile en France, les unes le font par conviction et les autres sous la pression de « grands frères » intégristes.

En France, la loi sur la laïcité et l'interdiction de tout signe religieux ostensible votée en 2004 a notamment pour souci de scolariser les jeunes filles tout en respectant la laïcité. Accepter à l'école le port du voile, considéré comme une mode vestimentaire, n'aurait guère posé de problème s'il n'était devenu pour certains musulmans une marque « ostentatoire » d'une certaine conception de la religion, entraînant parfois le refus de pratiquer des sports dans une tenue adaptée. Bien évidemment, rien n'interdit le port du voile ou de tout signe religieux en dehors de l'école.

Depuis avril 2011, la loi française interdit la dissimulation du visage dans les lieux publics et prévoit même des sanctions contre ceux qui l'imposent à d'autres. Ces dispositions sont motivées à la fois par le principe de laïcité et le souci de sécurité (casseurs cagoulés).

Jeunes filles voilées en Indonésie

Mazdéisme et zoroastrisme

De la religion de l'ancien Empire perse, appelée *zoroastrisme* (si l'on se réfère à son prophète, Zoroastre) ou *mazdéisme* (si l'on se réfère à son dieu, Ahura Mazda), il ne subsiste plus que d'infimes vestiges en Inde et en Iran. Pourtant, en raison de sa conception du monde et de l'originalité de son culte du feu, le mazdéisme mérite d'être mieux connu.

Un peu d'histoire

- Le prophète Zoroastre, dont le dieu est Ahura Mazda, et qui vécut, dit-on, vers le VIIe siècle avant notre ère, est le réformateur de la religion iranienne primitive. Certains supposent que ses idées religieuses, nettement monothéistes, se sont précisées au contact du judaïsme.
- Il semble que le mazdéisme se soit d'abord développé en Bactriane, en Asie centrale, et qu'il ait gagné la Perse au début du premier millénaire avant notre ère.
- Le mazdéisme est resté la religion officielle de l'Empire perse jusqu'à l'islamisation consécutive à la conquête arabe du VIIe siècle. La disparition du dernier empereur perse, Yazdegard, est aujourd'hui encore commémorée chaque année.

Les fondements du mazdéisme

- Un Dieu unique et éternel, Ahura Mazda, lutte contre l'esprit du mal, Ahriman, qui, lui, n'est pas éternel et sera écrasé un jour. Cette lutte entre le bien et le mal donne au mazdéisme l'apparence d'un dualisme mais, comme Ahura Mazda doit finir par l'emporter, il s'agit d'un monothéisme.
- Le nom d'Ahura Mazda, qui signifie « dieu de la sagesse », s'est déformé en Horamazd puis Ormuz. Il subsiste dans le nom du détroit d'Ormuz qui ferme le golfe Arabo-Persique.
- Ahura Mazda, maître de la création, prend six aspects différents dits *Amesha Spenta*, trois masculins et trois féminins, qui président respectivement à la création du ciel, des eaux, de la terre, des végétaux, de l'homme juste et du feu. Vers le IVe siècle avant J.-C., ces formes divines se sont multipliées, donnant en particulier naissance au culte solaire de Mithra qui s'étendit jusque dans l'Empire romain.

La pratique religieuse

- Le culte mazdéen est centré autour du feu et se déroule dans les maisons (lors d'un accouchement ou dans la pièce mortuaire, le feu assure la présence du dieu) et dans les « temples du feu » où brûle en permanence du bois de santal. Offrandes diverses (plantes, pain, beurre ou viande) et longues récitations tirées de l'*Avesta* (textes sacrés des mazdéens) accompagnent le culte. Le texte original de l'*Avesta* s'est perdu mais il en subsiste quelques fragments en langue pahlavi (vieux persan).
- Les prêtres appartiennent à une caste héréditaire. Il existe trois degrés de prêtrise, nommés *destour*, *mobed* et *herbad*, auxquels on accède par une initiation.
- À l'âge de 7 ans, en Inde, et de 10 ans, en Iran, les jeunes mazdéens sont intronisés dans leur religion et reçoivent solennellement une chemise blanche et une ceinture.
- Dans l'année, dix fêtes célèbrent diverses périodes de la création. L'Iran musulman et le peuple kurde ont gardé la tradition de *Now ruz* (« nouveau jour ») qui marque le début du printemps et le premier jour du calendrier officiel iranien.

LES PARSIS DE L'INDE

Après l'effondrement de l'Empire perse consécutif à la conquête arabe du VIIe siècle, la majorité des Persans adopta la religion musulmane. Les zoroastriens qui refusèrent l'islamisation, pour échapper aux brimades musulmanes, émigrèrent dans le nord-ouest de l'Inde au VIIIe siècle : les *parsis* sont leurs descendants.

Les zoroastriens qui restèrent en Iran furent appelés *guèbres*, c'est-à-dire infidèles (*kafir*), par les musulmans. Ils ne sont plus aujourd'hui que 10 000 environ, et vivent pour la plupart dans la province et la ville de Yazd, non loin d'Ispahan.

En Inde, les zoroastriens sont plus nombreux qu'en Iran (plus de 200 000). En outre, grâce à leur haut niveau d'instruction, les parsis forment une communauté prospère (la plupart sont cadres supérieurs ou chefs d'entreprise).

Initialement concentrés dans l'État de Gujarat, les parsis se sont ensuite installés à Bombay où la réussite économique était plus facile. Ils ont conservé l'usage de la langue gujrati dans laquelle ont été traduits les textes sacrés de l'*Avesta*.

Les parsis de l'Inde apportent aide matérielle et soutien spirituel à leurs frères d'Iran. Leur religion, qui valorise les bonnes actions, les incite à multiplier les œuvres humanitaires dans les domaines de la santé et de l'éducation.

Les tours du silence

Les rites funéraires des zoroastriens imposent de ne souiller ni la terre ni le feu, qui sont des éléments sacrés, par le contact du cadavre. Celui-ci n'est donc ni enterré ni incinéré mais placé sur une « tour du silence » où les vautours viennent le dépecer. Les ossements sont ensuite jetés dans un puits. Interdites par le pouvoir islamiste en Iran, ces pratiques se maintiennent en Inde.

Tour du silence avec un village zoroastrien en contrebas à Yazd, Iran

L'hindouisme, la religion d'une culture

L'hindouisme, pratiqué par 700 millions de personnes – dont 650 millions d'Indiens –, constitue la 3e religion du monde. Il imprègne profondément la culture et la vie quotidienne indiennes, mais il est vécu de façon différente selon les couches de la société.

Les origines de l'hindouisme

L'hindouisme remonte à un passé lointain (ses adeptes disent même qu'il a existé de toute éternité). À l'origine, au IIe millénaire avant notre ère, fleurissait sur les rives du fleuve Indus, dans le nord de l'Inde, une civilisation prospère, dont les archéologues ont retrouvé quelques vestiges. Au cours du premier millénaire avant notre ère, les Arias (qui désignent les « nobles » en sanskrit – la langue classique, en quelque sorte le « latin » de l'Inde) envahissent la région. La rencontre entre les anciennes traditions religieuses de l'Indus et celles des Arias va progressivement donner naissance à une culture nouvelle, dont les croyances religieuses sont consignées dans les Veda.

Les Veda (« savoir ») sont les textes « révélés » par les divinités à des sages (appelés *rishi*), sous forme d'hymnes, de poèmes ou de récitations. Divisés en quatre livres, les Veda sont les plus anciens textes sacrés de l'Inde.

L'hindouisme comme religion

Les divinités de l'hindouisme sont innombrables : on dit qu'il en existe 33 millions. Les plus anciennes symbolisent les puissances naturelles (soleil, lune, vent, feu…). Cependant, ce polythéisme originel a évolué vers la croyance en un dieu unique et suprême, qui peut prendre trois formes : Brahma, Shiva et Vishnou, constituant ce qu'on appelle la *trimurti* (littéralement « trois formes ») ou « trinité » hindoue. Shiva et Vishnou sont de loin les divinités les plus populaires. Le culte qui leur est consacré revêt des formes variées : on peut vénérer la forme féminine de Shiva sous l'un de ses différents noms (Parvati, Kali, Durga…) ou l'un des avatars (voir p. 103) de Vishnou comme Rama et Krishna.

La religion est le fondement de l'organisation sociale et politique de l'Inde. La conception brahmanique (hégémonie des prêtres ou brahmanes) issue des Veda institue la division rigoureuse de la société en quatre castes absolument étanches (voir p. 104).

L'hindouisme comme culture

Malgré les efforts du législateur, les castes sont encore bien vivantes et la société indienne reste profondément imprégnée par la religion. Pour l'hindouiste pieux, la dimension religieuse est si prégnante que sa conception du monde s'apparente à un panthéisme, c'est-à-dire que tout dans la nature est ressenti comme une manifestation ou une présence du divin, de l'Absolu.

Tolérant dans ses principes, l'hindouisme admet en son sein des formes de piété extrêmement variées. Si les hindouistes ne font pas de prosélytisme, ils comprennent néanmoins assez mal qu'un Indien puisse sortir de son système religieux pour adhérer à un autre.

LES TEXTES SACRÉS DE L'HINDOUISME

Les *Vedas*

• Les Veda (« savoir » en sanskrit), textes sacrés et « révélés » de l'hindouisme, sont au nombre de quatre : le *Rig-Veda* (« connaissance des choses ») ; le *Yajur-Veda*, recueil de formules sacrificielles ; le *Sama-Veda* (« savoir des mélodies ») qui reprend des textes du *Rig-Veda* ; l'*Atharva-Veda*, recueil de formules magiques et de prières.

• Ils sont complétés par les 108 Upanishad, textes philosophiques postérieurs aux Veda, parmi lesquels le *Vedanta*, « fin des Veda ».

Le *Ramayana* et le *Mahabharata*

Il faut y ajouter les épopées plus tardives du *Ramayana* et du *Mahabharata*, relevant de la tradition littéraire, dans lesquelles la culture indienne puise la plupart de ses grands thèmes, qu'il s'agisse de la philosophie, de la poésie, de la danse ou du théâtre. Ces deux grands poèmes épiques de l'Inde éclipsent en popularité les textes plus anciens des *Vedas* qui, difficiles à interpréter, sont en vérité assez peu accessibles.

• Le *Ramayana* est un long poème épique de 48 000 vers. Il raconte les aventures du roi Rama, l'un des avatars de Vishnou, parti à la recherche de son épouse, la reine Sita, qu'un démon a enlevée et garde enfermée dans l'île de Sri Lanka. Le *Ramayana* est à la fois un roman bruissant de la fureur des batailles et une émouvante histoire d'amour.

• Le *Mahabharata* est une monumentale épopée de 200 000 vers répartis en 19 livres, qui relate des événements de la fin du IXe siècle avant notre ère. Les personnages sont bien plus nombreux que ceux du *Ramayana*. Le *Mahabharata* raconte la guerre entre deux clans indo-européens. Il évoque donc les luttes qui mirent aux prises les Arias lors de leur installation dans le nord de l'Inde. Au texte primitif se sont également ajoutées diverses légendes qui reflètent les luttes religieuses entre le brahmanisme de l'époque védique et les nouvelles formes de l'hindouisme. On trouve dans le *Mahabharata* maintes indications sur la société indienne de cette époque. Ainsi l'ensemble de l'œuvre constitue une véritable encyclopédie, où s'entremêlent le sacré et le profane et où le merveilleux recouvre constamment des faits historiques.

Le poème philosophique de la *Bhagavad Gita* (« Chant du Seigneur »), qui fait partie du 6e livre, a été rajouté tardivement, peut-être vers le IVe siècle de notre ère. Ce dernier texte est considéré comme un texte « révélé », alors que le reste du *Mahabharata*, œuvre collective, relève de la tradition littéraire.

Krishna

Représentée en bleu, la divinité est au centre, entourée de jeunes filles portant des vases de fleurs et des instruments de musique.

Fondements de l'hindouisme

L'hindouisme, appelé aussi brahmanisme, est l'ensemble des croyances et des pratiques religieuses de l'Inde. Il ne repose pas sur une doctrine mais sur une conception de l'ordre du monde auquel l'homme doit se conformer en respectant des rites d'une grande diversité. Cependant, une croyance fondamentale sous-tend l'hindouisme : le caractère cyclique de l'univers et de la vie humaine.

Un univers cyclique

L'univers procède de Brahma, première divinité de la triade (*trimurti*) Brahma-Shiva-Vishnou. Brahma est sans limites, il est l'espace-temps. Il exhale l'univers comme l'air de sa respiration et il l'aspire à nouveau, indéfiniment.

La période durant laquelle l'univers apparaît, évolue et disparaît, se nomme *yuga*. Chaque *yuga* est suivi d'une période de repos cosmique. Il existe quatre *yuga* de durées différentes dont l'ensemble forme un *mahayuga* (« grand *yuga* ») de 4,32 millions d'années.

Ce sont les :	*Krita yuga*	de 1 728 000 ans ;
	Treta yuga	de 1 296 000 ans ;
	Dvapara yuga	de 864 000 ans ;
	Kali yuga	de 432 000 ans.

Notre monde vit dans un *kali yuga* qui aurait débuté 3 102 ans avant J.-C. Pour symboliser l'infini du temps, il existe une autre unité, le *kalpa*, égal à 1 000 *mahayuga*, soit environ 4,2 milliards d'années. Un *kalpa* correspond à une journée de Brahma.

La réincarnation ou *samsâra*

La vie humaine également est cyclique. Pour les hindouistes, qui croient en l'immortalité de l'âme, la mort n'est qu'un passage vers une nouvelle vie terrestre. L'âme de tout être vivant est soumise à un cycle infini de réincarnations, ou *samsâra*, qui s'effectuent en fonction du *karma*, c'est-à-dire des mérites accumulés dans cette vie et dans les vies antérieures. En effet, chaque action ou chaque pensée a des conséquences sur l'être spirituel universel et la somme des *karma* de chaque individu pèse sur la destinée du monde.

L'âme ne peut se délivrer de ces renaissances perpétuelles que par la fusion entre l'*atman* individuel (essence sacrée de chaque individu) et le *brahman* universel (ou « âme du monde »). Elle accède ainsi à la libération ou *moksha*, c'est-à-dire au niveau suprême de la conscience, où elle trouve le repos et la paix.

L'hindouisme est un puissant facteur de stabilisation de la société indienne. En effet, la condition de chaque individu n'est pas envisagée sous l'angle de l'exploitation sociale ou de la lutte des classes : elle est une conséquence directe du *karma*, chacun étant responsable de sa condition par suite des actes et des pensées de ses existences précédentes. Vouloir sortir de sa condition en se révoltant contre son sort est donc un moyen très sûr de régresser lors de la prochaine réincarnation, alors que remplir parfaitement les rites de son état assure au contraire un espoir de progrès pour la vie à venir.

LE SENS DES MOTS

• *avatara* (« descente ») : désigne les multiples manifestations terrestres des dieux hindous ; les *avatara* les plus célèbres sont ceux de Vishnou : Rama et Krishna.

• *Bharata* : nom de l'Inde en hindi, tiré de celui de l'ancêtre des héros de l'épopée du *Mahabharata*.

• *dharma* : ce terme, qui a le sens général de « religion », désigne l'ensemble des devoirs devant être observés par l'individu dans son sort présent. *Sanatana dharma* (ou « loi éternelle ») est la dénomination habituelle de l'hindouisme.

• *guru* (gourou) : maître spirituel.

• *hindou* (du mot Inde) : relatif à la culture hindouiste ; les hindous sont les adeptes de la religion hindouiste, et les Indiens sont les habitants de l'Inde.

• *karma* (« acte », « action ») : dans un sens religieux, désigne la totalité des actions antérieures, bonnes et mauvaises, de tout être vivant, lesquelles déterminent la qualité de sa réincarnation dans sa vie ultérieure.

• *linga* (ou lingam) : symbole phallique représentant Shiva et l'énergie créatrice. Son complément féminin est le *yoni*.

• *mandala* (littéralement « cercle ») : représentation allégorique du cosmos servant de support à la méditation et dont le centre est généralement occupé par une divinité.

• *mantra* : formule magique qui invoque, représente et symbolise une divinité. Un mantra peut se réduire à un seul mot, comme *aum* dont les trois lettres, prononcées comme un seul phonème, évoquent la triade hindoue (Brahma le créateur, Vishnou le préservateur et Shiva le destructeur).

• *mudra* (« posture » ou « sceau ») : désigne les gestes symboliques du culte, utilisés également dans la danse indienne. On dit aussi *hasta*.

• *nirvana* (« extinction ») : désigne l'état suprême de la non-existence et de la dissolution dans l'Absolu. On l'obtient en passant par la *moksha*, la « délivrance » définitive, qui met fin au cycle des réincarnations. Les deux mots sont sensiblement équivalents, *moksha* étant plus employé dans l'hindouisme et *nirvana* dans le bouddhisme.

• *Veda* (« savoir ») : textes sacrés de l'Inde, rédigés en sanskrit sous la forme de textes philosophiques et de poèmes.

• *yoga* : technique de libération du corps et de l'esprit permettant d'atteindre l'union avec l'Absolu (étymologiquement, *yoga* est apparenté à joug et au mot russe *so-youz*, « union »). Le pratiquant du yoga est un *yogin*.

Un mandala
Le mandala fait aussi partie de la culture du bouddhisme tibétain.

Les rites de l'hindouisme

Tout hindou appartient, par sa naissance, à une caste qui lui impose le respect de certains rites. La tradition familiale enseigne les actes religieux ou profanes qui sacralisent les étapes de la vie et préparent la meilleure réincarnation possible. À ces pratiques privées s'ajoutent des pratiques publiques, comme les pèlerinages, les bains dans les eaux du Gange, les fêtes collectives...

Le système des castes

Le mot « caste » recouvre deux notions différentes : *varna* et *jâti*. Les castes ou *varna* (« couleur » en sanskrit) sont au nombre de quatre : la caste des prêtres et des érudits (*brahmana*), la caste des nobles et des guerriers (*kshatriya*), la caste des artisans et des paysans (*vaishya*) et la caste des serviteurs (*shudra*). Les trois premières castes sont dites nobles ou pures ; chacune représente environ 6 % de la population. Leurs membres peuvent fréquenter les temples. La quatrième caste, plus nombreuse (peut-être 60 % de la population) et plus tardive, englobe tous ceux qui ne sont pas de pure ascendance aryenne.

Le reste de la population, hors-caste et intouchable, n'est plus, depuis une loi de 1955, l'objet de discriminations. Au contraire, des quotas sont prévus dans les emplois publics pour favoriser leur promotion sociale. Officiellement aboli, le système des castes perdure cependant dans maints secteurs de la vie sociale indienne.

Chaque caste est elle-même subdivisée en une multitude de sous-catégories, les *jâti* (« naissance »). Au nombre de plusieurs milliers, les *jâti* sont des groupes sociaux liés par une même origine, une même profession ou une même particularité. On ne peut se marier qu'à l'intérieur d'une même *jâti*. Dans les communautés rurales, les fonctions sociales sont partagées entre ces *jâti* qui ont souvent un caractère local.

Les pratiques rituelles

Les rites quotidiens sont plus contraignants pour les brahmanes que pour les autres castes, notamment en ce qui concerne le choix et la préparation des aliments. Chaque jour, l'hindou pieux accomplit le rite de la prière ou *puja*. Un brahmane est tenu de la faire cinq fois par jour mais pas nécessairement dans un temple. Le plus souvent, le fidèle se limite à une ou deux *puja* quotidiennes. Au temple, la *puja* implique de boire un peu d'eau en invoquant la divinité qu'on veut prier. Les offrandes de riz, de fleurs, de nourritures et d'encens sont reçues par le brahmane attaché au temple. Les invocations à la divinité s'accompagnent du salut indien, mains jointes au-dessus de la tête.

Les pèlerinages et les fêtes

Il existe en Inde des centaines de lieux de pèlerinage, qu'il s'agisse de sites naturels sacrés, comme les fleuves (Gange) et les montagnes (Himalaya), ou de temples. Certains de ces pèlerinages peuvent rassembler une dizaine de millions de personnes : ainsi, celui du *Kumbh mela*, qui a lieu tous les douze ans.

Les fêtes les plus importantes sont : *Dashera*, qui célèbre la victoire du bien sur le mal durant dix jours vers octobre-novembre ; *Holi*, qui célèbre le printemps, une fête très joyeuse au cours de laquelle les gens s'aspergent d'eau colorée ; *Dipavali*, fête de la lumière, célébrée durant une pleine lune d'automne, pendant laquelle les maisons sont remises à neuf et illuminées, et où tout le monde échange des vœux.

LE PANTHÉON HINDOU

L'hindouisme est dominé par une triade de divinités, ou *trimurti*, composée de Brahma (le créateur), Shiva (le destructeur), Vishnou (le conservateur). Brahma, Shiva et Vishnou sont trois des formes revêtues par le *Brahman*, être suprême fondamental. Ces trois divinités centrales peuvent à leur tour apparaître sur terre sous différentes formes humaines ou animales, appelées *avatara* (littéralement « descente », voir p. 103). Elles possèdent un « double » féminin ainsi qu'un animal-support (*vâhana*). Les divinités de l'hindouisme sont donc innombrables, et changent d'identité selon la qualité que l'on veut honorer, ou même selon les lieux et les langues qu'on y parle.

La *trimurti*

• Brahma : il est le créateur de l'univers mais il n'a pas d'activité ; c'est un dieu quelque peu abstrait dont le culte n'est célébré qu'en de rares lieux comme à Pushkar. Brahma serait né d'une fleur de lotus sortie du nombril de Vishnou, selon les sectateurs de ce dieu, tandis que les shivaïtes disent qu'il a été créé par Shiva. L'épouse de Brahma, Sarasvati, est la déesse des arts et de la connaissance. L'animal-support de Brahma est une oie ou un cygne (*hansa* en hindi).

Shiva

• Shiva : dieu de la création et de la destruction, il a pour épouse Parvati (la « montagnarde »), sœur de Vishnou, qui symbolise la puissance de procréation ; elle est également nommée Kali (la « noire »), Durga (l'« inaccessible »), Maya (l'« illusion »), Annapurna (« pleine de grains »)… L'animal-support de Shiva est un taureau (*Nandi*).

• Vishnou : il est le conservateur de l'univers, et sa passivité s'oppose à l'activité de Shiva. Son épouse Lakshmi (la « millionnaire ») est la déesse de la fortune et de la beauté. Son animal-support est un aigle (Garuda). Vishnou se caractérise par ses avatars, dont les plus célèbres sont Rama, héros du *Ramayana*, Krishna (le « Noir »), divinité particulièrement populaire en Inde, héros du *Mahabharata*, et Bouddha ainsi récupéré par le brahmanisme.

Quelques autres divinités

La dévotion des hindouistes s'étend volontiers à des divinités particulières :

• Ganesh : dieu à tête d'éléphant dont l'animal-support est un rat (*Mushaka*) et le symbole la croix gammée (*svastika*). Il a la réputation d'être astucieux et le pouvoir de résoudre les problèmes de ses fidèles. Il est le fils de Shiva.

• Murugan : dieu du sud de l'Inde. Il est le chef des armées célestes. Sa monture est un paon. Il est assimilé à Skanda, un autre fils de Shiva.

• D'autres divinités remontent à l'époque védique et ont perdu de leur prestige comme :

– Indra, dieu de la pluie,
– Varuna, dieu de l'orage,
– Surya, dieu du Soleil,
– Chandra, dieu masculin de la Lune,
– Agni, dieu du feu,
– Kama, dieu de l'érotisme…

Sur les sculptures ou les peintures, on reconnaît le dieu représenté grâce à des conventions iconographiques particulières comme la couleur de sa face, le nombre de ses bras, sa posture…

L'hindouisme aujourd'hui

Présent dans tous les pays où existent des communautés indiennes, l'hindouisme a également laissé des traces en Indonésie et, à un moindre degré, en Asie du Sud-Est. Le contact avec l'Occident fait apparaître de nouvelles tendances mais aussi des courants intégristes.

Le poids de l'histoire

Le sous-continent indien est assez vaste pour que les peuples qui l'habitent n'aient guère la tentation de mener des conquêtes à l'extérieur. Pourtant, à partir du Ier siècle, divers royaumes indiens s'établissent dans les îles d'Indonésie, y implantant du même coup l'hindouisme et son système d'écriture. La civilisation javanaise est restée marquée par cette culture, surtout dans la partie orientale de l'île vers Yogyakarta. C'est cependant à Bali que l'hindouisme s'est le mieux implanté, au point d'avoir résisté à l'islamisation.

À l'est du continent asiatique, l'influence hindouiste s'est étendue jusqu'aux rivages indochinois de la mer de Chine. Le peuple Cham, aujourd'hui largement vietnamisé, est resté partiellement hindouiste, même après la forte islamisation qu'il a connue autour du XIVe siècle. Les peuples thaï et khmer ont, eux aussi, à l'époque de la splendeur d'Angkor, vers le XIIIe siècle, été très marqués par l'hindouisme et, aujourd'hui encore, à la cour du roi de Thaïlande, des brahmanes sont chargés de certains rites, alors que les Thaïs sont complètement bouddhistes.

En outre, d'importantes populations indiennes ont été amenées, sous contrat de travail, dans les plantations de colons européens, surtout après l'arrêt de la traite des esclaves noirs et, plus tard, leur émancipation. C'est ainsi que se sont formées les communautés indiennes d'Afrique du Sud, du Surinam (ex-Guyane hollandaise), de Trinidad, des îles Fidji et de l'île Maurice, et, à un moindre degré, de la Réunion. Il existe aussi des Indiens d'origine aux Antilles françaises mais, christianisés, ils ne conservent que leurs noms patronymiques et des traditions de nature folklorique.

Tendances récentes

Le contact inéluctable de l'hindouisme avec l'Occident et la modernité a produit des effets contradictoires.

D'une part, une bonne partie des élites, tout en restant attachée à la tradition, s'est ouverte à d'autres influences spirituelles et a perdu une part de ses convictions purement religieuses.

D'autre part, en réaction contre l'occidentalisation, certains groupes traditionalistes influents militent en faveur du retour à un hindouisme strict. Ils n'acceptent pas que, sur la terre « sacrée » de l'Inde, s'implantent des religions étrangères telles que l'islam ou le christianisme. On voit ainsi apparaître un intégrisme hindouiste, particulièrement actif sur le plan politique.

Il faut encore signaler l'existence de sectes qui, bien que très minoritaires, s'efforcent d'exporter en Occident un hindouisme de « pacotille » susceptible de séduire des amateurs d'exotisme désorientés.

L'EXPANSION DE L'HINDOUISME

L'hindouisme est très majoritaire en Inde (800 millions de personnes, soit 81 % de la population) et au Népal (24 millions de personnes, soit 80 % de la population). Cependant, dans le sous-continent, sont recensés comme hindouistes tous les Indiens qui ne déclarent pas appartenir à une autre religion, tandis que les statistiques népalaises ne distinguent pas l'hindouisme du bouddhisme, les cultes étant souvent pratiqués simultanément.

Les autres pays à forte population hindouiste sont les suivants :

- Bangladesh : 15 millions (10 % de la population)
- Indonésie : 4 millions (3 %, presque tous à Bali)
- Pakistan : 7 millions (4 % de la population)
- Sri Lanka : 2,2 millions (10 % de la population)
- Birmanie : 2,1 millions
- États-Unis : 1,7 million
- Malaisie : 1,5 million
- Afrique-du-Sud : 1,2 million
- Royaume-Uni : 1,2 million
- Canada : 700.000
- Îles Fidji : 500.000
- Trinité-et-Tobago : 500.000
- Guyane : 400.000
- Pays-Bas : 400.000
- Suriname : 200.000

En France, vivent 150 000 hindouistes. Certains sont citoyens français comme les Tamouls, originaires de Pondichéry, ou les Réunionnais ; d'autres sont des ressortissants de divers pays comme l'île Maurice ou le Sri Lanka.

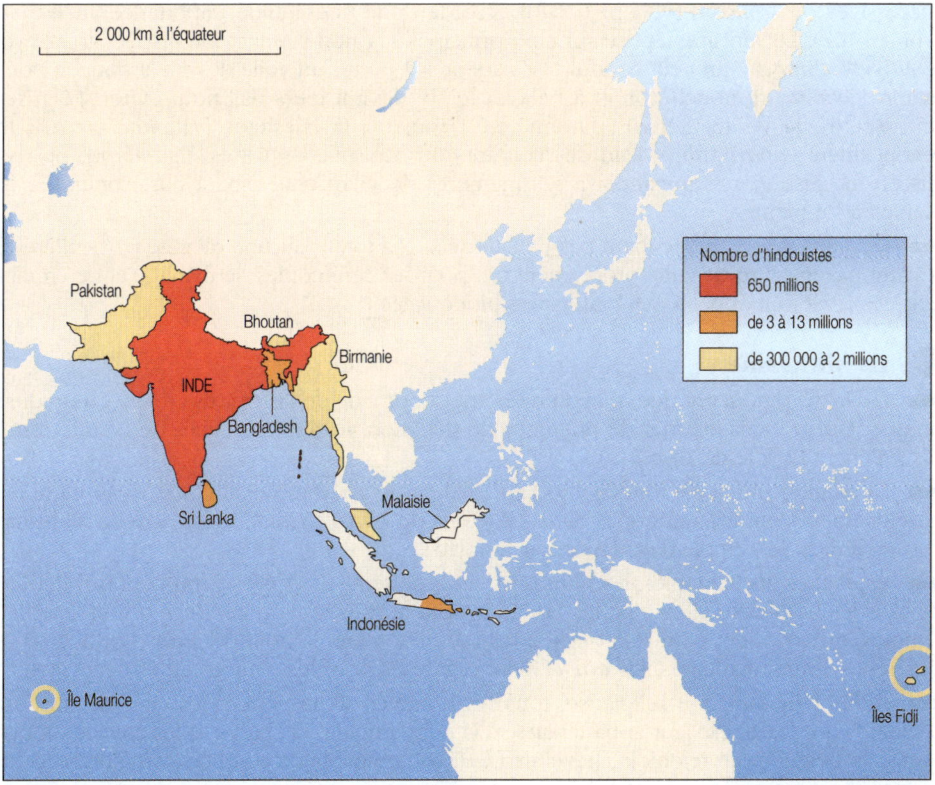

Le jaïnisme et le sikhisme

Deux religions se sont formées à partir de l'hindouisme : le jaïnisme, fondé au VIe siècle av. J.-C. et connu pour son respect absolu de toutes les formes de vie ; le sikhisme, fondé au XVe siècle, et résultant d'une tentative de rapprochement entre l'hindouisme et l'islam.

Le jaïnisme

Le jaïnisme, comme le bouddhisme, rejette le système des castes mais aussi les multiples divinités auxquelles la religiosité hindoue voue un culte. Les jaïns n'ont pas de divinité suprême. Ils ne vénèrent que leurs vingt-quatre *jina* (maîtres « victorieux des passions du monde »). C'est de ce dernier nom qu'est dérivé le mot *jaïn.*

Le jaïnisme a été fondé au VIe siècle av. J.-C. par un contemporain de Bouddha, le prince Jnata, surnommé Mahavira (« grand héros »), qui abandonna tout pour mener une vie d'ascète, puis axée sur la méditation et l'enseignement. Mahavira est le dernier des *jina.*

La préoccupation essentielle du jaïnisme est d'échapper au cycle des réincarnations successives ou *samsâra* (voir p. 102). Il accorde donc une grande importance au *karma* (voir p. 102). Le jaïnisme repose sur cinq principes : la non-violence ou respect absolu de toute vie (*ahimsa*), qui peut conduire ses adeptes à porter un voile devant la bouche pour éviter d'avaler un moucheron et à balayer le sol devant leurs pas pour éviter d'écraser un insecte ; la vérité (*satya*) ; l'honnêteté (*asteya*) ; la chasteté (*brahmacharya*) ; le renoncement (*aparigraha*). L'un des courants du jaïnisme, celui des *digambara*, pousse l'ascétisme jusqu'à recommander à ses membres de vivre entièrement nus, comme le fit Mahavira lui-même.

Les jaïns ne se préoccupent pas de l'au-delà. N'adorant aucune divinité particulière et n'ayant pas instauré de culte proprement dit, pour les cérémonies de mariage et de crémation, les jaïns font appel à des brahmanes hindouistes.

Le sikhisme

Les sikhs pratiquent une religion monothéiste proche de l'islam (ils croient en un dieu unique, Guru), mais assortie de pratiques de dévotion voisines de celles de l'hindouisme (ils prêchent la voie de *samsâra*).

La religion sikh a été fondée vers l'an 1520 par le gourou Nanak (1469-1539), dont les enseignements ont été regroupés dans les textes du *Guru Granth*, livre sacré du sikhisme conservé dans le Temple d'or d'Amritsar (Penjab).

Égalitaires et charitables, les sikhs rejettent le système des castes et prônent la fraternité de tous les hommes : chez eux, les hommes portent tous le nom de *singh* (« lion »), et les femmes, qui jouissent d'un statut égal à celui de l'homme, le nom de *gaur* (« princesse »). Des repas communautaires, les *langer*, sont organisés pour les pauvres et les nécessiteux.

Après leur initiation religieuse, tous les hommes sikhs portent les cinq *K*, attributs distinctifs qui marquent leur appartenance à la communauté : la barbe et les cheveux longs (*kes*) ; un peigne pour retenir la chevelure (*kanga*) ; un pantalon court (*kacha*) ; un bracelet d'acier (*kara*) ; une épée (*kirpan*).

LE JAÏNISME ET LE SIKHISME AUJOURD'HUI

Fête chez les jaïns à Shravana Belagola, Inde

Les jaïns

Malgré l'existence depuis 1946 d'une organisation missionnaire pour la propagation de leur spiritualité, les jaïns ne se rencontrent pratiquement qu'en Inde où ils comptent près de 4 millions de fidèles (0,48 % de la population indienne). On les trouve surtout dans les États du Maharashtra, du Rajasthan et du Gujarat, à l'ouest de l'Inde.

Les sikhs

L'Inde compte aujourd'hui près de 20 millions de sikhs (1,8 % de la population), dont 60 % résident dans l'État du Penjab, au nord-ouest de l'Inde, où se trouve leur ville sainte, Amritsar, lieu du Temple d'or, gardien du *Granth*.

Près de 2 millions de sikhs vivent en dehors de l'Inde, notamment en Grande-Bretagne (400 000 personnes) et dans les pays d'émigration indienne : l'île Maurice, l'Afrique du Sud, la Malaisie, Singapour, le Surinam. Leur turban les rend facilement reconnaissables.

Certains d'entre eux luttent pour la création d'un État sikh indépendant.

Sikh du Penjab

Le bouddhisme

Le bouddhisme désigne la doctrine philosophique et religieuse élaborée en Inde au milieu du VIe siècle av. J.-C., par un prince originaire du nord de l'Inde, Siddharta Gautama. Le bouddhisme est aujourd'hui la quatrième religion du monde après le christianisme, l'islam et l'hindouisme.

Le Bouddha historique

Le Bouddha est né vers l'an 560 avant notre ère. Fils d'un roitelet d'une principauté des confins du Népal et de l'Inde, il reçut le nom de Siddharta Gautama. Il menait une existence heureuse et protégée dans le luxe du palais royal. Mais un jour, lors d'une de ses sorties, il prit conscience des douleurs de la vie en rencontrant successivement un vieillard, un malade, un cadavre et un moine mendiant. Désormais, obsédé par cette souffrance et les moyens de s'en affranchir, et bien que marié et père d'un enfant, Gautama décida de changer d'existence. Plusieurs années durant, il mena une vie d'ascète qui lui sembla bientôt aussi vaine que le luxe qu'il avait connu. C'est alors qu'il comprit que la vérité se trouve dans la « voie moyenne ». Quelque temps plus tard, alors qu'il méditait sous un figuier dans une bourgade appelée depuis Bodh Gaya, il reçut l'« Illumination » ou « Éveil » (*bodhi*), et devint le Bouddha, c'est-à-dire celui qui est « éveillé ». Cette illumination consiste en l'intuition que toute vie est douleur (les « quatre saintes vérités ») et dans la connaissance des moyens pour s'en libérer (la « noble octuple voie »), afin d'atteindre la sérénité absolue (*nirvana*). Il n'y a là ni révélation divine, ni mission prophétique, mais la construction d'une doctrine philosophique par un homme qui, au prix d'un effort spirituel intense, voulut percer le sens de l'existence humaine.

Renonçant à accéder immédiatement au *nirvana*, le Bouddha prêcha une quarantaine d'années et suscita, dès son vivant, de nombreux disciples. C'est à Sarnath, près de Bénarès, qu'il énonça pour la première fois les quatre saintes vérités qui sont le fondement de la doctrine bouddhique. Il mourut à l'âge de quatre-vingts ans et la légende raconte que huit princes se partagèrent ses ossements.

L'enseignement du Bouddha

Très concret, le Bouddha s'exprimait le plus souvent par paraboles, comme celle de l'éléphant dont on ne sait si elle est due au maître lui-même : « Un jour, un roi fit venir des aveugles et leur demanda de décrire ce qui était près d'eux. Le premier toucha la défense et dit que c'était une carotte géante ; le second toucha une oreille et considéra qu'il s'agissait d'un grand éventail ; le troisième, au contact de la trompe, estima que cela ressemblait à une corde ; le dernier, touchant une patte, déclara que c'était un pilon de mortier. Bien sûr, aucun ne fut capable de décrire précisément l'éléphant. De même, avec sa perception limitée, aucun homme ne peut avoir conscience de ce qu'est sa nature. Seul l'enseignement de Bouddha peut le faire comprendre ».

Ainsi, sentant sa mort proche, c'est simplement et fermement qu'il s'adressa une dernière fois à ses disciples, en leur rappelant que tout ce qui vit doit mourir, et que la mort n'est que la disparition du corps : « Celui qui ne voit que mon corps, dit-il, ne me voit pas en vérité. C'est celui qui accepte mon enseignement qui me voit réellement ».

L'EXPANSION DU BOUDDHISME

Le bouddhisme connut une expansion très rapide et, dès le IIIe siècle avant notre ère, il se répandit jusqu'à l'actuel Afghanistan, où le site de Bamyan abrite deux statues géantes du Bouddha, et en Ouzbékistan où la ville de Boukhara tire son nom d'un monastère bouddhiste (*vihara*). C'est cependant le règne du roi Ashoka qui marqua l'apogée du bouddhisme en Inde, de 273 à 250 av. J.-C., alors qu'à la même époque, le Sri Lanka adoptait lui aussi la doctrine religieuse du Bouddha.

Au début de notre ère, la route de la soie permit au bouddhisme de pénétrer en Chine où il ne s'établit que progressivement en commençant par le nord du pays. Il y fut décrété religion officielle en 470 et se répandit alors en Corée, puis au Japon et au Vietnam.

Sensiblement à la même époque, des moines du Sri Lanka convertirent au bouddhisme la Birmanie, puis l'Indonésie, la Thaïlande et le Cambodge. Simultanément, le bouddhisme recula en Inde, son pays d'origine, où, avec l'arrivée de l'islam, il devint une religion marginale.

C'est plus tardivement, au VIIe siècle de notre ère, que le bouddhisme conquit le Tibet où, se combinant avec d'anciennes croyances religieuses locales, il devint rapidement la première religion du pays et donna naissance à un régime théocratique appelé lamaïsme.

Depuis le VIe siècle de notre ère, époque à laquelle il s'est implanté dans tous les pays où il compte aujourd'hui, le bouddhisme n'a pas connu d'expansion géographique, si l'on excepte le phénomène très récent d'émigration de communautés bouddhistes en Occident et l'adoption du bouddhisme par quelques dizaines de milliers d'Européens et d'Américains. En revanche, le bouddhisme a complètement disparu de l'Asie centrale (Afghanistan, Ouzbékistan...) où l'islam a pris sa place. Il en est de même en Indonésie où il ne subsiste qu'à l'état de traces. À notre époque, les persécutions chinoises contre la culture tibétaine ont eu pour conséquence l'installation de communautés bouddhistes en Inde, mais aussi en Occident où la spiritualité bouddhiste suscite un grand intérêt.

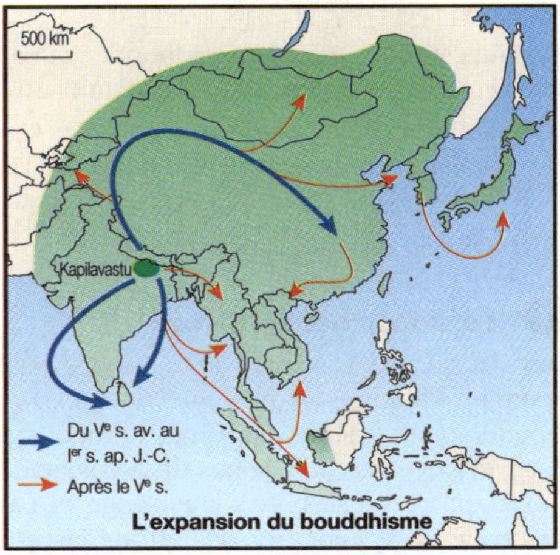

L'expansion du bouddhisme

Karma, dharma et sangha

Les trois mots clés du bouddhisme sont :
– le *karma* (*kar* signifie « faire »), ou somme des actions qui, pour tout être vivant, conditionne ses réincarnations ;
– le *dharma*, ou loi du Bouddha, sa doctrine ;
– la *sangha*, ou communauté des fidèles, moines et laïcs, dans le recrutement desquels, contrairement au brahmanisme, le système des castes ne joue aucun rôle.

La doctrine du bouddhisme

La doctrine bouddhique est fondée sur les « quatre saintes vérités » formulées par Bouddha dans son sermon de Bénarès, à savoir : l'universalité de la douleur, l'origine de cette douleur, sa suppression et les moyens qui y conduisent. Ces moyens passent par un chemin spirituel en huit étapes, la « noble octuple voie », qui permet de parvenir à la libération ou *nirvana.*

Les quatre saintes vérités

L'enseignement de Bouddha ne comporte aucune révélation. Il est le produit de son cheminement spirituel et se veut délibérément pragmatique. Dans le contexte bouddhiste, les mots *saint* ou *sacré* signifient seulement qu'il s'agit d'une vérité définitive, propre à sortir l'homme de la suite infinie de souffrances qu'il rencontre au cours de ses vies successives. Chaque réincarnation est déterminée par les actions de la vie antérieure.

Dans ce contexte, Bouddha dégage quatre vérités qui marquent la progression de sa réflexion :

1. Tout est souffrance dans ce monde : la naissance, la vieillesse, la maladie, la mort, l'union avec ce qu'on n'aime pas, la séparation d'avec ce qu'on aime, toute forme d'attachement.

2. La souffrance naît du désir sous toutes ses formes, y compris celui d'exister ; c'est le désir qui enchaîne l'homme au cycle infini des réincarnations.

3. La suppression de la souffrance s'obtient par l'extinction du désir et le détachement.

4. Le chemin qu'il faut suivre pour anéantir la souffrance est celui de la noble octuple voie.

La noble octuple voie

La quatrième vérité sainte énonce les huit étapes de la noble octuple voie, laquelle fournit à l'homme les moyens concrets d'obtenir son salut. C'est elle qui définit l'éthique bouddhique, éthique exigeante fondée sur la compassion pour tout être, la bonté et la bienveillance. Les huit étapes de la voie sont : *1.* des croyances justes ; *2.* une volonté juste ; *3.* des paroles justes, sans mensonge ni bavardage inutile ; *4.* des actions justes ; *5.* une façon de vivre juste ; *6.* des efforts justes qui doivent tendre à nous débarrasser d'états mentaux néfastes ; *7.* une pensée juste ; *8.* une méditation juste, qui doit nous faire reconnaître l'impermanence des choses.

Mettre en pratique une telle éthique exige discipline et entraînement. De fait, pour être comprise et approfondie, la doctrine bouddhique présuppose de se retrancher du monde et de vivre en communauté (*sangha*) dans un monastère.

Le *samsâra*, une idée fondamentale du bouddhisme

Héritier de l'hindouisme, le bouddhisme en conserve la croyance en la transmigration des âmes (*samsâra*). Il refuse l'idée d'un dieu suprême qui jugerait chacun à la fin de sa vie. La réincarnation est le résultat inéluctable d'une loi de la nature selon laquelle les actes de la vie, le *karma* (« action », en sanskrit), déterminent dans quel être, homme ou animal, se fera la réincarnation. Meilleur est le *karma*, plus favorable sera la vie ultérieure.
Seule une existence parfaite permet de se libérer du cycle infernal des renaissances pour accéder au *nirvana*.

L'IDÉAL BOUDDHIQUE : LA VIE MONASTIQUE

Pour échapper aux illusions du monde et suivre sans faiblesse l'enseignement de Bouddha, des monastères ont été fondés où les disciples peuvent, sous la direction de maîtres, perfectionner leur vie spirituelle.
En principe, les bonzes (moines) doivent obéir à 227 règles qu'ils s'emploient d'ailleurs à mémoriser en longues litanies.

La vie en communauté implique de renoncer à toute propriété individuelle. Les bonzes ne peuvent posséder en propre que neuf objets : trois robes, une ceinture, un rasoir, une aiguille pour coudre, un récipient pour l'eau, un bol à aumônes et un éventail. Ils s'engagent à ne nuire et à n'offenser personne. Ils doivent rester célibataires pour se consacrer à la méditation, les femmes étant considérées comme des tentatrices et l'instrument même de la pérennité des réincarnations.

On peut entrer au monastère dès l'âge de neuf ans et le quitter à tout moment, aucun vœu ne liant le bonze à son état. Lors de son ordination, le postulant reçoit un nouveau nom, témoignage d'une nouvelle existence.

Les bonzes doivent mendier leur nourriture auprès des fidèles. Revêtus de leur robe couleur safran (la couleur du renoncement), ils sortent en groupes deux heures avant l'aube avec leur bol à aumônes. Leur quête est l'occasion pour le fidèle d'acquérir des mérites en vue d'une réincarnation favorable, peut-être comme bonze. C'est le bonze qui rend service au fidèle et non l'inverse ; il ne doit donc aucun remerciement pour ce qu'il reçoit. Le moine doit terminer son unique repas quotidien avant 11 heures du matin. Ce repas, dépendant de la générosité des donateurs, est généralement composé de riz.

Le séjour plus ou moins long dans un monastère est une décision personnelle mais ce peut être aussi, comme en Thaïlande, une sorte de tradition sociale pour les jeunes qui passent une partie de leurs vacances scolaires à s'initier à la vie monastique. C'est ainsi que chaque année, quelques centaines de milliers de jeunes Thaïlandais font l'expérience de la vie communautaire dans l'un des 20 000 monastères du pays, où séjournent de façon plus durable quelque 150 000 bonzes.

Jeunes moines bouddhistes en quête de nourriture, en Birmanie

Les différentes formes du bouddhisme

Trois formes de bouddhisme se sont développées au cours des siècles : le Petit Véhicule implanté au Sri Lanka, en Birmanie, en Thaïlande et au Cambodge, le Grand Véhicule en Chine, au Japon et au Vietnam et le Véhicule tantrique au Tibet et en Mongolie.

Le Petit Véhicule

Le Petit Véhicule ou *hinayana* (*yana* signifie « véhicule ») est la forme la plus ancienne du bouddhisme. On l'appelle également bouddhisme *theravada* (« doctrine des anciens ») car le Petit Véhicule a conservé intacte la doctrine primitive du Bouddha.

Le salut y est une affaire individuelle et chacun n'aspire qu'à échapper soi-même au *samsâra*. Pour le bouddhisme *theravada*, la meilleure façon de pouvoir accéder au *nirvana* est d'être moine, ce qui explique le grand nombre de monastères dans les pays qui pratiquent cette forme de bouddhisme.

Le Grand Véhicule

Au début de notre ère se développe une forme nouvelle de bouddhisme, plus ouverte à la piété populaire, et appelée pour cette raison Grand Véhicule ou *mahayana*. Élargissant la doctrine primitive, le Grand Véhicule lui ajoute des éléments de religiosité populaire et d'éthique inconnus du *theravada*.

En effet, l'objectif du *mahayana* n'est plus d'obtenir son salut personnel, mais d'aider les autres à atteindre la libération. Son idéal n'est plus le saint individuel mais le *bodhisattva* (« être éveillé »). Renonçant à son propre nirvana et à devenir lui-même un bouddha, le *bodhisattva* accepte, par pure compassion, de mettre sa vertu et sa sagesse au service des hommes afin de les conduire à la délivrance. Ces êtres généreux et influents sont devenus l'objet d'un culte qui s'apparente à celui des saints chrétiens, et leurs statues peuplent par centaines certains temples bouddhistes. Cependant, le bouddhisme du Grand Véhicule peut aussi être très dépouillé comme dans les temples zen.

Le bouddhisme tantrique

Troisième branche du bouddhisme, bien qu'il soit parfois considéré comme faisant partie du Grand Véhicule, le Véhicule tantrique (*tantra*, « livre ») s'est implanté au Tibet. Il y a donné naissance à un système théocratique où les moines, appelés *lama*, détiennent le pouvoir temporel et spirituel. Ils reçoivent un enseignement ésotérique fondé sur l'étude des *tantra*, manuels de rites magiques. Cette initiation leur permet d'obtenir des « pouvoirs » et d'accéder à la libération en l'espace d'un éclair. C'est pourquoi cette forme de bouddhisme est aussi appelée *vajrayana*, *vajra* étant, dans l'hindouisme, l'arme de jet à mille pointes du dieu Indra. Celui-ci, frappant comme la foudre, symbolise le diamant (d'où la traduction de *vajrayana* par « Véhicule du diamant »).

Il existe plusieurs écoles tantriques, celle des Bonnets rouges dirigée par le Panchen-lama, qui tolère le mariage des moines et celle, plus connue, des Bonnets jaunes, dirigée par le Dalaï-lama.

LE ZEN

Disciples zen de l'école ***Soto***

Les principes

Typiquement japonais, le zen est, avec le Véhicule tantrique, le courant bouddhiste qui connaît le plus de faveur en Occident. En effet, bien qu'étant très minoritaire, le bouddhisme zen a bénéficié d'une bonne médiatisation.

Dans le bouddhisme zen, l'illumination s'acquiert grâce à une intense concentration et une discipline physique. Le mot *zen* vient du chinois *chan*, lui-même dérivé du sanskrit *dhyana* qui signifie « méditation ». Le zen est une technique de méditation qui se pratique dans la position du lotus, c'est-à-dire assis en tailleur avec le dos bien droit, position dite *za-zen* ou, littéralement, « assis-méditation ».

Contrairement à ce que le mot suggère pour un Occidental, la méditation zen n'est pas une réflexion approfondie de caractère intellectuel. Il s'agit d'obtenir la paix du corps, condition de la paix de l'esprit. C'est un exercice de concentration spirituelle dans laquelle rien ne se passe. La récitation de formules, les *sutra*, contribue à créer cette vacuité de l'esprit.

Souvent considéré en Occident comme un exercice physique de relaxation, le zen peut être pratiqué par n'importe qui, même par des prêtres catholiques, puisqu'il n'implique aucune croyance particulière.

La pratique

Le zen japonais se pratique dans des monastères aux règles de vie rigoureuses : réveil entre 3 h et 4 h du matin, séance de *za-zen* de 40 minutes (durée de combustion d'un bâton d'encens), petit déjeuner en silence vers 4 h 30, lecture des livres sacrés ou tâches ménagères, déjeuner sommaire à 11 h (riz, potage de haricots, légumes en saumure), travaux manuels jusqu'à 18 h puis, jusqu'à 21 h, de nouveau séance de *za-zen*. Pour marquer l'union du corps et de l'esprit, le moine peut s'exercer dans l'une des cinq voies qui sont de véritables rites : *cha-do*, la voie du thé ou cérémonie du thé ; *shoso*, la voie de l'écriture ou calligraphie ; *kado*, la voie des fleurs, ou *ikebana*, l'arrangement floral ; *kyudo*, la voie de l'arc ; *kendo*, la voie du sabre.

Il existe deux écoles de zen, l'école *zinzai* et l'école *soto*, la première étant la plus importante et la plus dynamique. Ce qui les différencie le plus visiblement est que, dans le *za-zen* de *zinzai*, les moines se font face mais baissent les yeux vers le sol, tandis que, dans l'école *soto*, ils font face au mur.

Durant l'exercice, un moine parcourt lentement les rangs en tenant un bâton verticalement devant lui. Les moines peuvent demander à être périodiquement stimulés d'un coup de bâton sur l'épaule, ce qui se fait après un salut réciproque. Le moine au bâton rectifie également la position verticale du dos et évite l'assoupissement des disciples.

Douze jours par mois, les moines qui en ont reçu l'autorisation sortent en groupe pour aller mendier la nourriture de la communauté.

Six jours dans le mois, les 4, 9, 14, 19, 24 et 29, les moines prennent un bain et se rasent la tête. Le 14 et le 29 sont consacrés au repos et au nettoyage du monastère.

La pratique du bouddhisme

Le meilleur moyen pour accéder au *nirvana* est de renoncer au monde terrestre et à ses illusions. Un tel détachement ne peut être atteint que par l'abandon de toute vie active et l'entrée dans la communauté monastique. La seule grâce que les non-moines puissent espérer est de renaître dans une meilleure incarnation grâce à leurs aumônes, à l'exercice de la méditation et de la compassion.

Les règles de vie

La pratique diffère selon les écoles et selon les pays. L'observance de la doctrine du Bouddha n'est pas contraignante : pas d'assistance obligatoire à des prières ou à des cérémonies ni de contraintes alimentaires ou morales rigoureuses, excepté la recommandation de ne pas manger de viande, par respect pour tout être vivant. Les bouddhistes s'engagent à observer un code éthique : ne pas tuer, ne pas voler, ne pas mentir, ne pas commettre d'adultère, ne pas s'enivrer. La compassion envers tous les êtres vivants implique la non-violence (*ahimsa*). Le bouddhiste est aussi tenu de contribuer par ses aumônes et ses dons à l'entretien des moines, s'assurant par là même un meilleur *karma*.

La dévotion

- La prière ne se pratique que dans les écoles du *mahayana*, tantrisme inclus, puisque le dévot peut s'adresser aux *bodhisattvas* ou au Bouddha lui-même pour progresser spirituellement. On peut aussi effectuer des retraites dans un monastère.
- Au Tibet, l'essentiel du culte passe par la répétition des formules sacrées ou *mantra*. Celle-ci est facilitée par l'usage du moulin à prières dont le cylindre contient une bande de papier où les formules sont inscrites, chaque rotation du moulin permettant de les répéter un nombre incalculable de fois dans un minimum de temps.
- Dans le bouddhisme *theravada*, qui ignore la notion de divinité, la prière est davantage une méditation qui consiste à libérer son esprit de toute passion et de tout désir, cette maîtrise mentale permettant d'acquérir l'impassibilité intérieure. Si les moines récitent de longues litanies, celles-ci s'apparentent plutôt à un exercice de mise en condition spirituelle qu'à des prières, puisqu'il n'y a pas de divinité à implorer.

Les fêtes et les pèlerinages

- Les quatre fêtes principales pratiquées par tous les bouddhistes sont les suivantes : vers février-mars, on commémore le souvenir de la révélation par Bouddha à ses 1 250 premiers disciples du contenu de son enseignement ; en mai, on fête le triple anniversaire de la naissance de Bouddha, de son illumination et de son entrée dans le *nirvana* ; entre juillet et septembre débute le carême bouddhiste, période de méditation inaugurée par des offrandes faites aux monastères ; la fin du carême est marquée par un repas que les moines et les fidèles prennent en commun dans l'enceinte du temple, ainsi que par des processions.
- Les quatre grands sites de pèlerinage bouddhiste, situés en Inde, sont liés aux principales étapes de la vie du Bouddha : Kapilavastu, au Népal, où il est né ; Bodhgaya, dans l'État indien de Bihar, où il a atteint l'illumination ; Sarnath, près de Bénarès, où il a fait son premier sermon ; Kusinagara, en Inde du Nord, où il est mort.

LES LAMAS TIBÉTAINS

Bonnets rouges et Bonnets jaunes

Le lamaïsme désigne la forme prise par le bouddhisme au Tibet et en Mongolie. Si, à l'origine, *lama* désignait le titre décerné aux moines d'un rang supérieur – *lama* signifie « supérieur, maître » –, aujourd'hui le terme qualifie tout moine tibétain. Le lamaïsme remonte au VIIe siècle de notre ère. Au Tibet, il se divise en deux branches : la plus ancienne est celle des Bonnets rouges dirigée par le Panchen-lama (« lama-joyau »), la plus nombreuse est celle des Bonnets jaunes dirigée par le Dalaï-lama (« lama-océan »). Cette dernière branche, au XVe siècle, entreprit de réformer la vie religieuse : elle imposa le célibat aux lamas et réduisit la part de la sorcellerie et de la magie à l'intérieur du tantrisme. Cependant, l'influence des pratiques magiques de l'ancienne religion *boen* des Tibétains chamanistes est encore perceptible dans les nombreux sites consacrés à la pluie, au développement des capacités cérébrales ou à l'affrontement des puissances des ténèbres.

L'engagement

C'est principalement par souci d'élévation spirituelle que l'on devient lama. On peut le devenir à tout âge, à partir de 12 ou 13 ans. Le lama s'engage à rester célibataire, à n'avoir aucune activité agricole ou commerciale, si ce n'est au profit du monastère. Il doit être dégagé de toute obligation et n'avoir tué ni son père, ni un lama. Le postulant a la tête rasée et se voit attribuer un nouveau nom. Il existe aussi des couvents de femmes, qui sont soumises aux mêmes obligations.

La vie dans un monastère tibétain

L'activité du monastère comprend des offices en commun, l'étude ou l'enseignement, ainsi que la pratique d'arts sacrés tels que la musique liturgique, la peinture de *thangka* (le *thangka* est un dessin de *mandala*, représentation symbolique du cosmos centrée sur une divinité) ou la confection d'offrandes.

Les fêtes sont nombreuses et peuvent durer plusieurs jours. Elles se déroulent lors de diverses occasions religieuses ou profanes, comme la célébration d'un mariage ou une crémation.

Un manquement aux vœux peut entraîner l'expulsion du lama, ce qui n'empêche pas que ce dernier puisse rendre des services religieux dans le village où il s'établit, s'il n'y a pas de monastère à proximité.

Depuis l'invasion du Tibet par les troupes chinoises et la fuite du Dalaï-lama qui s'est installé à Dharamsala en Inde en 1959, le bouddhisme tibétain s'est largement répandu dans le monde.

L'actuel Dalaï-lama est le quatorzième d'une lignée qui a débuté au XIVe siècle

Le bouddhisme aujourd'hui

Implanté dans tous les pays d'Asie, le bouddhisme est vécu différemment selon les cultures. Dans les anciens pays communistes, il est en pleine renaissance. En Occident, depuis les années 1960, la spiritualité bouddhiste – en particulier celle du Véhicule tantrique – a trouvé un nouveau terrain d'expansion.

Une pensée qui s'adapte au contexte local

C'est en raison de sa tolérance fondamentale que le bouddhisme, dans les différents pays où il s'est établi, s'est accommodé des croyances et des traditions religieuses préexistantes, lesquelles lui ont conféré une coloration particulière. Ainsi, le culte *boen* du Tibet est-il encore très apparent dans le bouddhisme tantrique. Plus remarquable est le culte des *Nats* en Birmanie, divinités locales honorées dans les temples et parmi lesquelles on trouve aussi des personnages historiques déifiés.

Dans les pays du Sud-Est asiatique (Sri Lanka, Birmanie, Laos, Thaïlande) de tradition *theravada*, le bouddhisme a conservé sa pureté primitive mais, au Japon, de tradition *mahayana*, il s'est diversifié et divisé en différents mouvements, dans le sillage de l'école du moine Nichiren (XIIIe siècle), qui se coulent sans difficulté dans les idées du monde moderne.

La situation du bouddhisme dans les pays communistes

Les persécutions religieuses pratiquées par les régimes communistes n'ont pas manqué de toucher le bouddhisme. On se souvient des bonzes vietnamiens s'immolant par le feu en guise de protestation. Une répression extrême s'exerça au Tibet en raison de la volonté de la Chine d'éradiquer la culture et l'identité tibétaines. En Chine même, les communautés bouddhistes ont elles aussi beaucoup souffert : si l'on comptait 500 000 moines vers 1930, il n'en restait plus que 2 500 en 1954, la plupart d'entre eux ayant été « rééduqués » dans des camps pour retourner à la vie laïque.

La disparition de l'URSS et la vague de libéralisation qui s'en est suivie ont entraîné un renouveau des communautés bouddhistes, non seulement en Russie, en Mongolie et au Cambodge, mais aussi, à un moindre degré, au Vietnam et en Chine. En Russie, par exemple, la république de Kalmoukie, au nord-ouest de la mer Caspienne, compte 45 % de Kalmouks (environ 150 000 personnes), qui sont tous bouddhistes. Constituant le « seul peuple bouddhiste d'Europe », ils viennent de construire, près d'Elista, capitale de la Kalmoukie, un temple gigantesque et rutilant. En Mongolie, où le bouddhisme est de type tantrique, les temples sont restaurés et le Dalaï-lama est reçu avec les plus grands honneurs.

L'expansion du bouddhisme en Europe

L'exil des Tibétains persécutés par la Chine a eu pour conséquence l'établissement de contacts privilégiés entre les Européens et le bouddhisme tantrique. La forme zen du bouddhisme japonais connaît également un grand succès en Occident (voir p. 115). Cependant, le zen et le tantrisme restent des formes minoritaires du bouddhisme.

LE BOUDDHISME EN OCCIDENT

Le développement du tourisme en Asie, l'arrivée en Europe de bouddhistes fuyant leur pays comme les *boat people* du Vietnam ou les Tibétains, ont accru l'intérêt de l'Occident pour la spiritualité bouddhiste.

■ Au-delà de l'exotisme, l'attrait qu'exerce le bouddhisme sur la pensée occidentale a plusieurs causes :

– philosophie de la non-violence, il convient parfaitement au pacifisme de la jeunesse contemporaine, qui, sans rejeter explicitement la notion de Dieu, s'en passe fort bien. Paradoxalement, le bouddhisme concilie une vision très pessimiste du monde où tout est souffrance et la consolation de pouvoir faire son salut par une pratique spirituelle rigoureuse ;

– non dogmatique, la doctrine bouddhiste s'accommode du rejet des dogmes du catholicisme qui apparaît à certains comme un « religieusement correct » trop contraignant. Cependant, le bouddhisme repose lui aussi sur une croyance, celle en la réincarnation, difficile à justifier rationnellement ;

– le bouddhisme est parfaitement compatible avec l'individualisme occidental auquel il n'apporte aucune contrainte de culte, de rites ou d'une quelconque pratique religieuse.

■ Ce sont deux formes marginales du bouddhisme qui connaissent le plus de succès en Occident : le tantrisme tibétain et le zen japonais. L'intérêt pour le Véhicule tantrique s'explique par la sympathie qu'a suscitée l'intervention brutale de la Chine au Tibet et l'arrivée en Occident en 1959 de moines fuyant les persécutions. À quoi attribuer la fortune du zen ? Peut-être à l'austérité de sa discipline physique et mentale qui le rapprocherait de l'idée que l'Occident se fait du moine.

■ C'est au XIXe siècle que le bouddhisme commence à avoir une influence sur la pensée occidentale, en particulier avec le philosophe allemand Schopenhauer. Cet intérêt se poursuit au début du XXe siècle avec les récits de voyage d'Alexandra David-Neel. Mais c'est seulement depuis deux ou trois décennies qu'existe véritablement un bouddhisme occidental.

Le bouddhisme en France

En France, le bouddhisme tibétain compte 84 centres, monastères ou simples lieux d'accueil.

Différentes écoles sont représentées dont la plus importante est celle de *Kagyu-pa* (« ligne orale ») avec un centre à Saint-Léon-sur-Vézère, en Dordogne. L'école dont le Dalaï-lama est le chef, celle des *Gelug-pa* (les « vertueux »), ne regroupe guère plus de 10 % des centres français. Cependant, ces différentes écoles entretiennent d'excellents rapports.

Le bouddhisme zen a pris son essor en France en 1967 avec le maître japonais Taisen Deshimaru, de la branche *soto*. Le temple de la Gendronnière, fondé en 1980 en Sologne, en est le fleuron. L'école *shingon* a ouvert en 1981 un temple dans l'Hérault où se pratique un zen ésotérique qui ne regroupe qu'un petit nombre d'adeptes.

Il convient de mentionner aussi le mouvement *Soka Gakkaï* (voir p. 129) et toutes les activités des communautés d'Asie du Sud-Est établies en France, comme le monastère khmer de Créteil ou le centre vietnamien de Joinville.

Les quelque 50 000 Français de souche qui se réclament explicitement du bouddhisme comptent déjà dans leurs rangs des lamas à la formation approfondie, presque tous rattachés au tantrisme tibétain.

Depuis janvier 1997, une émission bouddhiste est présentée chaque dimanche sur France 2 et, en 1996, une université bouddhiste européenne a été ouverte à Paris.

Les religions au Vietnam

Le Vietnam illustre bien la complexité de la situation religieuse des pays asiatiques : le régime politique est athée, le peuple est profondément croyant mais ses convictions se partagent en de multiples religions, sectes ou superstitions. À côté du bouddhisme très majoritaire et de 8 % de chrétiens, on trouve bien d'autres croyances.

Le culte des ancêtres

Le culte des ancêtres est étroitement lié à la philosophie de Confucius (voir p. 122), introduite au Vietnam à partir de la Chine vers le XVe siècle.

– Chaque famille vietnamienne consacre un autel à ses ancêtres. Une tablette y porte le nom, les titres, les dates de naissance et de mort et la photo de chaque défunt. Les tablettes sont entourées de bâtonnets d'encens, de fleurs, de compotiers remplis de fruits… Les ascendants âgés sont également l'objet de la piété filiale : on les entoure d'attention et leurs anniversaires sont fêtés avec solennité. On célèbre les anniversaires des décès avec d'autant plus de pompe qu'il s'agit d'un parent proche. Le culte est dirigé de préférence par le fils du défunt ou, à défaut, par un descendant mâle.

– Quant aux Vietnamiens de la diaspora, ils s'assurent les services d'une pagode qui, contre rémunération, procède automatiquement aux cérémonies aux dates requises.

Croyances et sciences occultes

Très préoccupés par l'au-delà, les Vietnamiens sont attirés par le spiritisme, l'astrologie, la divination, la géomancie et la chiromancie.

– *La géomancie*, en particulier, leur permet de déterminer les emplacements favorables aux tombeaux de la famille, de choisir le site où sera construite la maison, de savoir comment l'orienter et où placer l'autel des ancêtres.

– *La divination* s'efforce de connaître l'avenir par divers procédés : lecture de poèmes inscrits sur les bâtonnets en vente dans les pagodes, sacrifice d'un poulet au génie de la terre, l'examen de la tête de l'animal, de son foie ou de la position de ses pattes permettant de tirer des conclusions pour le futur.

– *La croyance aux esprits* est encore très répandue au Vietnam, surtout dans les campagnes. Ils peuvent habiter des objets ou des animaux.

Les sectes

Il existe au Vietnam de nombreuses sectes originales. Les deux plus importantes sont le caodaïsme et celle des Hoa Hao, mais d'autres exemples illustrent la richesse de l'inspiration religieuse des Vietnamiens :

– la « voie du cocotier », fondée en 1948 par un ingénieur chimiste, Nguyen Thanh Nam, qui se mit à prêcher puis s'installa en haut d'une colonne, où il pratiquait de mystérieuses cérémonies ;

– la « voie du miroir » créée par le prophète Muoi Phé, qui méditait devant un miroir ; il construisit une sorte d'arche de Noé destinée à sauver les âmes à la fin du monde.

DES RELIGIONS ORIGINALES

Le caodaïsme

Le caodaïsme est un mouvement religieux fondé au Vietnam en 1926 par un mandarin, Lê Van Trung. C'est au cours d'une séance de spiritisme que celui-ci se sentit appelé pour devenir le chef d'une nouvelle Église qui viendrait parachever l'évolution religieuse de l'humanité. Selon lui, Dieu se serait manifesté une première fois à travers Moïse et Jésus-Christ, une deuxième à travers Bouddha et Lao-zi, le caodaïsme étant sa troisième manifestation où Dieu, se passant de toute médiation humaine, communiquerait avec ses disciples par l'intermédiaire de la transe.

La nouvelle Église fut établie dans la ville de Tay Ninh à une centaine de kilomètres au nord-ouest de Saigon et Lê Van Trung en devint le pape – tel est son titre officiel.

Cao Daï, qui peut se traduire par « haut palais », est représenté dans les temples par un œil surmontant le globe terrestre. Le caodaïsme est un système syncrétique qui combine les croyances du bouddhisme, du confucianisme, du taoïsme, du christianisme, du culte des ancêtres et du culte des esprits à l'intérieur d'une religion unique.

Parmi les personnalités vénérées par le caodaïsme, on trouve aussi bien Jeanne d'Arc, Pasteur, Victor Hugo, que le révolutionnaire chinois Sun Yat Sen ou le poète Li Tai Po.

Les caodaïstes croient à la métempsycose, les âmes, après la mort, allant habiter un autre corps, d'homme ou d'animal. Leur morale pratique est fondée sur la fraternité universelle et le respect de tous les êtres vivants.

L'organisation du caodaïsme, qui compte aujourd'hui près de 2 millions d'adeptes, principalement d'origine rurale, est calquée sur celle de l'Église catholique avec un pape, des cardinaux, des évêques, des archevêques et des prêtres. Les femmes peuvent accéder à chacune de ces charges. La Rome du caodaïsme est la ville de Tay Ninh.

Temple caodaïste

Les Hoa Hao

Ce mouvement de rénovation du bouddhisme tire son nom du village de son fondateur, Huynh Phu So. Celui-ci, né en 1919, est confié à l'âge de 15 ans à un ermite bouddhiste chargé de soigner sa santé fragile. En 1939, après une crise nerveuse, il retrouve la santé et décide de fonder une nouvelle religion. Se prétendant l'incarnation de héros de l'histoire vietnamienne, il recommande à ses disciples le respect de quatre principes : la piété filiale, l'amour de la patrie, la croyance en la doctrine des Hoa Hao et l'amour du prochain.

Le deuxième de ces principes a conduit le mouvement Hoa Hao à jouer un rôle politique, d'abord contre la colonisation française puis contre le régime vietminh. Huynh Phu So a été fusillé par les communistes en 1947 mais le mouvement a gardé de l'influence dans les milieux ruraux du delta du Mékong et, à un moindre degré, dans le sud du Vietnam.

Le confucianisme

Le confucianisme, doctrine philosophique, politique et morale se réclamant de Confucius, n'a jamais été conçu comme une religion et s'apparente davantage à une sagesse pratique. Cependant, il devint une sorte de culte religieux rendu à Confucius, tandis que ses idées, « récupérées » par le pouvoir impérial, devenaient la clé de voûte de la doctrine politique officielle.

La vie de Confucius

Contemporain de Bouddha, Confucius (en chinois *Kong Fu-zi*, « maître Kong ») est né dans une famille pauvre de la petite noblesse et a vécu de 551 à 479 av. J.-C. Il put néanmoins faire de bonnes études et reçut une éducation complète. À 22 ans, il ouvrit une école et forma des disciples. Puis il se mit à voyager à travers la Chine pour offrir ses conseils aux gouvernants. Après une courte période d'exercice du pouvoir à la tête d'une province, il regagna son pays natal de Lou (nord-est de la Chine) où il devait se consacrer à l'enseignement jusqu'à sa mort.

La personnalité de Confucius n'est connue que par le *Lunyu* (*Entretiens*), recueil de propos du maître rapportés par ses disciples. Mais l'essentiel de la pensée confucéenne se trouve dans le corpus des « textes canoniques » (*jing*) qui se divise en deux groupes : d'une part, les cinq textes canoniques (parmi lesquels le célèbre *Yi Jing*, ou « Livre des mutations ») qui sont attribués à Confucius lui-même et, d'autre part, les textes canoniques composés plus tardivement par ses disciples. Le confucianisme est donc une doctrine dont on est loin de pouvoir attribuer l'élaboration au maître lui-même, et qui ne s'est véritablement développée qu'après lui.

Les principes du confucianisme

La pensée de Confucius est dominée par l'idée de l'ordre social. Le spectacle des malheurs et du déclin de la société de son temps l'incite à chercher des recettes susceptibles de rétablir le sentiment du bien public. Pour ce faire, Confucius, esprit profondément conservateur, se tourne vers les valeurs et les pratiques du passé – un passé qu'il idéalise – auxquelles il va tenter de redonner forme.

Pour lui, la morale est inséparable de la politique : chacun, en s'efforçant d'atteindre la perfection, doit contribuer à la cohésion de sa famille et de l'État. L'harmonie sociale découle d'un principe d'autorité strict : le souverain doit obéir au Ciel, le sujet au souverain, le fils au père, la femme à son mari, le cadet à l'aîné, chacun étant ainsi maintenu en sa juste place et témoignant du respect envers son supérieur.

Mais, s'il est nécessaire, le respect ne suffit pas. Il faut aussi, pour la bonne marche de la société, se conformer aux rites : pratiquer selon les règles le culte des ancêtres et, pour l'empereur, le culte du Ciel, célébrer les fêtes traditionnelles liées au rythme des saisons, honorer les divinités du foyer. L'ordre social et l'ordre de la nature étant liés, l'observation des rites permet à chacun de s'accorder aux puissances qui gouvernent l'univers, afin que soit maintenue l'harmonie universelle.

Les cinq grandes vertus du sage confucéen sont le respect de soi et d'autrui, la générosité, la loyauté, le zèle et la bonté, et ses trois qualités essentielles, la prudence, la piété et le courage. Cultiver et développer ces qualités permettent l'instauration de relations sociales harmonieuses.

LA « RELIGION » DES CHINOIS

Quoique la très grande majorité des Chinois n'ait aucune préoccupation religieuse, il subsiste en Chine une tradition religieuse originale faite d'un mélange de confucianisme, de taoïsme, de bouddhisme et de superstition dont le dosage varie selon les individus.

Le confucianisme, fondement de la culture chinoise

Quand la Chine redevint un empire centralisé, après la période de troubles dont Confucius fut le témoin, les principes du confucianisme furent officialisés et introduits dans la culture populaire. Ce rôle fut confié aux mandarins, lettrés recrutés sur concours. Cependant, l'absence de mysticisme de la doctrine confucéenne ne pouvant guère satisfaire la religiosité populaire, celle-ci trouva un exutoire dans le taoïsme et ses pratiques magiques. Quand le bouddhisme apparut en Chine, il assimila une bonne part du taoïsme au point qu'aujourd'hui encore, les deux courants se partagent les mêmes temples.

L'histoire de la Chine a toujours été marquée par l'alternance du confucianisme, soutenu par les pouvoirs forts, du taoïsme et du bouddhisme. C'est la combinaison de ces trois doctrines religieuses qui caractérise la culture chinoise. Le confucéen, pragmatique, contrôle ses désirs pour vivre en harmonie avec le monde, alors que le bouddhiste cherche à les anéantir pour s'en évader.

Le culte

Les temples chinois hébergent aussi bien des statues de Bouddha, de Lao-zi (Lao Tseu) et de Confucius, que celles d'humains divinisés, généraux, rois ou calligraphes renommés. Certaines célébrités régionales peuvent également être divinisées : par exemple, on honore le constructeur d'un barrage qui permit de maîtriser les inondations. Les temples locaux célèbrent le culte de l'ancêtre du clan, assimilé au culte de la vie. Qu'ils résident dans les grandes villes du pays ou à l'étranger, les Chinois originaires d'une même région ou d'un même village conservent entre eux des liens très forts. Regroupés en associations très actives autour d'un temple, ils y honorent, à côté de Bouddha, leur ancêtre clanique.

Le culte consiste essentiellement en prières de demande, le fidèle brûlant des baguettes d'encens et consultant les divinités selon diverses modalités pour obtenir des conseils à propos de sa vie professionnelle ou affective. Les funérailles relèvent des rites bouddhistes qui offrent l'espoir d'une réincarnation.

La « religion » des Chinois, avec ses composantes confucianiste et bouddhiste, a influencé les pays voisins de la Chine, comme la Corée, le Japon ou le Vietnam.

Confucius

Quelques aphorismes de Confucius

Un homme de bien n'exige pas tous les talents et toutes les qualités chez une seule personne.

Vous ne savez pas ce qu'est la vie, comment pourriez-vous savoir ce qu'est la mort ?

Vous ne savez comment servir les hommes, comment sauriez-vous servir les dieux ?

Il faut respecter les dieux mais s'en tenir éloigné.

Pourquoi rendre le bien ou le mal ? Que rendrez-vous alors pour le bien ?

Le taoïsme

Le taoïsme est initialement une philosophie, qui tire des enseignements de l'observation de la nature et des énergies vitales, où les contraires s'engendrent et se complètent dans un mouvement infini. Ses principes de base ont notamment influencé des écoles de pensée comme le confucianisme et le bouddhisme.

Le taoïsme

Les Chinois primitifs ont d'abord connu une religion de type animiste où la nature et ses phénomènes étaient divinisés. Sur ce fonds ancien s'est greffée une philosophie ou plutôt une conception du monde dont l'initiateur est Lao-zi (prononcer « Lao Tseu », c'est-à-dire « le Vieux ») contemporain de Confucius, aux VIe-Ve siècles avant J.-C. ; selon la tradition, ces deux philosophes majeurs se seraient peut-être rencontrés.

Bien plus tard, à partir du IIe siècle de notre ère, s'est développé un taoïsme religieux avec des rituels formalisés. À la pensée de Lao-zi se sont adjoints pratiques ésotériques, cultes des esprits et diverses superstitions.

Au VIIe siècle, la rencontre de la sagesse taoïste et du bouddhisme indien a donné naissance au bouddhisme chan qui se répandra au Tibet et sera le précurseur du zen au Japon.

Tout comme la pensée confucéenne a durablement modelé la vie sociale et politique des Chinois, le taoïsme philosophique a profondément imprégné leur pensée spirituelle. Aujourd'hui encore, il cohabite avec des croyances populaires mais toujours avec un grand principe commun : la reconnaissance du principe des contraires.

Le principe philosophique du Tao

Tao est un mot chinois, aujourd'hui écrit *dao* (*do* ou *to* en japonais comme dans *judo* ou *shinto*), qui porte le sens de voie, de chemin. Il implique aussi une idée de mouvement qui suggère de le traduire par « cours des choses ». En effet, le Tao n'a ni début ni fin, il contient tout : le temps, les choses et leur contraire. Pour un taoïste, l'univers englobe chaque être dans un courant infini qui s'écoule inexorablement en équilibrant les forces opposées ; rien n'est stable ni indépendant, toutes choses sont mouvantes et interdépendantes.

L'observation de la nature révèle la dynamique des énergies vitales yin et yang, principes contraires qui ne sont pas dualistes mais complémentaires. L'équilibre de ces forces constitue le Tao ; pour retrouver l'union au Tao, il faut abandonner le raisonnement et accompagner le cours des choses en pratiquant le « non-agir », une forme de renoncement ou de contemplation qui mène à l'harmonie intérieure.

Les textes classiques de la Voie

Selon Lao-zi, il est vain de traduire le principe du Tao par des mots car le Tao ne s'explique pas, il se ressent : la connaissance de la vraie nature des choses ne s'acquiert pas par le raisonnement logique mais s'expérimente en opérant un vide mental parfait. Les taoïstes disposent néanmoins de textes majeurs, dont le *Dao-Jiu* (« Classique de la voie de la vertu »), un ensemble de sentences et d'aphorismes écrits en prose rythmée que l'on attribue à Lao-zi. Un autre grand texte classique est le *Zhuang-zi*, du nom de son auteur, un maître taoïste qui vécut au IVe siècle avant J.-C.

LA VOIE DU VIDE PARFAIT (LES SYMBOLES DU TAO)

Yin et yang

Le Tao étant par nature indicible, seuls les symboles permettent à l'imagination de le saisir. Les plus connus de ces symboles sont le yin et le yang.

Le *tai ji*, cercle partagé en deux parties, yin et yang, est fréquemment représenté dans les pays imprégnés de taoïsme. Il apparaît en particulier dans le drapeau coréen.

Le cercle est l'image de la sphère de l'univers, la partie supérieure est le yang, de couleur claire, la partie inférieure, le yin de couleur sombre. Le dessin fait apparaître une interpénétration du yin et du yang et donne une impression de mouvement continu sur lui-même.

Le yin est féminin, froid, passif, absorbant... tandis que le yang est masculin, chaud, actif, pénétrant... Fleurs, fruits ou animaux se répartissent tous entre yin et yang.

L'art de la peinture cherche aussi à symboliser cet équilibre de la nature en combinant, par exemple, des montagnes (yang) et des nuages (yin).

L'aphorisme du papillon

La littérature taoïste abonde en paraboles, dont la plus célèbre a pour auteur Zhuang-zi : Une nuit, il rêva qu'il était un papillon, voletant çà et là avec insouciance, et ignorant qu'il était Zhuang-zi. Il se réveilla brusquement, très surpris de se retrouver Zhuang-zi. Ne sachant plus qui il était, il se demanda : « Comment puis-je savoir si j'étais un homme rêvant qu'il était un papillon, ou si je suis un papillon rêvant qu'il est un homme ? »

Cet aphorisme est fréquemment cité pour exprimer la relativité de toute chose, l'aléatoire de la réalité attachée à un moment, l'expérience intérieure du Tao comme prise de conscience intuitive et immédiate.

Le tai chi chuan

La gymnastique encore pratiquée par des millions de Chinois, le *tai chi chuan*, parfois nommé « combat contre l'ombre », est d'inspiration taoïste. Cet art martial dit « interne » met en application le principe du « calme dans le mouvement ». Les nombreuses postures du tai chi chuan s'enchaînent avec lenteur pour ne plus former qu'un seul mouvement continu où se réconcilient les contraires : union de l'intérieur et de l'extérieur, du haut et du bas, du plein et du vide, etc.

Séance de tai chi chuan en Chine

Le shinto

Le shinto, qui se rattache à l'animisme des peuples sibériens, est l'ancienne religion du Japon. Au cœur du shinto se trouve le culte des *kami*, esprits ou divinités des ancêtres et de la nature. S'appuyant sur les notions de pureté et d'harmonie entre l'homme, la nature et les dieux, ainsi que sur le respect des traditions, le shinto cimente fortement l'identité japonaise.

Une sorte de panthéisme

Le mot *shinto*, forgé au VIIe siècle pour distinguer la religion japonaise autochtone du bouddhisme – introduit au VIe siècle à partir de la Corée –, signifie « voie des divinités ». Il est constitué de deux idéogrammes chinois : *shin*, qui signifie « divinité » et *to* (*dao* en chinois) qui désigne le « chemin » ou la « voie ». La prononciation japonaise de *shin* est *kami*.

Le panthéon du shinto compte des myriades de *kami*, esprits ou forces vitales qui peuplent tous les lieux : l'espace domestique, les montagnes, les forêts, les rivières, etc., avec une prédilection pour les positions stratégiques comme les carrefours ou les confins. Ils peuvent se manifester sous forme d'animaux (renard, tigre) ou de phénomènes naturels (tempêtes, typhons). Les *kami* sont aussi les divinités ancestrales d'une famille, d'un clan ou d'un village.

Histoire du shinto

À l'origine patchwork de croyances, de mythes et de rites variant d'un village à l'autre, le shinto n'a jamais constitué une doctrine fermement établie. Le bouddhisme n'eut donc aucun mal à pénétrer la société japonaise et à intégrer les croyances et les rites shinto à son univers. Son emprise se renforçant au fil des siècles, s'opéra alors un syncrétisme entre les deux religions, et celles-ci se retrouvèrent associées dans les mêmes temples. À partir du XVIIIe siècle cependant, sous l'effet d'une réaction nationaliste, commença à germer l'idée d'une restauration du shintoïsme dans sa pureté initiale.

Au début de l'ère Meiji, en 1868, l'empereur Mutsuhito décida de séparer nettement les deux religions. Il interdit aux moines bouddhistes d'officier dans les sanctuaires shintoïstes et proclama le shinto religion d'État. Cependant, la tentative de créer une religion nationale ayant partiellement échoué, il fut décidé d'organiser le shinto entre :

– le shinto d'État ou shinto des sanctuaires : affirmant l'origine divine de la maison impériale, il rendait obligatoire le culte de l'empereur ; les rites se déroulaient dans des sanctuaires nationaux où officiaient des prêtres nommés par le pouvoir. Le culte impérial a perdu son caractère officiel après la défaite de 1945 et n'est plus pratiqué aujourd'hui qu'à titre privé. Le shinto des sanctuaires, en revanche, reste bien vivant. On dénombre plus de 80 000 sanctuaires au Japon, vastes édifices comme le temple d'Ise ou simples petites chapelles champêtres, où l'on vénère les *kami*, et plus particulièrement Inari, divinité des récoltes abondantes dont le messager est un renard ;

– le shinto des sectes qui regroupe des mouvements religieux autonomes constitués depuis le XIXe siècle et fondés par des personnalités diverses ;

– le shinto populaire, religion diffuse où coexistent les rites et les croyances du bouddhisme et du shintoïsme.

CULTE, RITES ET FÊTES SHINTO

Le shinto s'exprime par des rites de communion avec la nature au cours de fêtes appelées *matsuri* et durant lesquelles les *kami,* invoqués à l'aide de chants, de danses et de prières, entrent en communication avec les hommes. Les naissances et les mariages sont célébrés selon les rites shintoïstes, alors que les funérailles se déroulent selon le rituel bouddhiste qui offre l'espoir d'une réincarnation.

La principale divinité du shinto est Amaterasu, la déesse du Soleil, qui a longtemps été considérée comme l'ancêtre de la lignée impériale. Elle est vénérée dans le sanctuaire d'Ise qui, reconstruit tous les vingt ans à l'identique, accueille le plus grand pèlerinage du shintoïsme.

La religiosité japonaise associe de façon indiscernable shintoïsme et bouddhisme et une majorité de Japonais déclare appartenir aux deux religions.

Le culte des ancêtres prescrit par le shintoïsme est la marque de l'influence du confucianisme, qui s'est fortement développé au Japon durant le XVIIe siècle.

Cependant, la modernité et le haut niveau de développement du Japon ont entraîné une certaine désaffection à l'égard des religions traditionnelles (déclin notamment de la croyance aux *kami* qui n'est plus partagée que par 1 % des Japonais) et, à l'inverse, la prolifération de « nouvelles religions » (voir p. 128), très fortement rattachées soit au bouddhisme soit au shintoïsme, sans exclure pour autant un intérêt grandissant pour le christianisme.

Une secte shinto, le Tenrikyo

La « secte » shinto la plus influente est le Tenrikyo, mais le Konkokyo, avec 1 350 temples, 600 000 membres et 3 600 prêtres et le Kurozumikyo, avec 300 temples, 700 000 membres et 3 400 prêtres ont aussi leur importance.

Le Tenrikyo, littéralement « enseignement (*kyo*) de la loi (*ri*) du ciel (*ten*) », vit le jour en 1838. C'est au cours d'une séance de spiritisme que le « général du ciel » apparut à Miki Nakayama, une simple mère de famille, et lui annonça qu'il avait décidé de faire d'elle son temple vivant afin de sauver l'humanité. Elle reçut des dons de guérison et écrivit un livre saint, *Ofudesaki* (« la pointe du pinceau »), en caractères katakana. L'utilisation de cette écriture phonétique, réservée aujourd'hui à la transcription des mots étrangers, révèle une instruction rudimentaire et rend difficile l'interprétation du texte.

Selon l'*Ofudesaki*, le corps de Dieu occupe tout l'univers et se manifeste par les *kami* qui le peuplent, qu'il s'agisse de la lune et du soleil, ou encore des esprits des ancêtres.

Le Tenrikyo se considère comme une religion universelle. Au Japon, la secte possède 15 000 temples et compte plus de 2 500 000 fidèles, dont 100 000 formés pour la célébration du culte. Son activité missionnaire a conduit le Tenrikyo à ouvrir des centres en Amérique du Nord, à Paris, et au Brésil où vit une importante population d'origine japonaise. Le quartier général du Tenrikyo se trouve dans la ville de Tenri-shi, près de Nara, dans le sud du Japon. Elle est considérée comme le centre sacré de la terre et abrite l'université où sont formés les membres du mouvement.

Le grand torii sur l'île de Miyajima
Tous les temples shinto comportent un ou plusieurs *torii*, portiques marquant l'entrée dans l'espace sacré du sanctuaire. La porte est un symbole d'ouverture sur une autre vie – le terme *mikado*, ancien titre de l'empereur du Japon, signifie « auguste porte ».

Les « nouvelles religions » japonaises

Depuis plus d'un siècle fleurissent au Japon des mouvements religieux originaux, le plus souvent d'origine bouddhiste. Forts d'un poids politico-économique considérable, ils possèdent également une certaine influence à l'étranger.

Il semble que les Japonais compensent le matérialisme de leur société par diverses activités spirituelles, souvent dans le cadre de nouvelles religions, où l'on retrouve la même organisation hiérarchique et le même goût du pouvoir que ceux qui règnent dans leurs grands groupes industriels. Caractéristique de ces « nouvelles religions », la Soka Gakkaï, issue du bouddhisme, en a été récemment exclue pour déviationnisme. Deux autres mouvements sont présentés ci-dessous : le Rissho Koseikai et le P. L. Kyodan.

Le Rissho Koseikai

Son nom étant l'abrégé de « société de fidèles pour la personnalité de l'homme et la réalisation de la paix du monde selon la loi bouddhique », cette école religieuse se réclame de la doctrine bouddhiste du réformateur Nichiren (1222-1282), qui se caractérise par sa rigueur et son militantisme. Selon Nichiren, c'est au Bouddha éternel qu'on doit chercher à s'unir, le Bouddha historique n'en étant que le symbole sur terre.

Ouvert sur l'étranger et le monde moderne, le Rissho Koseikai a créé de nombreuses œuvres de bienfaisance, en particulier dans le tiers-monde. Il s'efforce aussi de dialoguer avec les autres religions, dont le christianisme, auquel il s'apparente par quelques aspects : zèle missionnaire, pratique d'une sorte de confession publique (*hoza*) rappelant la dynamique de groupe, reconnaissance implicite en Bouddha d'un Dieu créateur venu sur terre pour sauver les hommes grâce à son enseignement.

Le Rissho Koseikai, fondé en 1938, revendique près de cinq millions de membres, Japonais et étrangers. Son centre administratif est situé à Tokyo, où le mouvement possède également son Grand Hall sacré, des salles de congrès, une maison d'édition et un lycée.

Le P. L. Kyodan

Signifiant littéralement « communauté religieuse de la parfaite liberté », la dénomination de cette secte associe un mot japonais et des initiales anglaises, bien que le mouvement soit antérieur à l'occupation américaine du Japon. Issu lui aussi du bouddhisme, le P. L. Kyodan a été fondé en 1926 par le moine Tokuharu Miki. Sa doctrine associe dans un même culte Bouddha et Amaterasu, la déesse shinto du Soleil. Typiquement japonais par ce mélange de bouddhisme et de shintoïsme, le mouvement remporta vite un grand succès qui portait ombrage au shinto officiel. Miki fut emprisonné et sa religion interdite jusqu'en 1945.

Le P. L. Kyodan compte environ un million de membres. Une parution de 1957 précise qu'il a pour mission d'enseigner « l'art de la vie », chacun devant se féliciter de la chance qu'il a de faire ce qu'il fait. Chaque membre de la secte doit faire rayonner son art de vivre, à l'image du soleil qui brille pour tout le monde ; la paix sera obtenue par la création d'un monde où chacun aura de l'estime pour lui-même et réalisera ses aspirations.

LA SOKA GAKKAÏ

Entre religion et politique

Véritable institution présente dans 115 pays, la Soka Gakkaï est assez peu connue en Occident. Pourtant ce mouvement ne cherche pas à se dissimuler : il compte environ 10 millions de membres et dispose de dizaines d'écoles, lycées, universités ou centres culturels. Il multiplie les publications dont certaines atteignent des tirages de plusieurs millions d'exemplaires – chiffre astronomique qu'on ne trouve qu'au Japon.

Créée en 1938, la Soka Gakkaï (« société pour la création de valeurs ») était à l'origine un mouvement purement laïque. L'ambition de son fondateur, le professeur de géographie Tsunesaburo Makiguchi, était de réformer le système éducatif japonais en le recentrant autour des valeurs morales. L'échec de son projet le conduisit à rattacher sa doctrine au bouddhisme, et plus particulièrement à l'école du moine Nichiren (XIIIe siècle). Celui-ci soutient que l'Éveil est une sorte de connaissance à laquelle chacun peut accéder par la répétition machinale de formules sacrées, et qui assure la réussite des entreprises menées dans ce bas monde. Cette forme de bouddhisme convenait très bien aux objectifs de la Soka Gakkaï. L'habillage religieux s'avéra essentiel pour le succès du mouvement, d'autant que le bouddhisme, combattu par le pouvoir impérial pendant la Seconde Guerre mondiale au profit du shintoïsme, connut un vif regain de faveur après la défaite de 1945.

Makiguchi, incarcéré pour ses idées, mourut en prison en 1944. Il fut relayé par l'un de ses compagnons, Josei Toda, qui relança la Soka Gakkaï, monta une maison d'édition, fit faillite et tomba sous le coup d'une accusation d'affairisme. Cependant, le succès de la Soka Gakkaï fut impressionnant et à la mort de Toda, en 1951, la secte dépassait les 750 000 membres.

En 1960, le mouvement passa sous la direction de Daisaku Ikeda, autre forte personnalité qui le dirigea d'une main de fer. L'éducation, objectif premier du mouvement, fut alors orientée dans un sens politique : la réforme morale doit préparer à la prise du pouvoir. Un parti fut formé, le *Komeito* (« parti d'un gouvernement propre ») qui, avec 47 députés à la Diète, devint la troisième force politique du pays. Mais ce succès politique ne dura pas et, en 1972, le Komeito ne comptait plus que 24 députés. En revanche, les affaires de la Soka Gakkaï ont prospéré : c'est désormais une multinationale très puissante qui infiltre tous les rouages de l'économie et de la politique internationales grâce à des actions de communication variées. Son quotidien, le *Seikyo Shimbun* (« Journal du monde »), tire à cinq millions d'exemplaires et Ikeda ne laisse échapper aucune occasion de rencontrer les chefs d'État de la planète, les invitant à se joindre à lui pour établir la paix universelle.

La religion reste cependant l'élément mobilisateur des fidèles, séduits par l'idée que leur bonheur dépend de leur dévouement. Strictement encadrés et convaincus que le bien et le mal sont liés à la position sociale, les adeptes du mouvement se comportent comme des sectateurs fascinés par leur gourou. La spiritualité du bouddhisme paraît bien lointaine et, en 1996, la Soka Gakkaï a été exclue de l'école Nichiren pour trahison de la doctrine.

Des auditeurs de la Soka Gakkaï (Japon, 1964)

La foi baha'ie

Nouvelle religion apparue dans la seconde moitié du XIXe siècle en Iran, le baha'isme connut une expansion rapide malgré les nombreuses persécutions dont ses adeptes furent l'objet. Profondément pacifiste et humaniste, la foi baha'ie se veut la « continuité de toutes les autres religions ».

La douloureuse naissance d'une religion

En 1844, un marchand musulman chiite de Chiraz, Mirza Ali Mohammed (1819-1850), se sentant investi d'une mission prophétique, annonça l'avènement d'une ère nouvelle où l'homme serait délivré du mal et le royaume du bien instauré sur la terre. Il prit le titre de *Bab* (« porte [par laquelle Dieu communique avec les hommes] »). Sa prédication rencontra un tel succès que le chah et le clergé chiite, se sentant menacés, décidèrent d'intervenir. Le Bab fut arrêté, jugé, puis exécuté, et ses disciples persécutés.

À Mirza Yahya, désigné par le Bab pour lui succéder et surnommé Subh al-Azal (« l'aurore de l'éternité »), succéda son frère aîné, Mirza Hussein Ali (1817-1892), qui évita la mort mais fut jeté dans une fosse puante. Il y resta quatre mois et y reçut la révélation que Dieu avait fait de lui son dernier prophète. Exilé en Irak, qui faisait à l'époque partie de l'Empire ottoman, il prit le nom de Baha'ullah (« splendeur de Dieu »), reconstitua la communauté des disciples du Bab, rompit définitivement avec l'islam et rédigea de nombreux écrits. C'est en 1863, alors qu'il venait de révéler sa mission à ses disciples, que Baha'ullah, considéré comme hérétique, fut assigné à résidence à Andrinople (l'actuelle Édirne, en Turquie d'Europe), puis à Saint-Jean d'Acre. Cependant, la foi baha'ie a résisté à toutes ces épreuves. Le grand centre du baha'isme se trouve à Haïfa, en Israël, qui abrite également le tombeau du Bab.

La doctrine baha'ie

Partant du principe que l'humanité est une, à l'image de Dieu qui est unique, Baha'ullah considère que les grandes religions ont chacune apporté, à une époque et à un peuple déterminés, le message spirituel dont ils avaient besoin. La révélation baha'ie, qui leur succède, en est le couronnement. Vénérant Moïse, Bouddha, Jésus et Mohammad, la foi baha'ie professe que le temps est venu pour l'humanité de ne plus avoir qu'une seule religion et de ne plus former qu'une seule nation, sans distinction de race, de culture ou de langue.

La pratique religieuse

Selon le calendrier baha'i, l'année est divisée en 19 mois de 19 jours, soit 361 jours, les quatre restants étant des jours de fête. Le premier jour de chaque mois se réunit l'assemblée des fidèles. C'est l'occasion d'une fête qui comprend trois parties : la lecture des textes sacrés et la prière, l'examen des affaires de la communauté et une partie festive avec une collation prise en commun. L'assemblée est dirigée par un comité de neuf membres élus. Outre la prière, le fidèle doit observer un jeûne de 19 jours en mars, dernier mois du calendrier, le jeûne se terminant au coucher du soleil. L'usage de l'alcool, du tabac et des drogues est interdit. Les couples sont monogames et fidèles. La morale baha'ie est édictée dans un livre sacré, *L'Infaillible Balance*. Les Baha'is n'ont ni cérémonies d'initiation ni clergé.

LA FOI BAHA'IE DANS LE MONDE

La foi baha'ie compte aujourd'hui environ 6 millions de fidèles à travers le monde, et le nombre de ses communautés ne cesse d'augmenter, notamment en Afrique noire et en Amérique latine.

Les baha'is possèdent un lieu de culte sur chaque continent : à Wilmette (près de Chicago) et à Panama, à Kampala (Ouganda), à Sydney, à Francfort et à Delhi. En 1998, ils ont célébré le premier centenaire de leur implantation en Europe.

Les douze principes de la foi baha'ie

- L'ensemble de l'humanité est un.
- Les hommes doivent rechercher la vérité.
- Toutes les religions ont un fondement commun.
- La religion reconnaît un Dieu unique créateur, source de l'unité des hommes.
- La religion doit être compatible avec la science et la raison.
- L'homme et la femme ont les mêmes droits.
- Il faut s'abstenir de porter des jugements.
- La paix mondiale doit se réaliser.
- Chacun, quel que soit son sexe, doit recevoir la meilleure éducation, spirituelle et intellectuelle.
- Les problèmes sociaux doivent se résoudre par la négociation.
- On doit tendre vers une langue universelle d'appoint et une écriture commune.
- On doit établir un tribunal universel.

Temple baha'ie de Delhi en Inde
Le temple en forme de lotus est plein de symboles : ses nombreuses ouvertures expriment que l'accès à Dieu peut s'effectuer par diverses voies.

Religion et culture

La religion n'est pas seulement l'expression d'une vie spirituelle personnelle ; elle s'extériorise par des fêtes, des cérémonies, une façon de parler ou de s'habiller, des habitudes alimentaires qui font partie de la culture des peuples. Un certain recul de la pratique religieuse n'entraîne pas toujours celui des traditions mais il peut en faire perdre le sens.

La culture est imprégnée de la religion dominante

- Longtemps a prévalu le principe *cujus regio, ejus religio*, c'est-à-dire « à chaque pays sa religion ». L'ouverture récente sur les autres cultures n'a pas encore changé les habitudes des pays. La religion, même si elle a perdu de son influence sociale, a imprimé des traces profondes dans divers domaines.
- L'Iran, après plus de 1 000 ans d'islam, célèbre toujours massivement la fête de *Now ruz*, le nouvel an, à l'équinoxe de printemps, le 21 mars. Cette fête remonte au fond des âges et n'a rien à voir avec l'islam, pas plus que, pour le christianisme, le choix de la date de Noël à proximité de l'équinoxe d'hiver.
- Dans les pays de tradition chrétienne, comme la France laïque, les fêtes religieuses de Noël, Pâques, l'Ascension, la Pentecôte, l'Assomption de la Vierge et la Toussaint sont des jours officiellement chômés.
- L'écrasante majorité des prénoms dans les pays occidentaux sont des noms de saints de l'Église chrétienne, alors que dans les pays de culture bouddhiste, ils sont choisis sur des critères poétiques ou d'après les vertus qu'ils évoquent. Les prénoms musulmans sont, eux aussi, marqués par la religion, même si une certaine méconnaissance de l'arabe, comparable à la méconnaissance de la vie des saints chez les chrétiens, fait oublier bien souvent leur signification.
- Les expressions les plus courantes des différentes langues témoignent de la foi religieuse populaire comme le fameux *in sha'llah*, « si Dieu veut », des Arabes ou le mot pour dire merci en russe (*spacibo*, « Dieu sauve »).

Les pratiques cultuelles deviennent culturelles

La population reste attachée à bon nombre de traditions de nature religieuse mais ne les vit plus comme l'expression d'une croyance. Ainsi le mariage ou l'enterrement à l'église en Occident ne sont-ils bien souvent qu'un acte social, que les familles réclament comme un droit. La société de consommation récupère également certaines fêtes qui deviennent des occasions de repas copieux ou d'échanges de cadeaux.

Une bonne part du tourisme est lié à la religion

Les sites religieux sont partout d'importantes destinations touristiques. En France, 44 % du tourisme culturel comporte un élément religieux : visites d'églises ou de monastères, qui ne sont pas toujours un pèlerinage ou une quête spirituelle. Notre-Dame de Paris voit passer 12 millions de visiteurs par an ; Notre-Dame de Lourdes en attire 5 millions dont une grande majorité de pèlerins. Les 1 500 000 visiteurs de Notre-Dame de la Garde à Marseille, les 2 millions du Mont-Saint-Michel ou ceux du sanctuaire de Rocamadour sont pour la plupart des touristes.

L'INDIFFÉRENCE RELIGIEUSE

Un constat

En Europe occidentale et particulièrement en France, l'indifférence religieuse s'est beaucoup développée depuis le début du XXe siècle. Elle se substitue à des positions beaucoup plus affirmées, qu'il s'agisse de l'expression convaincue des croyances religieuses ou de celle de l'athéisme libre-penseur militant.

Les statistiques religieuses reconnaissent ce fait en distinguant par exemple, pour ce qui concerne la France, 80 % de baptisés catholiques du nombre de « pratiquants réguliers » estimé entre 5 % et 15 % selon les critères de pratique retenus.

Il est à noter que la proportion de pratiquants est du même ordre de grandeur pour les musulmans vivant en France qui sont toujours cependant qualifiés de musulmans. On peut regretter cette différence de vocabulaire qui tend à accréditer l'idée que les musulmans ont des difficultés à s'intégrer dans la société française, alors que celle-ci, quelle que soit la culture religieuse de ses citoyens, est très majoritairement indifférente à l'égard de la religion.

Un retour à la religion

L'indifférence religieuse n'est pas nécessairement irréversible. En France par exemple, on constate dans la communauté juive une certaine rejudéisation aux dépens du courant le plus libéral.

Dans la communauté de culture musulmane, les difficultés sociales amènent quelques jeunes découragés par l'exclusion à rechercher l'affirmation de leur personnalité dans un retour à la religion.

Quant à la communauté chrétienne, elle voit se développer avec succès chez les jeunes des mouvements charismatiques qui offrent un christianisme tonique et vivant, bien éloigné du ronronnement des paroisses traditionnelles.

À l'étranger, on constate des mouvements importants de flux ou de reflux dans le comportement de la population à l'égard des religions. En Pologne par exemple, où le catholicisme a été le rempart de la personnalité polonaise contre l'oppression communiste, on s'aperçoit qu'une fois ce danger écarté, le catholicisme perd de son pouvoir et qu'une certaine fronde pousse bien des jeunes à l'indifférence. En Russie ou en Ukraine en revanche, les brimades et les persécutions du communisme avaient fait croire que les pays étaient désormais gagnés, sinon à l'athéisme, du moins à l'indifférence religieuse. Au contraire, c'est un vif retour à la religion qui se produit aujourd'hui.

Journées mondiales de la jeunesse à Cologne, 2005

La tolérance n'est pas l'indifférence

L'indifférence religieuse ne développe pas nécessairement la tolérance. Une indifférence poussée à l'extrême consistant à laisser dire et penser n'importe quoi est susceptible de laisser la voie libre à des doctrines extrémistes ou intégristes. La tolérance n'est pas le laisser-faire, c'est un combat pour le respect de l'autre dans sa diversité au service duquel doivent se retrouver croyants et incroyants, tant il est vrai qu'en approfondissant le message religieux on y découvre des raisons de se battre pour elle. L'indifférence qui aboutirait à une ignorance profonde des religions risque de conduire à des incompréhensions, elles-mêmes sources d'intolérance.

L'art et la religion

Chaque religion privilégie les formes d'art qui expriment le mieux ses mythes et sa spiritualité. L'univers culturel dans lequel la religion est vécue contribue aussi grandement à la variété de l'art religieux : une mosquée paraît bien différente en Indonésie, en Turquie ou en Afrique sahélienne.

Architecture

- Toutes les religions excellent dans l'architecture et produisent des monuments prestigieux. Ceux-ci s'adaptent au style architectural du pays et de l'époque, en fonction des matériaux disponibles. Seul le judaïsme, depuis la destruction du Second Temple en l'an 70, se contente de synagogues dont l'apparence discrète s'explique par les risques de persécutions subies au cours des siècles.
- Églises et monastères ont connu, en Europe, deux périodes principales, romane et gothique, mais postérieurement d'autres styles ont fleuri comme le baroque ou l'art moderne. L'islam offre des mosquées, lieux de prière dépouillés, dont la beauté s'appuie sur le sens du volume, l'élan vers le ciel des minarets et une décoration intérieure de mosaïques et d'arabesques de versets coraniques. L'élément architectural le plus remarquable des temples hindouistes est constitué des hautes portes appelées *gopuram*, propres à l'Inde du Sud. Le bouddhisme a ses stupas et ses pagodes.

Musique et danse

La musique accompagne naturellement la quête spirituelle des fidèles.

- Dans l'islam, seule la psalmodie des versets du Coran est tolérée à la mosquée mais les confréries soufies ne se privent pas de chants et même de danses symboliques chez les derviches tourneurs.
- L'Église orthodoxe ne tolère que le chant *a cappella* mais catholiques et protestants apprécient l'accompagnement musical qui culmine avec l'orgue. Le rite catholique zaïrois et certaines Églises protestantes assortissent aussi leur liturgie de pas de danses.
- L'hindouisme et le bouddhisme tibétain apprécient des musiques aux sonorités très fortes alors que les autres formes de bouddhisme se contentent de récitation chantée ponctuée de cloches et de gongs.

Peinture, sculpture et objets du culte

- Représenter les dieux, les saints ou leur vie est un moyen de pédagogie religieuse employé dans le catholicisme, l'orthodoxie ou l'hindouisme. Les églises de Moldavie roumaine sont couvertes de peintures extérieures, véritables bandes dessinées religieuses. Les temples hindous, comme ceux de Khajuraho, sont célèbres par leurs statues débordantes d'imagination. L'islam, qui s'interdit toute représentation de la création divine, accepte l'art abstrait de la calligraphie des versets du Coran. L'art bouddhique multiplie les statues de Bouddha, souvent gigantesques.
- Bien souvent, les objets du culte sont de véritables œuvres d'art chargées de pierres précieuses ou de broderies ; chasubles, étoles, ciboires et croix de l'orthodoxie et du catholicisme, sans compter les antiques reliquaires, sont parmi les exemples de cet art lié à la piété populaire.

LIEUX DE CULTE

Pagode de Schwedagon à Rangoon, Birmanie

Cathédrale gothique de Bayeux, France

Église orthodoxe à Sofia, Bulgarie

Mosquée d'Ispahan, Iran

Religion et morale

Les religions ont contribué à définir le cadre moral de la société. Leur apport constitue-t-il un progrès ou une force de réaction ? Les religions proposent-elles aujourd'hui une morale différente de celle des sociétés dites avancées ?

Les religions apportent-elles un progrès moral ?

L'histoire montre que le succès des grandes religions s'est toujours accompagné d'une plus grande exigence morale. Cependant, même quand une société adopte une religion nouvelle (comme l'Afrique noire qui est passée des religions traditionnelles aux religions monothéistes), elle ne modifie que lentement son comportement. Il reste inévitablement une distance entre la pratique des croyants et l'idéal proposé par le message religieux.

Celui-ci prend toute sa valeur quand il va au-delà de la morale communément acquise. Ainsi l'ordre de la Bible « Aime ton prochain comme toi-même » va très au-delà de ce que chacun fait spontanément. Et que dire de la parole du Christ : « Aimez vos ennemis sans rien attendre en retour » (Luc 6, 35) ? Le christianisme des premiers siècles n'a pas explicitement condamné l'esclavage, il s'est limité à recommander aux maîtres de traiter humainement leurs esclaves. De même l'interdiction de tuer, explicite dans toutes les religions, n'a pas empêché des guerres, même des guerres de religion, pas plus que la peine de mort qui n'est pas encore abolie partout.

Cette situation s'explique par le fait que les religions proposent un idéal mais n'ont aucun moyen d'imposer leur morale, ce qui serait d'ailleurs une irréparable atteinte à la liberté. Ainsi le progrès moral proposé par les religions ne peut se réaliser que par l'adhésion volontaire de la société.

Les religions proposent-elles une morale rétrograde ?

Au nom de la liberté et de l'évolution des mœurs, il est souvent reproché aux religions de prêcher une morale dépassée et inapplicable. L'Église catholique et les messages du pape sont particulièrement visés pour ce qui concerne la famille. Quoique l'Église ne s'adresse qu'à ceux qui veulent l'écouter, sans d'ailleurs porter de jugement sur leur comportement, elle suscite les protestations de ceux qui, de toute façon, ne se sentent pas concernés par son message. On peut se demander quel serait l'intérêt des religions qui ne seraient que la chambre d'enregistrement des mœurs fluctuantes de la société. Qu'on trouve la morale des religions rétrograde ou qu'on y voit l'expression d'une volonté divine éternelle, elle a au moins la vertu didactique de faire réfléchir l'homme sur son destin et ses responsabilités.

La morale des croyants diffère-t-elle de celle définie par la loi ?

Dans les pays économiquement développés, la grande majorité des citoyens suit une morale que reflètent les lois en vigueur. Les croyants qui respectent scrupuleusement la morale de leur religion s'efforcent, pour leur progrès spirituel personnel, d'être plus exigeants pour eux-mêmes sans s'opposer autrement que par leur désapprobation à ce qui choque leur conscience. Une infime minorité d'entre eux, de comportement intégriste, se livrent à des manifestations visant à entraver l'application de la loi, notamment en matière d'avortement.

LA BIOÉTHIQUE

Le besoin d'établir des repères

Les nouvelles techniques médicales et biologiques posent des problèmes inédits à la fois aux scientifiques, aux juristes, aux législateurs et aux théologiens. Ces techniques touchent principalement la reproduction, les transplantations d'organes et l'action sur le génome humain.

Les religions ne peuvent évidemment pas trouver dans leurs textes sacrés une mention explicite de ces techniques bien trop récentes. Elles ne s'interdisent pas cependant de porter des jugements fondés sur les principes généraux de leur croyance ou sur l'analogie avec des cas analogues déjà étudiés.

Un exemple de refus d'une technique médicale est celui de la transfusion sanguine par les Témoins de Jéhovah. Ceux-ci prennent le risque d'un décès plutôt que de transgresser leur loi. Pourtant ils s'appuient sur la Bible dont ni le christianisme ni le judaïsme ne font la même lecture (voir p. 72).

Aujourd'hui les techniques qui posent problème se multiplient, non seulement pour les adeptes des religions, mais aussi pour tous les citoyens, ce qui oblige les États à légiférer.

La vie, la reproduction, la sexualité et la mort

Religions et gouvernements reconnaissent le respect dû à la personne humaine. C'est ainsi que le meurtre ou le viol sont punis comme des crimes. Qu'en est-il de l'euthanasie, de l'avortement ou du suicide ? Les points de vue sont partagés.

Chacun est maître de son corps mais il subsiste le devoir d'assistance à personne en danger. L'acharnement thérapeutique est-il raisonnable et que vient faire la raison dans les questions où le cœur doit surtout parler ?

Chacun reconnaît que l'infanticide est un crime, mais à partir de quand un embryon est-il un enfant ? La loi française autorise l'avortement avant la 12e semaine de grossesse si la femme s'estime en situation de détresse. Mais ne peut-on rien pour éviter cette détresse et pourquoi la douzième semaine plutôt que la onzième ou la treizième ? La précision des diagnostics prénataux permet de savoir de quel sexe sera l'enfant, s'il sera anormal ou mal formé. Ce diagnostic autorise-t-il à supprimer l'enfant qui ne répond pas à l'attente des parents ? L'Inde a interdit ces diagnostics à la suite de la vague d'avortements de futures petites filles que cela entraînait.

Pour apporter des solutions à ces problèmes, le législateur consulte des comités d'éthique où débattent des personnalités qualifiées, parmi lesquelles des religieux. Le législateur décide ensuite en tenant compte de l'état de la science et de celui de l'opinion. Les fidèles, tenus de respecter la loi, peuvent être plus exigeants pour eux-mêmes, selon l'idée qu'il se font de la loi de Dieu.

Greffes et maladies génétiques

La science permet aujourd'hui de sauver des vies grâce à des transplantations d'organes. La France y met comme conditions l'accord de la famille du décédé sur lequel est effectué le prélèvement (à défaut d'un accord préalable du défunt), le respect de l'anonymat et l'interdiction de la vente des organes transplantés. Les religions consultées ont accepté ces principes mais au Japon les greffes sont interdites et au Brésil un être sain peut vendre un de ses reins, par exemple. L'action sur le génome ouvre encore plus de perspectives avec l'éradication des maladies d'origine génétique. Mais est-il souhaitable de construire un « meilleur des mondes » où l'on façonnerait les êtres à sa convenance et où éventuellement on les multiplierait à l'identique par clonage ?

Religion et politique

La religion et la politique ont partie liée dans les systèmes théocratiques. Elles s'opposent irréductiblement sous les régimes athées ou cohabitent en se partageant les rôles dans les diverses formes de laïcité.

Aux deux extrêmes : théocratie et régime athée

Littéralement « gouvernement par Dieu », la théocratie est un gouvernement dirigé par des hommes considérés comme des représentants de Dieu. Le pouvoir peut être entre les mains de « religieux », comme dans l'Iran khomeiniste ou être exercé par une autorité qui se déclare investie par Dieu. C'était le cas de la monarchie de droit divin en France ou du califat dans les premiers siècles de l'islam. L'État du Vatican est de type théocratique mais c'est surtout une structure juridique garantissant l'indépendance de l'Église après la disparition des États pontificaux.

Quant aux régimes athées, l'effondrement du communisme ne laisse subsister que la Corée du Nord et la Chine. Cette dernière cependant tolère de plus en plus une certaine liberté religieuse, à condition que cela ne gêne en rien le pouvoir politique, comme le montre la destruction de la culture religieuse tibétaine.

Les situations intermédiaires et la laïcité

Parfois le souverain est aussi chef religieux sans qu'on puisse parler de théocratie. C'est le cas du roi du Maroc et de la reine d'Angleterre, qui sont des chefs religieux mais cette dernière n'est que le symbole de l'unité du pays, sans pouvoir réel, ni religieux, ni politique.

De nombreux pays, principalement musulmans, font constitutionnellement référence à une religion d'État, notamment pour la désignation du chef de l'État. Le Bhoutan bouddhiste et le Népal mi-bouddhiste mi-hindouiste suivent de telles pratiques.

Souvent des partis politiques, au pouvoir ou dans l'opposition, s'efforcent d'établir ou de maintenir une forte influence de la religion sur la vie politique : les partis islamistes du Soudan, du Pakistan ou d'ailleurs, le Front islamique du salut (FIS) en Algérie cherchent à imposer une loi religieuse à la société.

Les partis démocrates-chrétiens d'Occident se limitent à faire prévaloir des valeurs d'inspiration chrétienne. La laïcité à la française (voir p. 140) sépare rigoureusement les domaines de l'État et des religions.

Une nécessaire tolérance

La paix sociale, surtout dans les pays où coexistent des communautés de cultures religieuses différentes, impose au pouvoir politique une attitude de tolérance sans favoritisme ou brimades à l'égard de certaines d'entre elles. Cette tolérance s'apprend d'abord à l'école mais elle doit s'exprimer dans l'ensemble de l'appareil législatif, exécutif et judiciaire. La diversité des pratiques religieuses dans des domaines aussi divers que l'abattage du bétail, les rites funéraires, les dates des fêtes religieuses impose aux États de bien connaître les particularités des religions, même s'ils ne reconnaissent de privilège à aucune.

LES CONFLITS OÙ LES RELIGIONS SONT IMPLIQUÉES

Aujourd'hui encore, dans les nombreux conflits sanglants du monde, les religions sont souvent évoquées. Les situations, les causes des conflits et la part qu'y prennent les religions sont diverses. Il s'agit bien souvent de luttes pour la reconnaissance de la différence assortie d'une exigence politique d'autonomie ou d'indépendance. La religion n'est alors, en fait, qu'un motif mineur destiné à exacerber les différences et les raisons d'en découdre. Parfois, au contraire, ce sont des menaces sur la liberté religieuse qui motivent le conflit ou encore des conceptions différentes de la même religion.

En Europe

- En *Irlande du Nord*, une guerre typiquement coloniale s'est perpétuée, les colons britanniques étant plus nombreux que les « indigènes » irlandais. Le conflit entre protestants et catholiques (40 % de la population) a pris fin en 1998 avec un accord de paix.
- En *Bosnie-Herzégovine*, la guerre civile a vu s'affronter Serbes orthodoxes, Croates catholiques et musulmans de 1992 à 1995. À l'origine, un même peuple, les Serbes, a connu sous l'occupation turque deux attitudes différentes : le maintien de ses traditions orthodoxes ou la conversion à l'islam qui présentait tous les avantages qu'offre la collaboration avec l'occupant. Quelque quatre siècles après, les rancunes restent vives et la guerre n'a fait que renforcer un clivage que l'indifférence religieuse grandissante en Europe avait tendance à estomper.

En Afrique et au Moyen-Orient

- En *Afghanistan*, le régime des talibans s'est maintenu de 1996 à 2001.
- Le *Soudan* (70 % de musulmans sunnites) impose la loi islamique à des populations noires, non arabophones, chrétiennes (10 %) ou animistes (20 %). Le tracé des frontières coloniales porte autant que l'islamisme la responsabilité de ce drame.

En Asie

- Au *Cachemire*, la population, majoritairement musulmane, se révolte contre son rattachement à l'Inde décidé au moment de la partition de 1947 sous l'influence de l'aristocratie cachemirie de religion hindouiste.
- Les *Philippines*, très majoritairement catholiques, semblent avoir trouvé un accord pour faire vivre en paix leur minorité musulmane des Moros.
- Au *Sri Lanka*, les Tamouls hindouistes mènent une guérilla pour leur indépendance.
- Le gouvernement *chinois* réprime toujours les Tibétains bouddhistes.

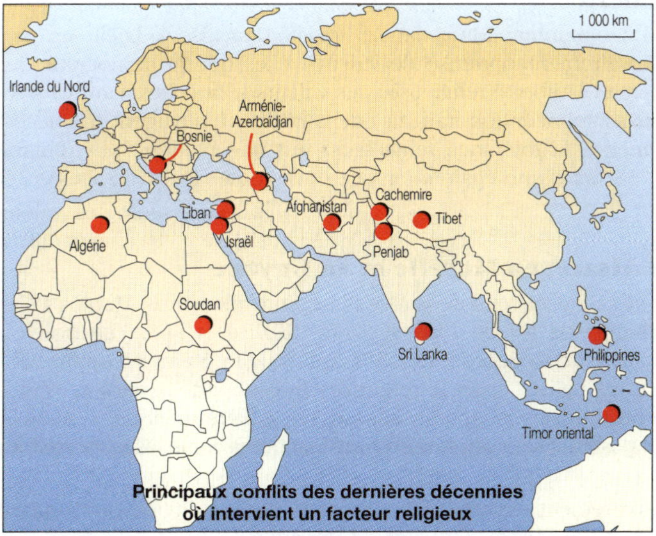

Principaux conflits des dernières décennies où intervient un facteur religieux

La laïcité en France

Produit de l'histoire tourmentée des rapports entre la République et l'Église, la laïcité telle qu'elle s'est établie en France n'existe nulle part ailleurs. Elle semble pourtant promise à un brillant avenir dans la mesure où les sociétés sont de plus en plus multiconfessionnelles.

Les principes de la laïcité

- La Constitution de 1958 affirme que la République française est laïque sans autre précision que celle de l'égalité des citoyens devant la loi sans distinction de religion, en y ajoutant le respect de toutes les croyances.
- Pour définir la laïcité en une formule, on peut dire que c'est une conception politique où l'État n'exerce pas de pouvoir religieux tandis que les religions n'ont aucun pouvoir politique.

Les ambiguïtés de la laïcité

Compte tenu de l'environnement conflictuel en 1905 quand fut votée la loi française de séparation entre l'État et l'Église, la laïcité a été, et se trouve encore parfois, interprétée à tort comme un combat contre la religion. Aujourd'hui, à l'exception de très minoritaires mouvements intégristes, les religions se satisfont pleinement des principes de la laïcité mais pour les faire respecter, il faut que l'État exerce un certain contrôle. C'est pourquoi on peut dire que la laïcité est un combat, mais ce n'est pas, par nature, un combat contre la religion.

Les valeurs de la laïcité

Principe désormais presque unanimement admis dans la société française, la laïcité est parfois considérée comme nécessairement porteuse de valeurs telles que la démocratie, les droits de l'homme, la tolérance et la liberté religieuse. Ces valeurs sont celles d'autres pays européens qui ne partagent pas la conception française de la laïcité ou ne jugent pas nécessaire de la formuler précisément ; la tolérance religieuse y est une pratique plus qu'une institution. L'esprit de laïcité est fait d'une égale tolérance entre toutes les croyances et les non-croyances.

Des exceptions en Alsace, en Moselle et en Guyane

- Les deux départements alsaciens et celui de la Moselle étaient allemands (depuis 1871) quand fut promulguée en France la loi de 1905 séparant l'Église et l'État. Le pouvoir allemand ne modifia pas le statut de Concordat de 1801, qui sous le premier Empire définissait les rapports entre l'État et l'Église. Après le retour des trois départements à la France en 1918, ce statut fut maintenu et reste en vigueur aujourd'hui malgré quelques tentatives d'abolition. Prêtres, rabbins et pasteurs sont rémunérés par l'État qui nomme les responsables des trois cultes.
- Quant à la Guyane, département depuis 1946, elle reste gérée par une ordonnance royale de 1828 et les prêtres sont des agents titulaires du département.

LA LAÏCITÉ EN TURQUIE

La défaite de l'Empire ottoman, allié à l'Allemagne au cours de la Première Guerre mondiale, entraîna son démembrement et provoqua l'arrivée au pouvoir en Turquie d'un commandant nationaliste, Mustafa Kemal, désireux de faire de son pays un État moderne.

Il abolit le califat, symbole de la confusion des pouvoirs civil et religieux, et entreprit de laïciser l'État, remplaçant du même coup l'alphabet arabe par l'alphabet latin, instituant la lecture du Coran en turc et imposant les vêtements de type occidental.

La population turque n'en restait pas moins majoritairement musulmane. Elle le devint même en quasi-totalité après le génocide perpétré contre les Arméniens et l'expulsion des Grecs d'Asie Mineure.

La laïcité de Mustafa Kemal a consisté non pas à séparer la religion de l'État mais au contraire à la contrôler étroitement pour éviter des dérives fondamentalistes. L'État a donc créé une faculté de théologie et un réseau d'écoles religieuses pour former le personnel des mosquées et les prédicateurs. L'enseignement de l'islam par l'État est obligatoire dans les écoles, ce qui pose des problèmes délicats aux rares enfants chrétiens qui peuvent s'y trouver.

Cléricalisme et anticléricalisme

D'une façon générale, le cléricalisme est souvent considéré comme l'intervention du clergé dans les affaires publiques. Aujourd'hui, il désigne plutôt l'attitude que peuvent avoir des membres du clergé de s'ériger en maîtres à penser dans des domaines non religieux. Dans le même esprit, l'anticléricalisme ne revendique évidemment pas la disparition des prêtres mais il s'insurge contre les pressions sur la conscience des individus que pourraient exercer certains membres du clergé.

On peut aussi définir le cléricalisme, au sens large, comme l'attitude d'un maître qui profite de son autorité pour façonner à sa guise les esprits qui lui font confiance et affirmer avec l'autorité de sa position ce qui n'est qu'une opinion ou un point de vue. Dans ce sens, on peut trouver des attitudes « cléricales » chez des dirigeants politiques par exemple, ou chez la plupart des « gourous » qui constituent des sectes à leur dévotion.

Par nature, l'attitude cléricale s'oppose à la modestie intellectuelle, le maître se devant d'avoir des réponses à toutes les questions du disciple. En matière religieuse, le cléricalisme a considérablement reculé. Dans le catholicisme en particulier, la plupart des prêtres sont respectueux de la liberté des laïcs et sont ainsi devenus « anticléricaux ».

Les derviches tourneurs turcs
Ils sont tolérés par la Turquie laïque qui ne veut y voir qu'un folklore touristique.

L'enseignement des religions

Composante fondamentale de la culture, les religions occupent dans l'histoire une place telle que les sciences de l'homme ne peuvent en négliger l'étude. Il reste à définir la forme que peut prendre un enseignement sur les religions au sein de sociétés d'inspiration laïque, soucieuses de respecter toutes les croyances, y compris celles des incroyants.

Vers un enseignement des religions en France

Enseigner les religions est une question de culture générale. Il n'est pas possible de comprendre ni l'histoire, ni l'art, ni peut-être la psychologie en faisant abstraction du fait religieux.

Montrer la diversité des croyances et les risques de la crédulité constitue aussi une partie importante de la formation, intellectuelle et civique, qui doit permettre au jeune d'acquérir plus de tolérance, de réfléchir à ses choix et de ne pas tomber dans les filets de manipulateurs sectaires.

Le caractère sensible de la société française en matière religieuse et la nécessité de respecter les principes républicains de laïcité imposent une concertation au sein de l'Éducation nationale avant d'établir un programme. Des propositions sont déjà présentées par plusieurs groupes d'enseignants, composés chacun de divers courants de pensée. Il s'agit de permettre aux élèves d'acquérir un minimum de culture générale sur les grandes religions du monde : signification des grandes fêtes, rôle des symboles, explication d'œuvres d'art, etc. C'est dans la mesure où un tel programme recueillera l'assentiment général du corps enseignant qu'il pourra être progressivement mis en œuvre… en commençant par la formation des professeurs concernés.

En Europe

Parmi les pays de l'Union européenne, la situation de l'enseignement religieux dans les écoles publiques est très variable.

- Quelques pays comme l'Allemagne, la Belgique, la Grèce ou l'Irlande le garantissent dans leur constitution et en font donc une obligation.
- Le Danemark et la Grande-Bretagne ne le mentionnent pas dans leur constitution mais le rendent obligatoire dans les écoles.
- L'enseignement religieux est, en Espagne et en Italie, obligatoire et directement organisé par l'Église dans les écoles publiques.
- Au Luxembourg, il est facultatif mais obligatoire dans les écoles primaires.
- Les Pays-Bas ne dispensent aucun enseignement religieux, mais 70 % des écoles sont privées et en grande partie confessionnelles.
- La France est le seul pays européen où il n'y a pas d'enseignement religieux dans l'école publique, à l'exception des départements alsaciens et de la Moselle où, en vertu du Concordat, il est obligatoire.

En dehors de l'Union européenne, on retrouve cette même variété de situations. En Suisse par exemple, l'enseignement religieux est facultatif pour les francophones et obligatoire pour les germanophones.

L'ENSEIGNEMENT DES RELIGIONS SELON LES PAYS

Un tour d'horizon du monde pourra éclairer la diversité des situations.

- Le bouddhisme *theravada* de Thaïlande propose aux jeunes un stage dans un monastère qui se déroule pendant l'été, au moment des vacances scolaires. Cette tradition quasi obligatoire permet un apprentissage à plein temps de la vie religieuse.

- En Afrique noire sahélienne, très majoritairement musulmane, l'enseignement officiel est largement l'héritier de celui de l'ancien colonisateur, d'inspiration laïque en Afrique francophone. La formation religieuse relève de l'initiative privée et n'est pas obligatoire. Ceux qui la reçoivent privilégient la religion aux dépens des connaissances « profanes ». Mais une grande place est donnée à l'enseignement de l'arabe classique, à la récitation du Coran et à l'apprentissage des règles morales et des pratiques rituelles de l'islam : quand et comment faire les cinq pratiques quotidiennes, etc. La maîtrise d'un certain niveau d'arabe est, dans ces pays, la marque d'une éducation religieuse avancée, rarement compatible avec un niveau équivalent dans les matières qui permettent l'accès aux sphères du pouvoir économique ou politique.

- La situation est toute différente dans les pays de langue arabe où l'éducation religieuse est une composante du cursus scolaire normal.

- Le judaïsme pour sa part dispose généralement d'écoles privées où les familles pieuses peuvent envoyer leurs enfants pour y apprendre aussi bien leur religion que les matières du programme officiel. Cette situation est celle de l'ensemble des pays occidentaux.

- Dans d'autres pays, le christianisme est partout une composante de la culture, même si la pratique religieuse est limitée aux croyants convaincus.

École coranique à Lahore au Pakistan

Quasi-religions et sectes

Les religions établies ne sont pas les seules à proposer des messages ou des formes de société qui promettent à l'homme plus d'épanouissement intérieur et un changement de vie fondé sur un système de valeurs. Quasi-religions et sectes de tous ordres se multiplient.

Les quasi-religions

On peut appeler quasi-religion une activité qui n'a rien de religieux mais qui offre à ses adeptes un environnement analogue à celui qu'un croyant pratiquant trouve dans sa religion : solidarité, amour fraternel, rites d'initiation et de passage, pèlerinages, etc. Les partis politiques et les clubs sportifs peuvent constituer, entre autres, des quasi-religions pour bon nombre de leurs membres : affirmation de l'excellence du groupe par rapport aux autres, pensée pré-digérée, observations de rites et signes de reconnaissance (bannières ou tee-shirts), grands rassemblements...

Les sectes

Les sectes sont apparemment difficiles à distinguer des religions car elles se placent sur le même terrain et emploient sensiblement le même vocabulaire. De plus, le respect dû aux croyances de chacun exclut de porter un jugement sur le « message transmis ». Celui des religions établies comporte assez de surnaturel pour dicter aux censeurs une grande modestie.

Cependant, des critères ont été établis pour pouvoir repérer le caractère sectaire d'un groupe religieux : la direction du groupe est généralement fondée sur le charisme du fondateur, l'enseignement est de type doctrinaire, l'accès au groupe est sélectif et les valeurs de la société environnante sont à proscrire.

On peut se faire également une opinion, après enquête, sur les objectifs des sectes. Elles ont souvent le souci de s'enrichir aux dépens du travail bénévole de leurs membres en y ajoutant parfois des ambitions politiques. En ce qui concerne les méthodes, un mouvement qui cherche à isoler l'individu de son milieu pour capter ses économies ou son héritage, en faire un robot fanatisé en le droguant ou en le saoulant de paroles incompréhensibles, est une secte.

Les sectes profitent des plus faibles pour les manipuler à leur guise en leur offrant en échange des certitudes factices et le cocon d'une communauté isolée de l'extérieur. L'individu est déresponsabilisé, ce qui est à l'opposé du message des grandes religions. Les victimes, précisément parce qu'elles sont manipulées, sont généralement consentantes, ce qui rend difficile les poursuites judiciaires, à moins qu'elles concernent des enfants mineurs. Les organisations sectaires cherchent à se développer dans les pays où la législation est la plus laxiste à leur égard, notamment en matière fiscale.

Moon et l'Église de la scientologie sont parmi les sectes les plus connues.

LE NOUVEL ÂGE

Le *New Age* ou Nouvel Âge est un nouveau mouvement religieux apparu dans les pays anglo-saxons, issu du courant mystique ésotérique des années 60.

Un essai de définition

On trouve dans le Nouvel Âge la résurgence de recherches spirituelles aussi vieilles que l'humanité : éléments de paganisme naturaliste, attente millénariste d'une nouvelle ère astrologique, pratiques ésotériques, méditation orientale. Ce n'est pas une philosophie structurée mais il s'appuie cependant sur une certaine conception de l'homme et du monde. Il n'est pas vraiment non plus une religion mais il comporte de véritables rituels dont certains sont étrangement proches de ceux du bouddhisme et d'autres évoquent certaines formes du mysticisme soufi. Le Nouvel Âge n'est pas une école de pensée à la doctrine bien établie. Il est éclaté en une multitude de groupuscules et de réseaux qui s'ignorent bien souvent les uns les autres mais qui ont en commun un vocabulaire pseudo-scientifique et un sens aigu de l'usage des médias.

Son inspiration

Analysé d'un point de vue religieux, le Nouvel Âge semble avoir trouvé son inspiration dans divers courants.

- Du chamanisme se rapprochent les *channels* (« canaux » en anglais), sorte de médiums capables d'entrer en contact avec des entités spirituelles, en s'aidant au besoin de drogues douces.
- La récitation répétée de *mantra* (formules sacrées hindouistes), technique de méditation du bouddhisme tantrique, se retrouve dans de nombreux mouvements se réclamant directement ou non du Nouvel Âge. Selon le langage utilisé, ces *mantra* sont porteurs de vibrations favorables.
- Le bouddhisme sous sa forme zen a été adapté par ceux que l'idée de l'illumination fascine, mais celle-ci est parfois considérée comme le prolongement des sensations transitoires provoquées par des hallucinogènes. Ce « zen Nouvel Âge » ou « beat zen » n'a rien de commun avec le zen authentique (voir p. 115).

Le Nouvel Âge se focalise plutôt sur des pratiques de relaxation et conserve des religions orientales la croyance en une renaissance appelée « rebirthing ».

Le Nouvel Âge apparaît comme une sorte de panthéisme où se célèbre le culte de la nature – le divin est partout présent – avec souvent des pratiques végétariennes, ce qui lui vaut les faveurs des mouvements écologiques.

La scientologie

Cette secte, fondée en 1954 en Californie par Ron Hubbard, auteur de romans de science-fiction, se pare du titre d'*Église de la nouvelle compréhension*. Elle est présente dans une trentaine de pays et revendique 2 millions d'adeptes. Ce succès repose sur un raccolage très actif de personnes auxquelles on propose une analyse de leur personnalité qui laisse apparaître une carence de comportement : état dépressif, instabilité ou insatisfaction. La scientologie suggère alors le secours de la *dianétique*, avec séances d'audition et de purification, sans compter l'achat de son abondante littérature. Selon cette secte, les hommes sont habités par des êtres venus d'une autre planète à la suite d'une guerre des étoiles. Ceux-ci sont prêts à apporter leur aide si le sujet abandonne son « mental réactif », en fait sa capacité de réfléchir. La scientologie est une affaire financière prospère qui spécule sur la crédulité de personnes fragilisées. Dès qu'un individu entre dans le système, il consacre des sommes de plus en plus importantes à sa psychothérapie.

Religion et modernité

Les sociétés modernes, sensibles aux apports de la science, sont soucieuses de démocratie, opposées aux totalitarismes et de plus en plus ouvertes aux influences extérieures. Les réponses des religions à cette modernité sont multiples.

Les apports de la science

Les grandes religions admettent comme des données les découvertes scientifiques et ne les contestent plus, comme au temps de Galilée, au nom de leur interprétation des textes sacrés. Ceux-ci sont désormais lus sous l'angle symbolique de leur contenu spirituel.

En revanche, les scientifiques sont aujourd'hui demandeurs d'avis de nature morale susceptibles de les guider, en matière de bioéthique par exemple (voir p. 137). Certes, les religions ne sont pas les seules à pouvoir émettre de tels avis mais le fait qu'elles sont consultées est nouveau. Le dialogue ainsi établi entre scientifiques, religieux et moralistes contribue à une meilleure intercompréhension des interlocuteurs et à un apaisement de certaines tensions.

L'ouverture sur le monde

L'introduction, à l'initiative de l'Occident, du principe démocratique dans des sociétés qui fonctionnent autrement laisse à penser qu'en matière religieuse aussi, la voix du plus grand nombre détermine la vérité. Il est admis que chacun a son opinion et que la loi résulte du consensus de la majorité. En matière religieuse, cette attitude ébranle les dogmes et conduit à ce que chacun choisisse « à la carte » son comportement religieux et moral.

L'émiettement des croyances religieuses touche singulièrement le catholicisme où l'interprétation de la foi est assez précisément définie par les dogmes et la tradition sous l'autorité morale d'un clergé. L'islam et le protestantisme, qui n'ont pas de structures similaires, présentent bien plus naturellement une grande diversité de courants.

Le fait que chaque religion possède sa propre voie pour la recherche de la vérité relativise bien souvent les croyances religieuses, qui perdent ainsi de leur netteté chez les personnes les moins formées.

Le bilan est contrasté et paraît paradoxal : l'humanisme et la tolérance se développent corrélativement avec l'indifférence religieuse des moins convaincus, ce qui entraîne, par réaction de ceux que cela déconcerte, un repli identitaire et un durcissement doctrinaire.

Les nouveaux moyens de communication facilitent peut-être le dialogue interreligieux dont les manifestations se multiplient (voir p. 150).

LA PLACE DE LA FEMME SELON LES RELIGIONS

Une exception féminine

Rares sont les femmes fondatrices de religion. On peut citer Mary Baker Eddy, née en 1821, fondatrice de la « Science chrétienne », et Miki Nakayama, née en 1788, fondatrice de la secte shinto de Tenrikyo.

D'une façon générale, les positions respectives de l'homme et de la femme au sein d'une religion sont assez proches de celles de la société où elle est implantée. C'est un phénomène largement culturel qu'expliquent partiellement l'histoire et la psychanalyse.

Un statut très contrasté selon les cultures

- La religion qui marque le plus nettement une différence de statut entre les deux sexes est l'islam : il y est clairement affirmé que la vocation de la femme est la mise au monde et l'éducation des jeunes enfants ainsi que l'entretien du foyer domestique, qualifié de sacré (*harem* en arabe). Il est complètement exclu qu'une femme soit imam, khatib ou muezzin et si les femmes ont leur place dans les mosquées, elle est discrète et nettement séparée de celle des hommes.
- À l'opposé, certains courants du protestantisme mettent en pratique une égalité absolue entre les deux sexes. Cette attitude s'étend de plus en plus : l'anglicanisme admet depuis peu des femmes prêtres et il existe des femmes évêques, en particulier chez les luthériens.
- Dans le catholicisme, l'accès à la prêtrise est rigoureusement fermé aux femmes sous l'argument que les apôtres du Christ étaient tous des hommes. Cependant, toutes les autres fonctions leur sont ouvertes et elles tiennent une place considérable dans l'Église, à commencer par la Vierge Marie, considérée comme l'être humain le plus accompli. Les saintes sont innombrables, certaines ont le titre de « docteur de l'Église ». Les ordres religieux féminins sont dirigés tout naturellement par des femmes.
- Quant au judaïsme, seul le courant libéral, très minoritaire, connaît des femmes rabbins.

La première femme prêtre de l'Église anglicane, Bristol, Angleterre

En dehors des religions monothéistes, les femmes ont généralement une place inégalitaire.

- Dans le bouddhisme, la femme est considérée comme doublement dangereuse : comme reproductrice, car elle contribue à perpétuer le cycle des réincarnations, et comme source de tentation et de plaisir.
- L'hindouisme a abandonné depuis plus d'un siècle la tradition du *sati* qui voulait qu'une veuve se sacrifie sur le bûcher de son mari. La femme est considérée comme un complément de l'homme au point que les dieux ont tous un « double » féminin, comme Kali, « épouse » de Shiva.
- Le culte du vaudou fait couramment appel à des prêtresses appelées *maman-feuilles*, tandis que le chamanisme coréen est célébré par des femmes, les *mudang*.
- Il faut aussi mentionner que la foi baha'ie place l'homme et la femme sur un parfait pied d'égalité.

Déclin ou réveil des religions ?

Les périodes de déclin des religions sont souvent suivies d'un sursaut et de changements plus formels que profonds. Le besoin d'organiser la vie spirituelle laisse à penser que les religions ne sont pas près de disparaître.

Un déclin des religions

En Occident, l'indifférence à l'égard de la religion chrétienne s'est beaucoup accrue, comme l'ignorance de son message, de son histoire, de son symbolisme et de sa culture. Le recrutement des prêtres ou des pasteurs s'est stabilisé à un niveau très bas et la fréquentation des églises et des temples se limite aux 10 à 15 % de la population la plus croyante, toute pression sociale à l'encontre des non-pratiquants ayant disparu.

Cette période d'indifférence succède à celle d'une hostilité très marquée de certains milieux contre les religions qui a connu son apogée en France au début du XXe siècle avec l'interdiction des congrégations religieuses. Des régimes athées en URSS et en Chine se sont mis en place peu d'années après et se sont efforcés d'extirper toute forme de religion ; les besoins spirituels y ont été refoulés et l'ignorance religieuse est considérable.

De telles phases de déclin des religions ont toujours existé : l'islam a connu son apogée autour du XIIe siècle ; le bouddhisme, qui couvrait toute l'Inde sous le roi Ashoka au IIIe siècle avant notre ère, en a pratiquement disparu ; quant au christianisme, l'essentiel de son influence politique s'est effrité après le « siècle des Lumières » et la Révolution française. Ce déclin périodique de l'influence des religions ne concerne peut-être que leurs manifestations extérieures car le phénomène religieux réapparaît bien souvent sous de nouvelles formes.

Une évolution nécessaire

Peut-être parce qu'elles se réfèrent à un Dieu éternel ou à un absolu immuable, les religions paraissent souvent mal à l'aise dans les changements. Pourtant les sociétés évoluent rapidement et les religions ont besoin de s'adapter, ne serait-ce que pour que leur message puisse être compris et transmis. C'est pourquoi l'Église catholique a procédé à une mise à jour (*aggiornamento*) lors du concile Vatican II en 1965. Les tensions que connaissent aujourd'hui l'islam et l'orthodoxie révèlent aussi le besoin d'une évolution.

L'univers des religions est bien plus mouvant que jadis : recul décisif de l'animisme comme religion (mais pas comme pratique), apparition d'intégrismes, brassage de populations qui apportent leur religion dans des pays d'autres cultures.

Quel avenir pour les religions ?

On peut penser que le besoin de religion exprime le fait que l'homme a une vie spirituelle qui fait partie de sa nature. L'expression traditionnelle de cette vie spirituelle est menacée depuis peu par l'indifférence religieuse liée au matérialisme des pays riches mais aussi par des intégrismes crispés sur un passé révolu et par des mouvements divers qui profitent du désarroi ou de l'ignorance des populations. Les religions commencent à réagir, tout en prenant aussi conscience qu'il existe diverses voies spirituelles entre lesquelles le dialogue est de plus en plus nécessaire.

INTÉGRISME ET FONDAMENTALISME

L'intégrisme, un mot ambigu

Littéralement, l'intégrisme est un système de pensée où la nuance n'a pas sa place, où le monde est vu totalement, intégralement, sous un angle qui exclut d'autres interprétations.

L'intégrisme peut s'appliquer aussi bien à une pensée politique que religieuse ou même scientifique. C'est le défaut d'esprits qui s'enferment dans leur vérité sans se soucier du point de vue des autres.

C'est au sein du catholicisme que l'intégrisme a connu sa première notoriété avec Mgr Lefèbvre. Celui-ci, interprétant le concile de Vatican II comme une victoire du modernisme et un abandon des traditions catholiques, est allé jusqu'à rompre avec le Saint-Siège et à se placer en position de schismatique. Le mouvement de Mgr Lefèbvre a entraîné avec lui environ 400 prêtres, c'est-à-dire un prêtre sur mille.

Les intégrismes et fondamentalismes religieux

Par analogie avec cette position intransigeante, on a qualifié d'intégrisme des courants d'autres religions qui mériteraient plutôt l'appellation de fondamentalisme. Comme ce mot le suggère, il s'agit d'un retour à ce qu'on considère être les fondements de la religion, à sa supposée pureté originelle.

Ainsi, des mouvements minoritaires rattachés au protestantisme procèdent à une lecture littérale, fondamentaliste, de la Bible. Les « créationnistes » nient l'évolution des espèces et soutiennent que la Terre n'a pas plus de 6 000 ans d'âge tandis que les Témoins de Jéhovah refusent toute autre lecture du texte sacré que la leur.

D'autre part, les musulmans fondamentalistes cherchent à faire prévaloir un système politique aussi proche que possible de celui de l'époque du Prophète au VIIe siècle, du fait que le Coran comporte des dispositions sur l'organisation de la société. Ils rejettent en particulier les notions d'État-nation et de démocratie, émanation de l'Occident ; ils poursuivent l'idéal de l'*Umma*, la communauté de l'ensemble des croyants, gouvernée selon la loi coranique.

Le repli identitaire

La tentation du fondamentalisme est particulièrement vive chez ceux qui se sentent exclus et rejetés de la société où ils vivent. Ils cherchent espoir et consolation dans une religion qu'ils idéalisent et ils imputent leur insatisfaction ou leur rancune à l'impiété du milieu ambiant et au mépris des dirigeants pour la loi divine.

Toute minorité qui se sent opprimée recherche dans un renforcement de sa cohésion interne, religieuse ou non, la solution de ses malheurs.

Cette tendance peut s'exprimer par de simples manifestations culturelles ou folkloriques, par un nationalisme exacerbé, par la constitution de mafias ou par un retour à des pratiques religieuses ostentatoires.

Les minorités d'immigrés en Europe peuvent en être les victimes si leur intégration n'est pas satisfaisante.

En Afghanistan, sous l'occupation des talibans

Le dialogue interreligieux

Des religions qui adorent le même Dieu, qui proposent un idéal d'amour entre les hommes, risquent de perdre toute crédibilité si elles n'arrivent pas à établir entre elles un dialogue paisible. Les incompatibilités de croyances, sources de tant de conflits meurtriers, commencent, semble-t-il à être relativisées.

Œcuménisme et dialogue interreligieux

- Alors que l'œcuménisme tend au rapprochement des Églises chrétiennes, le dialogue interreligieux est ouvert non seulement aux religions monothéistes mais aussi aux autres courants : religions orientales, hindouisme, bouddhisme et nouvelles religions.
- L'œcuménisme et le dialogue interreligieux ne partagent pas les mêmes objectifs : le premier tend à l'unité des chrétiens, voulue par le Christ lui-même, tandis que le second vise seulement, grâce à une meilleure connaissance de l'autre, à établir un climat de respect et de compréhension entre des approches reconnues, au départ, comme incompatibles.
- Le dialogue interreligieux n'obéit pas à une stratégie de rapprochement doctrinal : il provoque des occasions de rencontre pour instaurer des rapports de paix et une meilleure connaissance réciproque des personnalités religieuses.

Un dialogue qui touche toutes les grandes religions

- Le dialogue entre hommes de bonne volonté a toujours existé, ainsi François d'Assise et Haroun al Rashid se sont rencontrés en Terre Sainte à l'époque des croisades.
- Au cours du XXe siècle, les associations favorisant le dialogue interreligieux se sont multipliées comme en 1935 avec l'Union des croyants monothéistes, en Algérie alors française.
- Le concile Vatican II, avec ses prises de position sur la liberté religieuse, ouvrit véritablement une ère nouvelle. Une première initiative d'envergure fut prise par le pape Jean-Paul II en 1986 qui proposa une rencontre de hauts dignitaires à Assise. La communauté de Sant'Egidio, fondée en 1968, qui compte aujourd'hui 15 000 adhérents, acquit une certaine célébrité en provoquant des rencontres entre factions ennemies du Mozambique puis, plus récemment, d'Algérie. En 1996, pour le 10e anniversaire de « l'Esprit d'Assise », Sant'Egidio a réuni des représentants de toutes les religions sur le thème « la paix est le nom de Dieu ».
- Le Conseil œcuménique des Églises (COE, voir p. 76) s'efforce aussi de pratiquer le dialogue interreligieux : en 1996, treize de ses représentants ont participé à un colloque organisé par le ministre iranien de la « culture et de la guidance islamique » sur le thème du rôle des religions dans le monde moderne.
- Aux États-Unis, les Églises évangéliques ont obtenu du Département d'État la création d'une commission pour contrôler l'exercice de la liberté religieuse dans le monde, quelle que soit la religion concernée.
- Le Dalaï-lama, pour sa part, multiplie les visites auprès des instances juives, chrétiennes ou musulmanes. Il recommande à chacun d'approfondir les valeurs spirituelles de sa religion en respectant celles des autres.
- En France, des associations comme La Fraternité d'Abraham ou la Conférence mondiale des religions travaillent à des objectifs de même nature.

JÉRUSALEM

Un site trois fois sacré

S'il est un lieu qui devrait être prédestiné au dialogue interreligieux, c'est bien Jérusalem, reconnue comme ville sainte par le judaïsme, le christianisme et l'islam.

• Pour les juifs, c'est la capitale de David, le lieu où furent édifiés les deux Temples, où était conservée l'arche d'Alliance : le Temple de Salomon détruit par Nabuchodonosor en – 587 et le Temple d'Hérode détruit par le romain Titus en 70. Il ne reste de ces constructions sacrées que le mur occidental, connu par les non-juifs sous le nom de « mur des lamentations ». La formule « l'an prochain à Jérusalem » est prononcée à la fin du repas de la Pâque et de la liturgie du Kippour. Elle signifie que cette ville, choisie par Dieu, est le symbole de la promesse faite à Israël.

• Pour les chrétiens, c'est le lieu de la mort et de la résurrection du Christ ; c'est aussi celui où il a maintes fois prêché au Temple avant d'en prédire la destruction. Lieu sacré pour tous les chrétiens, Jérusalem a réuni sur son sol des églises de douze confessions différentes, ce qui s'est souvent traduit par des querelles pour l'occupation de tel ou tel site sacré.

• Pour les musulmans, Jérusalem s'appelle *el Qods*, « la Sainte ». C'est la troisième ville après La Mecque et Médine à jouir d'un tel prestige. C'est en effet du rocher situé sous le dôme de la mosquée d'Omar que s'éleva aux cieux le prophète Mohammad au cours d'une expérience mystique décrite dans la 17e sourate du Coran. Dans les tout débuts de l'islam, le Prophète avait appelé les musulmans à prier tournés vers Jérusalem.

L'avenir de Jérusalem

La position des trois religions monothéistes à l'égard de la ville sainte présente encore des divergences qui sont sources de conflit.

Pour Israël, c'est la capitale éternelle de l'État et il est exclu d'en partager la souveraineté avec quiconque. C'est le centre du judaïsme alors que ce n'est celui ni du christianisme ni celui de l'islam.

En revanche, Israël s'engage à garantir l'accès des lieux saints aux membres des autres confessions et à assurer leur sécurité.

Les musulmans, maîtres de la ville pendant 1 300 ans, promettent les mêmes garanties et réclament vigoureusement que Jérusalem soit la capitale de l'État palestinien.

Les chrétiens souhaitent un statut juridique et politique spécial et n'insistent plus sur l'internationalisation du site si un accord sur la souveraineté intervient entre Israéliens et Palestiniens respectant la liberté du culte et l'accès aux lieux saints. Sur ce dernier point, ils souhaitent participer aux négociations et à l'accord recherché.

Zones d'influence des religions

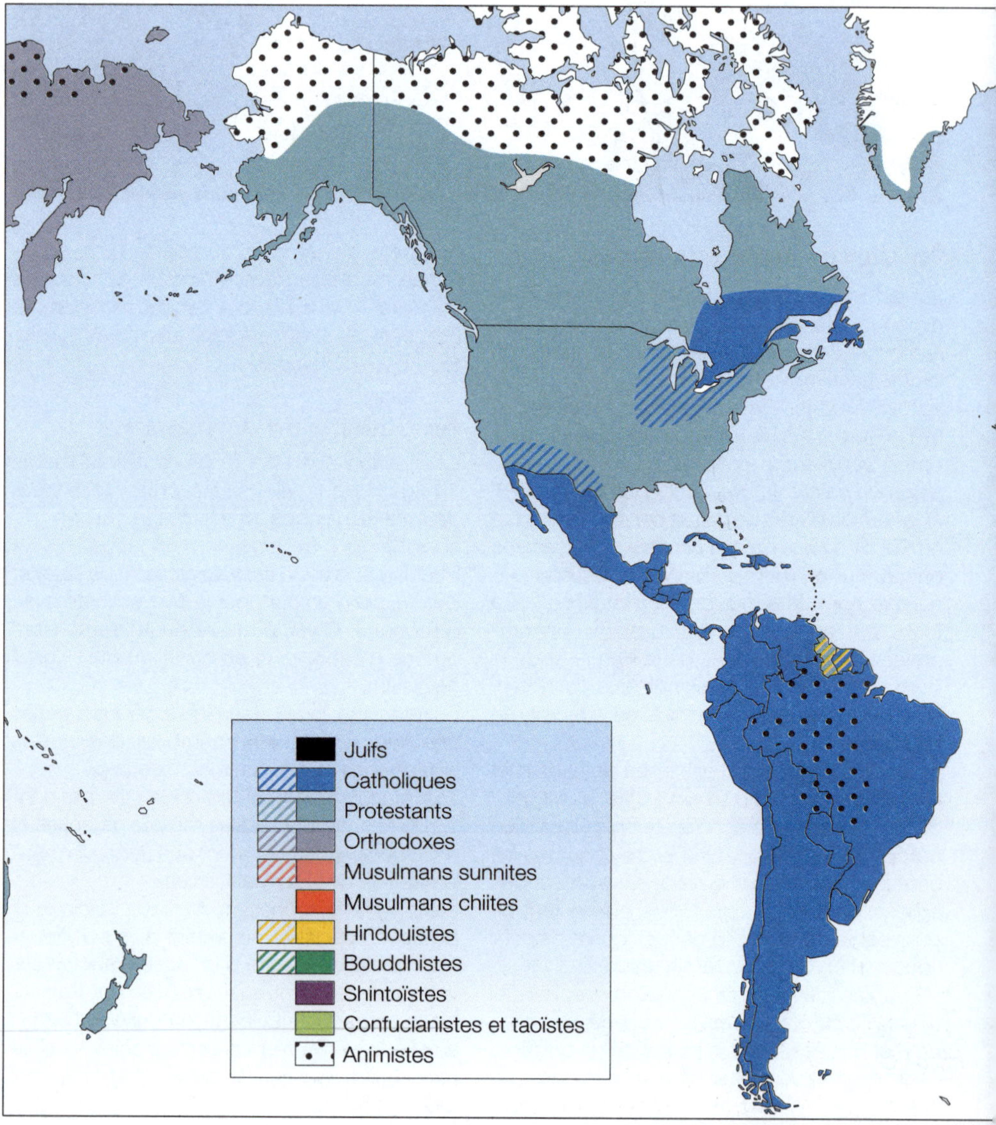

au début du XXIe siècle

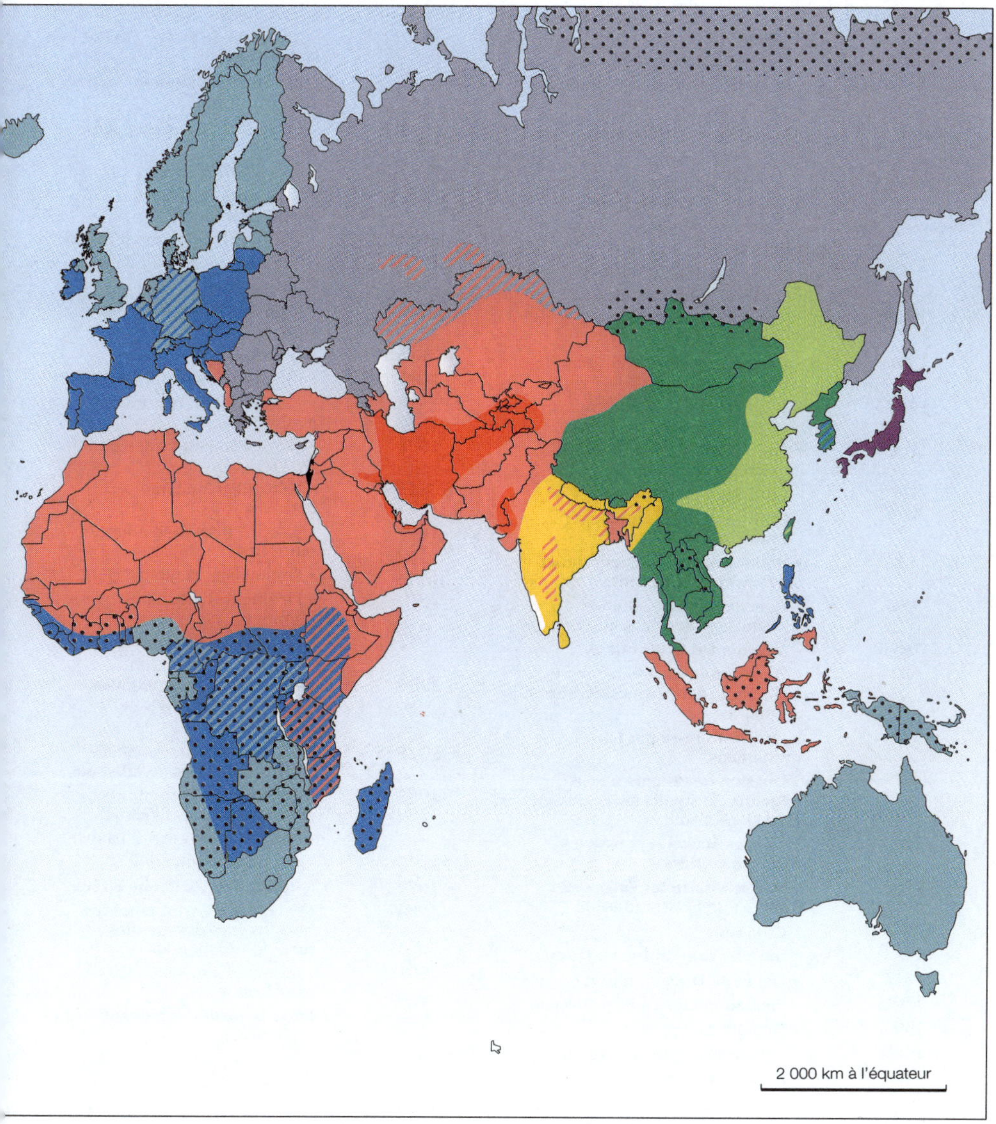

Chronologie

3760 av. J.-C.	• Date de la création du monde selon le calendrier juif
1812 av. J.-C.	• Naissance d'Abraham selon la tradition juive
XIIIe s. av. J.-C.	• Moïse
~ 600 av. J.-C.	• Zoroastre/Zarathoustra
586 av. J.-C.	• Destruction du Temple de Jérusalem
540-490 av. J.-C.	• Lao-zi fondateur du taoïsme
~ 560-480 av. J.-C.	• Bouddha (Siddharta Gautama)
~ 551-479 av. J.-C.	• Confucius
VIe s. av. J.-C.	• Mahavira fondateur du jaïnisme
539 av. J.-C.	• Édit de Cyrus permettant le retour des juifs en Israël
entre - 6 et 0	• Naissance de Jésus-Christ à Bethléem
~ 30	• Crucifixion de Jésus-Christ
49	• Concile de Jérusalem
64	• Incendie de Rome, persécution des chrétiens
70	• Destruction du Second Temple de Jérusalem
132-135	• Dispersion du peuple juif ; diaspora
313	• Édit de Milan tolérant le christianisme
325	• Concile de Nicée
330	• Constantinople, capitale de l'Empire romain
Ve s.	• Bodhidharma fondateur indien du chan (plus tard zen)
451	• Concile de Chalcédoine ; schisme avec les monophysites
570-632	• Mohammad le Prophète
622	• Hégire (fuite de Mohammad à Médine) ; début du calendrier islamique
638	• Jérusalem prise par les musulmans
657	• Division de l'islam en trois courants : le sunnisme, le chiisme et le kharidjisme
732	• Charles Martel repousse les Arabes à Poitiers
1054	• Schisme entre les Églises de Rome et de Constantinople
1096-1291	• Croisades
1192	• Introduction du zen au Japon
1212	• Début de la Reconquista
1301	• Fondation de l'Empire ottoman
1305	• Papauté en Avignon
1448	• Autocéphalie de l'Église russe
1453	• Prise de Constantinople
1455	• Bible de Gutenberg
1469-1539	• Nanak fondateur du sikhisme
1483-1546	• Martin Luther
1492	• Expulsion des juifs et musulmans d'Espagne • Fin de la Reconquista
1496-1561	• Menno Simonsz fondateur des mennonites
1509-1564	• Jean Calvin
1517	• *95 thèses* de Luther ; début de la Réforme
1521	• Excommunication de Luther
1536	• Anglicanisme
1540	• Fondation de la Compagnie de Jésus
1545-1563	• Concile de Trente
1560	• Fondation de l'Église presbytérienne
1562	• Guerres de religion en France
1572	• Massacre de la Saint-Barthélemy
1598	• Édit de Nantes
1609	• John Smith crée le courant baptiste
1618-1648	• Guerre de Trente Ans
1685	• Révocation de l'édit de Nantes
1703-1791	• John Wesley fondateur du méthodisme
1801	• Concordat entre Napoléon et Pie VII
1817-1892	• Baha'ullah fondateur du baha'isme
1830	• Joseph Smith fondateur des mormons
1868	• Shintoïsme religion d'État
1870	• Dogme de l'infaillibilité pontificale
1872	• Fondation des Témoins de Jéhovah
1906	• Naissance du pentecôtisme
1928	• Fondation des Frères musulmans
1939-1945	• Seconde Guerre mondiale ; Shoah : 6 millions de juifs tués
1948	• Création du Conseil œcuménique des Églises • Fondation de l'État d'Israël
1962-1965	• Concile de Vatican II
1979	• Révolution islamique en Iran
1986	Rencontre d'Assise entre les responsables des grandes religions du monde
2001	• Attentats terroristes aux États-Unis Effondrement des talibans en Afghanistan
2005	• Mort du pape Jean-Paul II Élection du pape Benoît XVI
2013	• Élection du pape François (argentin)

Chiffres

	POPULATION (EN MILLIONS)	RELIGIONS MAJORITAIRES (EN MILLIONS)
Amérique du Nord	455	chrétiens : 360 juifs : 7 musulmans : 10
Amérique latine et centrale	600	chrétiens : 500
Afrique noire	860	chrétiens : 510 musulmans : 300 autres : 100 (dont animistes)
Afrique blanche	160	musulmans : 140 chrétiens : 10
Asie	4 200	hindouistes : 1 000 musulmans : 900 bouddhistes : 450 chrétiens : 250 sikhs : 22 juifs : 7
Europe (+ Russie)	750	chrétiens : 500 musulmans : 30 juifs : 3
Océanie	40	chrétiens : 30

Index

Crédits photographiques

p. 7 : J.-L. Charmet ; **p. 9 :** Archives Nathan/Musée Vatican ; **p. 11 :** J.-L. Bulcao/Gamma ; **p. 13 :** Pavlowski/Rapho ; p. 17 : J.-L. Dugast/Hoa Qui ; **p. 19 :** M. Malherbe ; **p. 23 :** The Bridgeman Art Library ; **p. 27 :** B. Wojtek/Hoa Qui ; **p. 29 :** E. Baitel/Gamma ; **p. 31 :** B. Wojtek/Hoa Qui ; **p. 35 :** Archives Nathan/BN ; **p. 37 :** M. Troncy/Hoa Qui ; **p. 39 :** The Bridgeman Art Library ; **p. 41 :** Archives Nathan/Sonneville ; **p. 45 :** J.-M. Mazerolle/Ciric ; **p. 47 :** P. Duval/Hoa Qui ; **p. 49 :** G. Dagli Orti ; **p. 51 :** G. Bouquillon/Gamma ; **p. 53 :** M. Deville/R. Gaillarde/Gamma ; **p. 55 :** B. Wojtek/Hoa Qui ; **p. 57 h :** Archives Nathan/Sonneville ; **p. 57 b :** Archives Nathan/O. Martel ; **p. 59 :** B. Wojtek/Hoa Qui ; **p. 61 g et d :** Archives Nathan/Sonneville ; **p. 63 :** Jay Directo/AFP ; **p. 69 :** A. Pinoge/Ciric ; **p. 71 :** P. Thebault/Ciric ; **p. 79 h :** A. Buu/Gamma ; **p. 79 b :** Archives Nathan/BN ; **p. 83 :** M. Lounes/Gamma ; **p. 87 :** The Bridgeman Art Library ; **p. 89 :** C. Kealy/Liaison/Gamma ; **p. 91 :** M. Renaudeau/Hoa Qui ; **p. 93 gb :** M. Riboud/Archives Larbor ; **p. 93 dh :** Archives Nathan/Sonneville ; **p. 93 dg :** Archives Nathan ; **p. 93 db :** Archives Nathan/BN ; p. 97 : Hernandez/Liaison/Gamma ; **p. 99 :** B. Wojtek/Hoa Qui ; **p. 101 :** The Bridgeman Art Library ; **p. 103 :** Manaud/Hoa Qui ; **p. 105 :** Archives Nathan/Sonneville ; **p. 109 h et b :** X. Zimbardo/Hoa Qui ; **p. 111 :** Archives Nathan/Sonneville ; **p. 113 :** Archives Nathan/Sonneville ; **p. 115 :** H. Bristol/Corbis ; **p. 117 :** Warren/Liaison/Gamma ; p. 121 : Giboux/Liaison/Gamma ; **p. 123 :** Archives Larbor ; **p. 125 g :** R. et S. Michaux/Rapho ; **p. 125 d :** Archives Nathan/Sonneville ; **p. 127 :** Archives Nathan/Sonneville ; **p. 131 :** F. Charel/Hoa Qui ; **p. 133 :** Mélanie Frey ; **p. 135 hg :** M. Malherbe ; **p. 135 hd :** C. Delu/Hoa Qui ; p. 135 bg : M. Malherbe ; **p. 135 bd :** M. Malherbe ; **p. 141 :** I. Stergiou/Gamma ; **p. 143 :** M. Troncy/Hoa Qui ; **p. 147 :** S. Morgan/Gamma ; **p. 149 :** N. Quidu/Gamma ; **p. 151 :** B. Wojtek/Hoa Qui.

Édition : M. Hubert, L. Accardo
Recherche iconographique : V. Delchambre, E. Dhenin
Cartographie : J.-P. Magnier
Maquette intérieure : T. Méléard
Maquette de couverture : E. Audereau, A. Lefèvre
Fabrication : J. Lannoy, L. Davesnes-Germaine
Composition : Compo 2000

Achevé d'imprimer en France par Clerc s.a.s. - 18200 Saint-Amand-Montrond
N° projet : 10193139 - Juillet 2013 - N° imprimeur : 13755